现代城市物流问题仿真研究

陈刚　编著

iandai
Chengshi Wuliu Wenti
Fangzhen Yanjiu

中山大学出版社
·广州·

图书在版编目（CIP）数据

现代城市物流问题仿真研究/陈刚编著．—广州：中山大学出版社，2010.10

ISBN 978－7－306－03758－9

Ⅰ．现…　Ⅱ．陈…　Ⅲ．城市—物流—研究—中国　Ⅳ．F259.22

中国版本图书馆 CIP 数据核字（2010）第 180708 号

出 版 人：祁　军
策划编辑：李海东
责任编辑：李海东
封面设计：冒　君
责任校对：李海东
责任技编：何雅涛
出版发行：中山大学出版社
电　　话：编辑部 020－84111996，84111997，84113349，84110779
　　　　　发行部 020－84111998，84111981，84111160
地　　址：广州市新港西路 135 号
邮　　编：510275　　传　真：020－84036565
网　　址：http：//www.zsup.com.cn　E-mail：zdcbs@mail.sysu.edu.cn
印 刷 者：广州中大印刷有限公司
规　　格：787 mm×960 mm　1/16　12.75 印张　230 千字
版次印次：2010 年 10 月第 1 版　2010 年 10 月第 1 次印刷
印　　数：1～2000 册　　定　价：28.00 元

前　言

一、现代城市物流问题是物流工程与管理研究的重要议题

如何提高和改善现代城市物流的管理绩效和运作效率，是物流工程与管理领域的重要问题。本书从微观运营的角度，就现代中国城市物流中的突出问题进行了系统的研究和分析，所探讨的现实物流问题包括城市快速公交系统（BRT）物流调度管理、城市道路控制系统管理、城市轨道交通系统管理、城市仓储系统管理等。

城市发展离不开交通，而城市交通管理的关键就是各种物流运输关键节点的管理。为此，本书选取各种城市物流系统的关键节点进行研究。

例如，要改善城市快速公交系统的效率，BRT 站台的管理就是其中的关键。它既涉及在站台系统公交车行进路线和停靠位置的动态调度（第二章第一节），也涉及乘客进出站台和登乘公交车的系统管理（第二章第二节）。相关站台系统的管理模式直接影响和决定着站台系统车流和客流的有序、有效流动。

对于通行于城市大街小巷的普通乘用车辆而言，它们每天都必须依循交通灯的调度和管理。一个城市的交通通行状况，很多时候取决于交通灯控制系统的合理设定和及时调整。但在现实当中，很多城市交通管理当局并没有一套相应的完善完整的调控体系，这使得交通堵塞情况变得日益普遍和严重。各类型的交通灯就成为了整个城市道路系统的关键节点。本书选取了典型节点的交通灯控制系统，包括交叉路口（第三章第一节）和单通道多阶段道路（第三章第二节），进行分析与研究。研究成果对各类型的交通灯控制系统的设置都有较大的参考价值。

现代城市物流的另一个重要组成就是城市轨道交通系统，地铁就是轨道交通系统的典型代表。中国的众多城市都在近年来进入地铁建设的高速发展阶段。然而，不少地方政府当局热衷于筹建和拓展地铁交通网络，却常常忽

视如何很好地运营已经建设好的地铁设施。为系统地评估和衡量现有的地铁站台节点的运营绩效，本书分析了地铁换乘系统（第四章第一节）和地铁售票检票系统（第四章第二节），并依据分析结果提出了若干管理原则与方法。

除了车辆通行系统调度外，城市货运物流的关键节点还在于城域范围内的仓储存取系统的管理。本书选取了两个不同行业的典型仓储系统进行研究，包括药品仓储的关键存取流程优化（第五章第一节）和汽车零部件的捆包运作管理（第五章第二节）。前一个实例面向零售配送，后一个实例需要满足生产配送。相关研究分析对广泛的不同类型的仓储系统管理都有相当的参考价值。

二、计算机仿真是分析现代城市物流问题的重要研究方法

以上这些现代城市物流问题，涉及多种不可控的随机和不确定性因素，如车辆的随机到达、客流量的不可控、运输和控制的各种随机和紧急事件的发生等。采用数学工具建模和求解这些问题通常都是相当困难的；传统的数学建模亦难以用简单直观的模式表达复杂的城市物流系统；同时，所建立的数学模型要在一个相对短的时间内获取有现实意义的较优方案，对计算机的处理能力和算法有很高的要求。

本书采用计算机仿真的研究方法，选取有代表性的现实案例，根据实地调研数据和企业的真实运作流程，对突出的城市物流问题进行建模和分析，并将各种现实存在的不确定因素纳入研究范围。本研究结果丰富了物流管理仿真研究，对运营公共交通和相关业务的企业和政府部门亦有重要的现实参考价值。

在仿真分析的过程中，研究课题组坚持以严谨的态度展开研究，力求真实地模拟和反映现实系统的运作状况。研究进程参照下面的研究框架，依据不同的现实问题设计合适的研究步骤和控制点。首先，研究人员力求详细地描述研究对象和研究议题，这个过程通常采用对研究对象进行实地调研和现场采访的方式进行。其次，依据可能存在的研究方向和议题，研究人员会描述和确定相关物流系统的运作流程和运营特点，并查阅相关文献和访谈相关管理人员，提出若干改善思路和仿真目标。再次，研究人员进行系统描述和构建整体模型，依据实地调研数据特征，进行仿真详细建模，构建各种系统模块和设定各种仿真参数。在初步运行仿真模型，并检验和确认模型的有效性后，研究人员就会设计若干仿真实验，以检验各种可能的改善方案。为了

很好地展示分析和研究的结果，还可以构建仿真动画来直观地反映运行中和运行后的关键绩效变化。最后，研究人员依据仿真分析结果，提炼若干管理建议和方案。

然而，仿真的进程不是一成不变的。不同的物流管理系统有不同的特点和研究议题，依据不同的研究目标，研究人员会把研究重点和研究资源放在不同的研究阶段，如数据收集、细节建模、模型确认、方案设计等。简而言之，研究人员尽可能在有限的研究资源条件下，专注于最重要、最有现实意义的研究议题，并相应设计直接有效的研究方案展开分析与研究。

三、本书的研究特色

综观现有的物流领域学术成果，尚未有学术著作系统地分析和研究当代中国城市物流问题；通过实地调研获取第一手资料，采用真实案例研讨现实物流问题的学术文献亦很少见。希望本书的出版有助于推动城市物流问题研究的探讨，研究内容与结果对政府和相关企业的管理与运营也有借鉴与启示作用。

现有的计算机仿真研究著作多偏向于介绍仿真的基本原理、计算机仿真的基本技术与技巧，欠缺实例分析，尤其是物流问题的建模与仿真。本书将进一步丰富计算机仿真研究，对工程类和物流领域的仿真教学与研究有很好的参考价值。

同时，本书的相关研究与分析亦从一个侧面体现了岭南（大学）学院实验教学与研究的相关成果。

四、致 谢

特别感谢中山大学岭南（大学）学院物流管理专业的同学们和物流工程专业的研究生，感谢他们对物流仿真研究的热忱和大量辛勤的工作。同学们在数据收集、仿真建模、报告撰写等方面都做了大量的工作，这些同学包括：黄翔、严德兢（第二章第一节），汤易水（第二章第二节），陈奇锐、林涛、李雨芹（第三章第一节），郭明亮、廖豪杰（第三章第二节），蓝文康、邓小辉、周贤飞（第四章第一节），邓文礼、朱超（第四章第二节），徐亮、苏明达（第五章第一节），黄志萍（第五章第二节），等等。

本书编著获教育部人文社会科学研究一般项目（项目编号：09YJC630236）、广东省自然科学基金（项目编号：9451027501002448）、广东高校优秀青年创新人才培育项目（项目编号：wym09014）、中山大学青年教师培育项目（项目编号：09wkpy32），以及中山大学岭南（大学）学院、香港中文大学利丰研究院的资助。

本书的研究对象是现实运营的各种庞大的城市物流系统，尽管调研小组花费了大量时间进行实地调研，但由于资源有限，研究小组在不影响研究目标实现的基础上，对研究对象作了一定程度的简化。另外，由于在现有文献中并没有太多相关的研究成果可以借鉴，在数据调研、仿真建模等很多方面，研究小组都只能“摸着石头过河”，所进行的分析和研究肯定还有不少需要改进和完善的地方。恳请各位同行批评指正。

陈　刚

2010 年 7 月于康乐园

目　　录

第一章　仿真技术基础 …… 1

第一节　仿真建模基础 …… 1

一、仿真与计算机仿真 …… 1

二、典型的仿真应用 …… 2

第二节　计算机仿真工具介绍 …… 6

一、计算机仿真工具概述 …… 6

二、Arena 常用模块介绍 …… 6

第二章　BRT 物流调度管理问题 …… 15

第一节　BRT 站台系统车辆调度仿真研究 …… 15

一、研究背景 …… 15

二、运营特点 …… 16

三、仿真分析 …… 18

四、政策建议与讨论 …… 40

五、技术注解 …… 42

第二节　BRT 站台客流管理仿真 …… 43

一、研究背景 …… 43

二、运营特点 …… 45

三、仿真分析 …… 47

四、有关排队论的讨论 …… 61

第三章　地面道路控制系统设置问题 …… 63
第一节　交叉路口交通信号配时仿真 …… 63
一、研究背景 …… 63
二、运营特点 …… 64
三、研究方法与工具——Arena 优化仿真 …… 66
四、配时优化仿真分析 …… 67
五、建议与启示 …… 77
六、结论 …… 78
第二节　单通道多阶段交通灯设置仿真 …… 78
一、研究背景 …… 78
二、运营特点 …… 79
三、仿真分析 …… 80
四、建议与启示 …… 100

第四章　轨道交通系统管理问题 …… 101
第一节　地铁换乘系统管理仿真 …… 101
一、研究背景 …… 101
二、研究思路 …… 103
三、仿真分析 …… 103
四、小结 …… 129
第二节　地铁售票检票系统仿真 …… 129
一、研究背景 …… 129
二、运营特点 …… 131
三、仿真分析 …… 133
四、启示与感悟 …… 160
五、技术注解 …… 161

第五章　仓储系统运营管理问题 …… 162
第一节　仓库货位指派策略仿真研究 …… 162
一、研究背景 …… 162
二、运营特点 …… 164

三、仿真建模 …… 168
四、小结 …… 174
第二节 仓储捆包运作仿真研究 …… 175
一、案例背景 …… 175
二、运作特点 …… 176
三、仿真分析 …… 178
四、讨论 …… 191

参考文献 …… 192

第一章　仿真技术基础

计算机仿真是研究复杂系统的有效工具与方法。随着计算机技术的飞速发展，计算机仿真成为研究城市物流问题的重要工具与手段。

本章首先介绍了仿真建模和计算机仿真的一些重要概念和典型应用，并阐述了计算机仿真研究的基本要素、研究步骤和要点，以及仿真研究的局限性。随后，简要概述了近年来计算机仿真工具的基本发展；并以 Arena 计算机仿真软件为例，介绍了计算机仿真的重要概念与术语，包括实体、属性、变量、资源、队列、时间、模板、模块等，还详细描述了 Arena 相关流程模块与面板的基本功能。本章的主要目的是使读者对系统仿真建模和计算机仿真软件有一个基本的认识与了解。

第一节　仿真建模基础

一、仿真与计算机仿真

不同的学者对仿真有不同的定义。通常，仿真（simulation）是指依据真实系统构建模拟模型的过程。仿真过程需要考量所研究的现实系统或抽象框架的典型特征或行为特点。

仿真可以被使用在很多不同的研究背景，包括模拟自然系统或人体系统以了解它们内部的运作机理和方式，也包括模仿各类技术对优化、工程、检验、培训、教育等的影响和作用。同时，仿真也可以用来检查各种方案和应对策略的现实效果和作用。

仿真过程的关键在于仿真需要有获取丰富的真实数据的途径，以反映系统的典型特征和研究对象的行为特点。同时，仿真通常都需要在仿真过程中作若干的简化和假设，一个好的仿真需要确保这些设定对仿真结果的真实性和有效性不能有太大的影响。

计算机仿真（computer simulation）是本书的重要研究工具。它通过计算机系统去模拟真实系统的运行。通过改变各种变量和参数的设定，计算机仿真可以系统而直观地对未来的运作绩效进行分析和探讨。近年来，计算机仿真被用于很多自然系统的模拟，如物理、化学、生物、经济、社会、工程等。也有一些研究使用计算机仿真去分析网络交通运行等。在这些分析和研究当中，当初始的环境参数设定改变时，模型的行为将会在每一次仿真实例进行中随之改变。

传统上，系统建模需要采用数学模型的方式，设定初始参数和初始条件，通过求解模型以预测系统的行为。计算机仿真常常被看作简单模型解决方案无法奏效情况下建模系统的替代。计算机仿真有很多种类，但它们都有一个相同的特征，那就是仿真系统会产生很多有代表性的模型情景来反映现实的可能的系统行为。

二、典型的仿真应用

仿真被广泛地应用于工程领域、计算机领域以及人文社会科学领域。下面是仿真在一些典型领域的应用。

1. 计算机科学

在计算机科学中，仿真有一些不同的含义。阿兰·图灵（Alan Turing）① 把仿真定义为当一个机器执行一个状态转变表时所发生的状况，而这个状态转变表通常描述一个离散状态的机器的状态转变、输入和输出。在计算机科学理论界，仿真通常指状态转变与系统之间的关系。

在计算机科学中，用计算机仿真程序来模仿计算机如何使用计算机，是其中一个有趣的例子。在计算机架构领域，一个类型的仿真（被称为模拟器）通常指在一个新设计的计算机或者严格控制的运行环境中执行一段程序。

2. 教育和培训

仿真也经常用于人事和军事部门的培训方面。当受训者在现实世界使用真实系统可能遇到危险时，仿真就变得非常有价值。“在工作中学习”

---

① 英国科学家阿兰·图灵是计算机科学的先驱。著名的图灵奖就是美国计算机协会（ACM）为纪念这位伟大的科学家而设立的，有计算机诺贝尔奖之称。

（learning on the job）有时候是不现实的；在这些情形中，管理培训者就应该考虑使用仿真的方法进行教育和培训。

3. 医疗

近年来，医疗仿真的应用在不断增加和深入。仿真被广泛用来进行医疗教育培训，如抽血、外伤包扎、内窥镜检查等。除此之外，在早期诊断、新药试验等方面也有不少仿真分析和研究。

4. 文艺表演

文艺表演仿真涉及很多潮流行业，包括电视、电影、电玩游戏、主题公园等。信息技术的不断发展，使得仿真工具广泛地应用在现代电影制作中，如早在1993年发行的《侏罗纪公园》和最近的风靡一时的《阿凡达》。

5. 制造业

制造业是仿真应用最活跃的领域之一。仿真工具对于工程师衡量和评估厂房、生产线、货仓、配送中心等资产投资运营绩效有很大的帮助，还可以用在设计、实施和评估现有的生产制造系统的各种改善方案。在这些仿真分析中，系统绩效的衡量通常都需要设计合适的关键绩效指标，如高峰期和正常运作周期的生产率、系统周转时间、资源利用率、劳动力利用率、机器利用率、工作队列长度、物料处理延迟、中途库存多少、调度系统和控制系统有效性等。

6. 仿真的力量

仿真研究通过构建仿真模型来模拟现实系统的运行，通过确定和分析系统关键因素来探讨如何影响和预测未来的系统行为。可以说，大部分仿真模型都致力于从量化的角度去分析仿真系统。

仿真可以分为静态的（static）和动态的（dynamic）。在静态仿真，系统不会随着时间的变化而变化。在动态仿真，系统会随着时间的推进而变化和演进。通过模拟这样的系统，可以逐渐了解系统是如何演进的，各有哪些可能的方式和途径，从而也可以预测系统未来的行为方式，以及未来应该采用怎么样的方式去影响系统的推进。

在很多仿真系统中，控制参数、流程和事件是不确定的和随机的，后者以现有的知识水平而言，是难以认知和理解的。在确定性（deterministic）仿真中，这些参数通常使用一个数值来表示，有很多情形是用最好的数值或者最差的数值来表示。概率（probabilistic）仿真则是通过为输入数据指定概率分布来模拟系统的过程。当然，如果描述系统的输入是随机的和不确定的，未来系统的绩效自然也是不确定的。也就是说，基于概率分布的输入而获得的仿真绩效和结果，就其数值本身而言，也是一个随机概率分布。

仿真是一个强大的工具，它可以为设计、实施、改善可行方案提供决策支持，而不需要把这些方案放到现实系统中真实地运行。通常而言，如果真的在现实中去检验各种方案，这个过程的成本是很高的，同时也可能需要耗费大量的时间和财力。仿真分析可以很容易地回答关于系统运作的各种各样"如果……，将会……"（what if）的问题。这也正是仿真的力量所在。

7. 仿真建模的基本要素与步骤

仿真建模的第一个重要决定就是，需要多真切地模拟现实系统，也就是需要模拟哪些系统模块（module）和事件（event）。同时，对于一个仿真应用来说，还需要确定系统的控制因素（control element）并将它们纳入仿真系统中。事件的确定和控制因素的确定是不能独立分离的，它们都是一个仿真应用的重要组成。

一个真实的系统由若干模块组成。事件就是在仿真运行过程中某个时刻所发生的事情，它可以从模块的分解运行中分离出来。然而，事件并不是完全由模块所决定的。例如，在很多情景中，事件的数目很可能取决于上游模块的建模和仿真运作。

通常，每个模块都有至少一个进入事件（entry event）和一个离开事件（exit event）。多个进入事件和离开事件是可能出现的。每个事件通常都有若干属性，包括事件数量、事件类型、受其影响的模块、后续事件、相关的排队队列等。这些属性在仿真开始运行时将被赋值。相对应地，仿真程序可以设定若干变量（variable），这些变量可以随着仿真的运行而改变赋值。

事件可以简单地分成两类。一类是系统事件，用于处理系统状态的变化，如每天公交系统的运行起始。另一类就是日常事件，该类事件发生在当一个实体通过一个事件点（event point）的时候。通常，这些事件点会被系统记录在事件列表（event list）当中。仿真程序的进行就是依从事件列表的前后逐个事件点推进的。只要清楚了事件列表，仿真可以采用人工的方式推断。当然，人工仿真是非常耗时费力的。

要采用仿真工具分析现实问题，研究者可以参考下面的仿真建模研究步骤：

（1）确定仿真目标。这个仿真目标不是一成不变的，该目标可以依据对现实系统认识的逐步加深而逐渐调整。

（2）构建研究小组。该研究小组需要拥有多方面的专业知识，包括对研究对象的认识、系统分析技巧、建模技巧、数据收集技巧、统计分析技术、管理学知识等。

（3）选择合适的仿真工具。各种建模工具和仿真工具都有各自的特点，需依据研究对象的特点和研究议题的要求灵活选用。

（4）在合适的细节层次上建立模型。在此阶段，研究小组需确定问题的规模和范围，确定环境变量。常用的一种策略是：在需要探讨的领域进行细致的建模，而适当地简略无关的系统构成。

（5）收集必要的数据。太多数据或者太少数据都不利于研究小组专注于研究议题。

（6）进行必要的文档记录。大部分程序编写者都厌恶对所编写的程序进行文档的说明，然而，该过程是非常必要和重要的。

（7）进行模型检验与确认。研究小组需要经常问自己“是否获得了正确的答案”以及“是否做了正确的事情”。如果一个仿真模型不能模拟现实系统，那么这个仿真研究是失真的。为此，研究小组经常需要逐步追溯仿真进行过程，以确保仿真程序正确地模拟了现实系统。

（8）进行输出分析。通过输出分析，研究小组要清楚知道仿真是否需要运行更长的时间，或者更多的次数，以及相关的统计分析是否足够。

（9）进行试验方案设计、分析与检验。依据不同的研究目标，研究小组会提出若干备选方案。这些方案的提出通常基于已有的仿真分析结果，通过关键绩效指标的运行绩效，找到问题所在，提出有针对性的解决方案。当然，研究小组也可以只筛选管理层已经提出的若干方案。

（10）存储工作文档和撰写研究报告。在本阶段需注意工作文档和研究报告的不同阅读对象。

8. 仿真分析的局限性

计算机仿真在研究不确定性问题方面有着突出的特点，然而该研究方法也有一定的局限性，需要在选取分析工具、进行仿真分析时加以注意：

（1）计算机仿真通常用于评估和评价若干决策方案，仿真本身不能产生解决方案。因此，仿真分析一般要结合其他分析工具和手段，特别是管理模式和管理方法的分析，提出若干解决方案或改善措施，然后运用仿真技术加以分析和评价。

（2）采用计算机仿真较难进行深入和大规模的优化分析。计算机仿真一般基于特定的系统条件和参数进行仿真分析，其本身是不具备优化分析技术的。近年来，已有一些商用计算机仿真软件开始提供一些基本的优化分析工具，然而，这些模块的使用范围和计算能力还有待进一步的发展。

第二节　计算机仿真工具介绍

一、计算机仿真工具概述

随着计算机运算能力和速度的不断提高，在近二三十年来，计算机仿真应用获得了飞速发展。计算机图形技术、显示技术、并行处理技术等方面的发展，使计算机仿真的适用范围不断扩大，应用分析不断深入，分析研究的真切程度和说服力，以及处理复杂系统的能力也不断提升。

早期，人们开发了 GPSS、GASP、SLAM 等仿真语言来进行仿真分析。使用这些底层专用仿真语言，要求研究者有很好的专业背景并经过特定的学习和培训，对使用者的专业背景要求较高。到了近年，随着计算机技术的发展，应用于仿真领域的仿真软件不断涌现，很多仿真软件提供了很好的可视化人机界面，仿真工具的易用性得到了很大的提高。在这些仿真工具中，Arena 和 Flexsim 适用范围较广，亦被广泛应用于物流系统研究当中。

Flexsim 软件可提供在一个高度可视化的界面中进行流程仿真建模，并具有多种统计分析工具来反映模拟系统的绩效。一个流程，无论是加工流程，还是供应链管理流程，只要能采用流程图或其他流程表达方式进行描述，就可以使用 Flexsim 进行仿真建模。此外，Flexsim 还支持在三维（3D）环境中通过拖拉对象等方式进行建模和仿真，三维显示效果较好。

Arena 是美国 Rockwell 公司开发的通用仿真软件。它是在早期的 SIMAN 仿真语言基础上发展而来，具有 SIMAN 仿真功能强大的特点。同时，Arena 也有很好的人机界面和动画仿真展示效果，并具有输入分析、过程分析、输出分析等各种仿真分析工具，仿真分析功能强大。Arena 在各行业中有不少的实践应用案例，而在学术研究中也被广泛应用。

限于篇幅，在这里不对计算机仿真软件作一一的介绍。可以说，这些计算机仿真工具各有特点，研究人员可依据各自的研究对象和研究议题灵活选用。

二、Arena 常用模块介绍

本书采用 Arena 计算机仿真工具分析现代城市物流问题。下面就 Arena

建模的基本概念和常用模块（如基本流程面板、进阶流程面板）进行简单的介绍。

1. **基本术语**

（1）实体（entity）：仿真模型中的动态对象，通常需要被创建、移动、处理（改变状态）和释放等。在研究地铁系统的服务水平中，乘客就是其中的实体。乘客会随机地出现在地铁系统中要求服务，在获取运送服务后，乘客会离开这个系统。

（2）属性（attribute）：一个实体区别于其他实体的特征。例如乘客的年龄、步行的速度等。

（3）变量（variable）：系统的某些变动因素，包括系统变量和用户自定义变量。在 Arena 中，大多数变量是公共的，任何实体都可以访问。

（4）资源（resource）：用于对实体进行处理，如人员、机器设备等。资源一般要被获取，然后可以占用一段时间用以处理指定工作。在完成工作后，资源就会按指定设定释放以处理其他工作要求。

（5）队列（queue）：通常用于缓存实体。当实体的工作要求无法得到即时的响应时，实体就会进入相关的队列进入等待队列；该等待一直持续到该实体获得了资源进行工作处理，或者有其他模块将该实体移出队列。

（6）事件（event）：代表系统的某些特定时刻。在事件发生时，系统状态通常发生改变。典型的仿真事件包括仿真开始、仿真结束、实体到达、实体处理完毕、进行决策判断等。

（7）模板（panel）：模块的集合。Arena 提供了很多应用模板，用户可以依据研究的要求而选用。

（8）模块（module）：封装好的仿真逻辑，通常用来定义仿真流程和数据。

2. **基本流程面板**

基本流程面板（basic process panel）提供了使用 Arena 软件进行仿真分析最基本的流程建模工具。使用该模板的各种流程模块，研究者可以很方便地把商业流程、工作流程、决策流程等表述出来。仿真流程描述是计算机仿真必不可少的重要环节。下面，我们简单介绍一下 Arena 软件（第 11 版）的基本流程面板的主要流程模块。

（1）Create 模块（图 1.1）。Create 模块在仿真模型中通常用于构建实体进入系统的进入点。实体的创建可以基于一个调度（schedule），也可以基于一个指定的相隔时间。在实体被创建后，实体将离开 Create 模块进入仿真系统。Create 模块的典型应用包括公共汽车到达公交站台的随机到达、零部件抵达加工现场的随机到达、呼叫医疗急救服务的随机产生等。

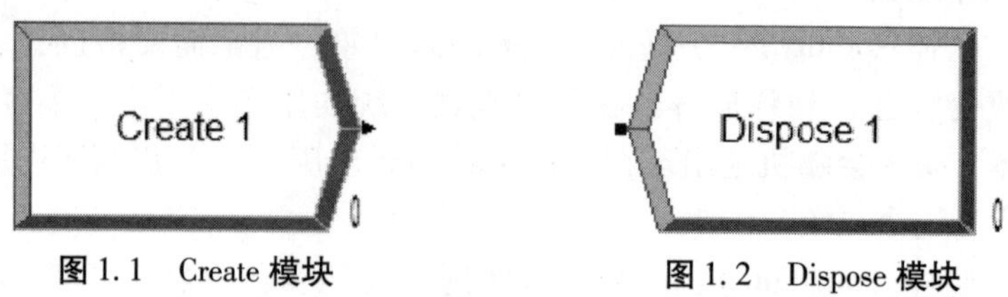

图 1.1　Create 模块　　　图 1.2　Dispose 模块

（2）Dispose 模块（图 1.2）。Dispose 模块在仿真模型中通常用作构建实体离开系统的离开点。每个实体通过该模块离开系统将被自动记录。Dispose 模块可以用来模拟汽车通过交叉路口离开交叉路口管理系统、模拟一个物流金融活动交易的完成、模拟组装完毕的产品离开生产系统等。

（3）Process 模块（图 1.3）。Process 模块是 Arena 计算机仿真中的重要模块，用来仿真一个处理过程。该模块通常需要设置处理过程的相关资源，设定什么时候需要多少资源占用（seize）、多长时间才可以释放（release）某种资源。每个实体在接受该过程进程处理时，都需要按上面的设定获取资源，相应所发生的成本或增值价值也可以在该模块进行改变。例如，Process 模块可以用来模拟乘客搭乘公共汽车的过程、客户在银行柜台获取服务的过程、零件在某生产环节进行加工处理的过程等。

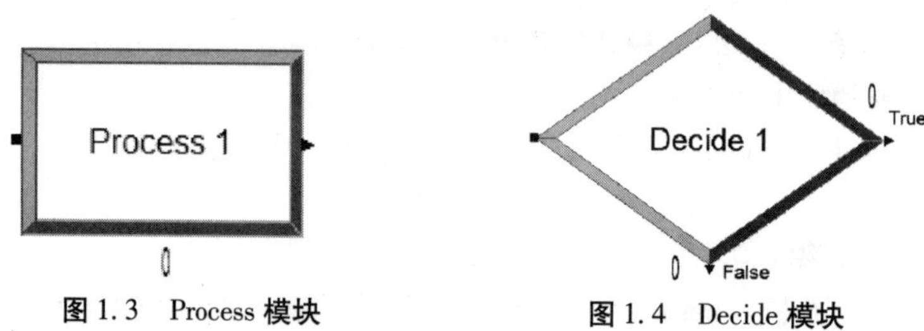

图 1.3　Process 模块　　　图 1.4　Decide 模块

（4）Decide 模块（图 1.4）。Decide 模块可用于模仿系统中发生的决策过程。它可以基于多种条件或概率来模拟现实的决策过程。例如，Decide 可以模拟判断一个乘客是否用“羊城通”付费：如果条件判断为真（True），实体将从 True 分支离开 Decide 模块；反之，则从 False 分支离开。该模块还支持多分支决策过程模拟。例如，Decide 可以模拟判断一个游客的年龄阶段以判断应有的票价：如果游客年龄小于 20 岁可获得半价优惠，成年游客年

龄在 20 ~ 60 岁之间需全额付费，年龄大于 60 岁的游客也可获得半价优惠，等等。

（5）Batch 模块（图 1.5）。Batch 模块在 Arena 中用于模拟一个集聚的机制。该集聚可以是临时性的，也可以是永久性的。如果是临时性的，在后面的处理中可以用 Separate 模块将集聚的实体再次分开。Batch 模块将若干实体集聚在一起需满足某种设定的条件，如进入 Batch 模块的实体数目达到了某个指定数值，或者将具有相关属性（Attribute）的实体集聚，等等。当进入 Batch 模块的实体还没达到设定的条件时，实体将在 Batch 模块排队；一旦符合条件，集聚在一起，Batch 将产生一个新的实体代表。现实中，可用 Batch 模仿一辆汽车必须有指定最小数量的乘客才可以启动等。

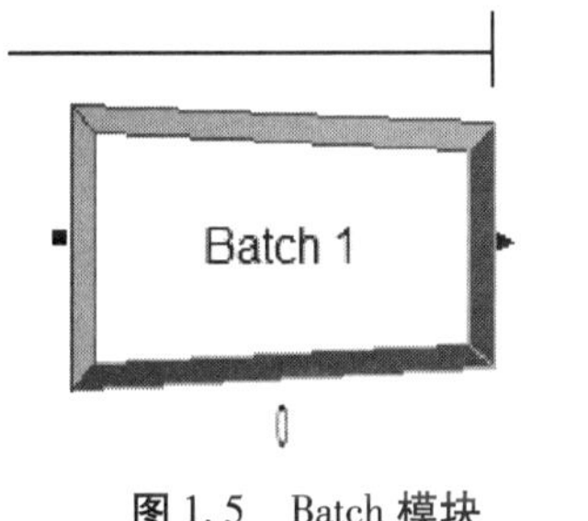

图 1.5　Batch 模块

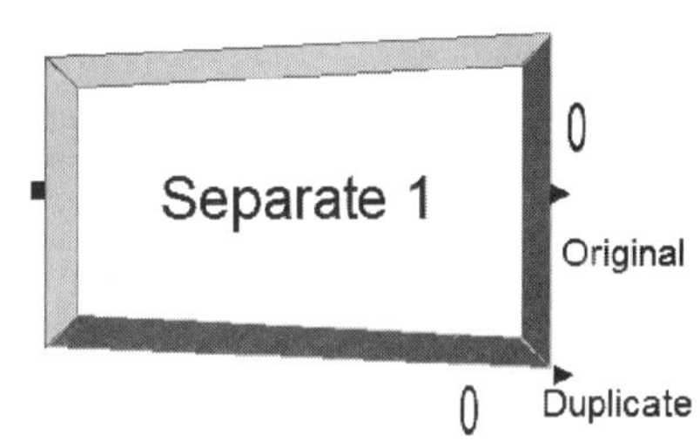

图 1.6　Separate 模块

（6）Separate 模块（图 1.6）。Separate 模块可以用来将集聚的实体分开，或者用来将一个实体复制成若干个实体。当 Separate 模块用来分离已有的集聚实体时，原有的临时性的实体代表将被丢弃，原来被集聚在一起的实体将会被恢复。如果 Separate 用于实体复制，初始进入 Separate 模块的实体将被保留并从 Original 分支离开模块，新复制的实体将从 Duplicate 分支离开模块。典型应用包括从汽车中重新释放出乘客实体、一个工作要求被复制并传递到不同部门等。

（7）Assign 模块（图 1.7）。Assign 模块是一个赋值模块，主要用于给变量、实体属性、实体种类、实体图片等进行赋值。一个 Assign 模块可以进行多项赋值。例如，Assign 可以设定乘客的年龄、公交车的承载乘客数目、生产系统的生产能力等。

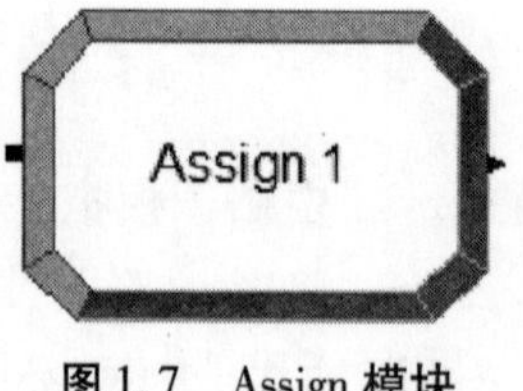

图 1.7　Assign 模块

图 1.8　Record 模块

（8）Record 模块（图 1.8）。Record 模块在 Arena 仿真中主要用来收集统计数据。通过该模块，研究者可以收集各种观测值，包括通过某个模块的时间、成本累计、间隔时间等。在物流仿真应用中，我们可以用 Record 模块收集公交车承载的乘客数目、在工作时间段通过交叉路口的车辆数目、仓库进出货品数目等。

3. 进阶流程面板

进阶流程面板（advanced process panel）提供了复杂流程建模所需要的模块功能。

（1）Delay 模块（图 1.9）。Delay 模块主要模拟将一个实体迟延指定时间的过程。当一个实体到达该模块时，系统将按指定表达式确定迟延的时间长短，保留该实体一段时间，然后放行该实体到后面的流程。Delay 模块可以用来模仿乘客登车的过程，汽车进入站台停靠时间由站台的乘客数目决定；该模块也可以用来模仿货品进入仓库的条码扫描过程，货品将在扫描区域停留一段时间。

图 1.9　Delay 模块

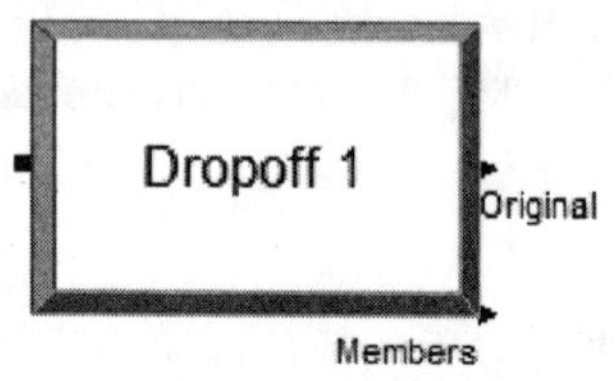

图 1.10　Dropoff 模块

（2）Dropoff 模块（图 1.10）。Dropoff 模块可以模拟从一个实体群组里分离出指定数目的实体的过程，被分离出来的实体将从 Members 分支离开模块，原来的实体群组仍然作为一个整体从 Original 分支离开模块。Dropoff 模块还可以指定分离出来的实体将从实体群组中继承哪些属性。在物流仿真中，我们可以用 Dropoff 模块来模仿一个载客的公共汽车在一个站台卸下若干乘客后，然后继续搭载剩下的乘客开往下一个车站。

(3) Hold 模块（图 1. 11）。Hold 模块会将进入该模块的实体保持在对应的队列当中，直到获得一个信号（singnal），或某个条件判断为真，或者无限地停留（可用 Remove 模块清除）。如果实体的停留是等待一个信号，那么仿真模型中需要在其他地方构建 Signal 模块，以产生相应的信号；如果是等待一个指定的条件，那么实体将一直保持在队列直到条件为真。典型的应用包括车辆等待路口的绿灯、乘客等待车门开启然后上车等。

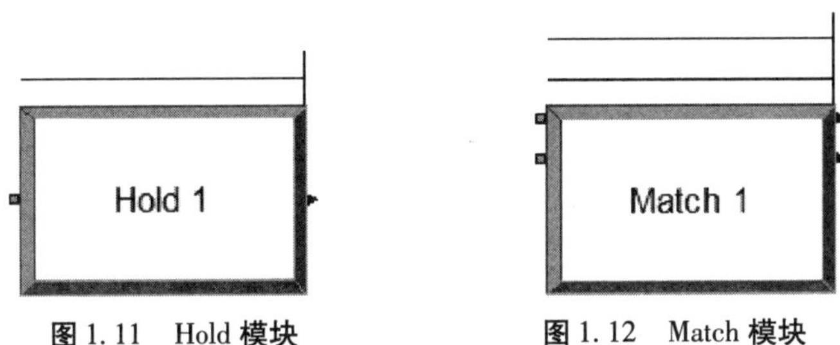

图 1. 11 Hold 模块　　图 1. 12 Match 模块

(4) Match 模块（图 1. 12）。Match 模块将把在不同队列的实体配对。当每个队列都有至少一个合适的实体时，配对将可以完成。通常，这种配对是基于实体的某个属性与另一个实体的某个属性相同而实现的。Match 最多可以处理 5 个队列，每个队列在模块左边都有相应的进入点，实体将从相应的进入点进入相应的队列，并等候在那个队列里。一旦配对实现，每个队列都将释放一个实体，这些配对的实体将同时离开 Match 模块。在仿真应用中，Match 可以用于模拟一个订单有不同的产品。例如，一个快餐店的订单包括食物和饮料等，只有当所有的物品都配对，一个订单才可以完成。

(5) Pickup 模块（图 1. 13）。Pickup 模块可以实现从一个指定的队列中提取若干连续的实体。这些实体将从指定的位置开始提取。例如，Pickup 模块可以将队列中第 30 位后的乘客提取出来，然后用另一辆公交车运送。

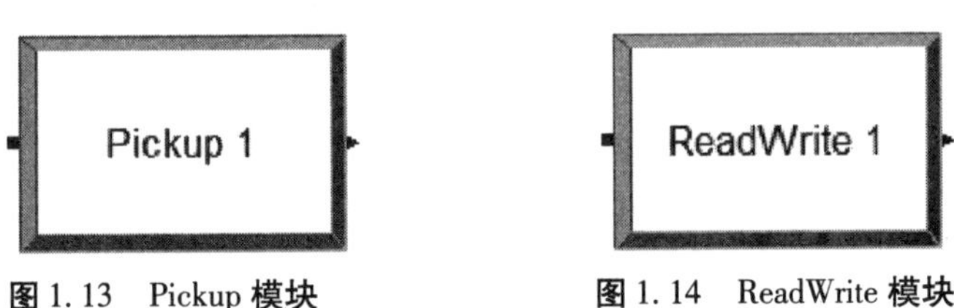

图 1. 13 Pickup 模块　　图 1. 14 ReadWrite 模块

（6）ReadWrite 模块（图 1.14）。ReadWrite 模块可以用于读取输入文件或键盘输入的数据，然后将这些数据值赋值到一列变量或者属性当中。这个模块也可以用于将数据输出到屏幕或者文件当中。例如，ReadWrite 可以读取一辆公交车发车数据表，将每辆车的乘客数目记录到指定的输出文件，等等。

（7）Release 模块（图 1.15）。Release 模块主要用于释放资源，该资源在处理实体时已经被占用。这个模块也可以用于从一个资源集合中释放资源。对于每个需要释放的资源，需要指定释放的名称和释放的数量。

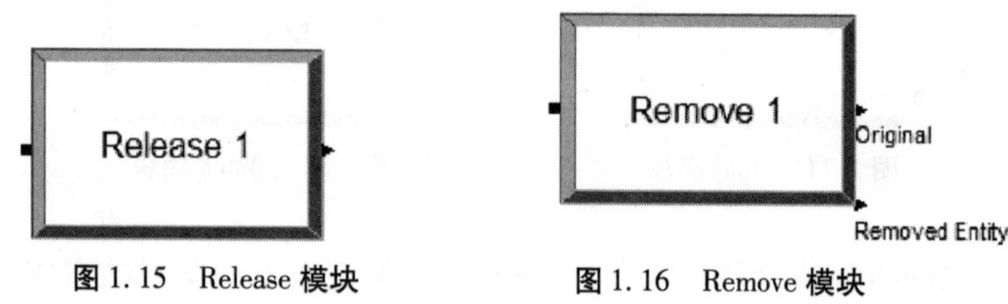

图 1.15　Release 模块　　图 1.16　Remove 模块

（8）Remove 模块（图 1.16）。Remove 模块可以把一个实体从一个队列的指定位置移出，并发送到指定的模块。典型的应用包括从一个排队队列中的老人先挑选出来登车、从一个等待队列中将指定的病人移出到其他处理环节等。

（9）Seize 模块（图 1.17）。Seize 模块在 Arena 中主要用于为一个实体分配处理的资源。该模块可以为实体获取若干数量的资源、资源集合或者具有特定属性的资源。例如，要开动汽车首先需要获得司机、要提取仓库货品需要有叉车等。

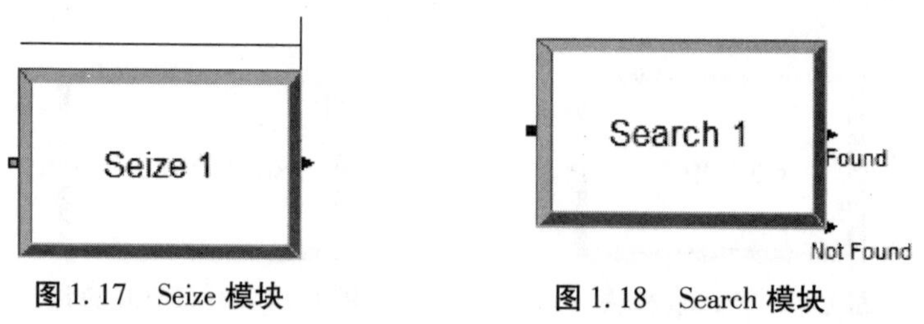

图 1.17　Seize 模块　　图 1.18　Search 模块

(10) Search 模块（图 1.18）。Search 模块在 Arena 中可以用来在一个队列、一组实体或者一个表达式中搜寻合适的实体或者符合搜索条件的全局变量的数值。当一个实体到达 Search 模块时，系统会判断搜索条件是否为真。如果搜索条件为真，搜索就会停止并且相关数值会被记录下来；否则，系统会搜索队列中的下一个实体，直到整个队列都搜索完毕；如果没有搜索到合适的实体或者变量，系统会返回一个 0 的数值。Search 模块可以用来模拟从一个排队队列中寻找年长者（如超过 60 岁）等。

(11) Signal 模块（图 1.19）。Signal 模块一般与 Hold 模块配合使用。该模块可依据设定给每个 Hold 模块发出一个信号，Hold 模块将在获得该信号后，释放不超过指定数目的实体。如果 Hold 模块被构建成等待一个具体的信号，在没有获得该信号时，所有的实体都将被保留在 Hold 模块的队列中。典型的应用包括交通信号灯的模拟、地铁列车的发车信号等。

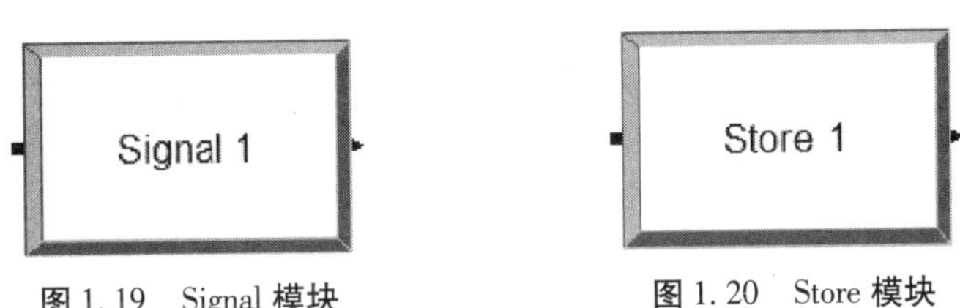

图 1.19　Signal 模块　　**图 1.20　Store 模块**

(12) Store 模块（图 1.20）。Store 模块可以在一个指定的存储中增加一个实体。相应地，Unstore 模块可以在存储中减少一个实体。当一个实体到达 Storc 模块时，指定存储中的实体数目将增加；然后，该实体将直接离开 Store 模块进入下一个模块。Store 模块通常用于辅助仿真动画，以及存储实体数目的统计。例如，Store 可以追踪在地铁系统的乘客的数目。

(13) Unstore 模块（图 1.21）。Unstore 模块将从指定的存储中移出一个实体。当一个实体到达 Unstore 模块时，指定存储将会减少，同时这个实体将离开 Unstore 模块而进入下一个模块。例如，Unstore 可以模拟一个乘客离开地铁系统。

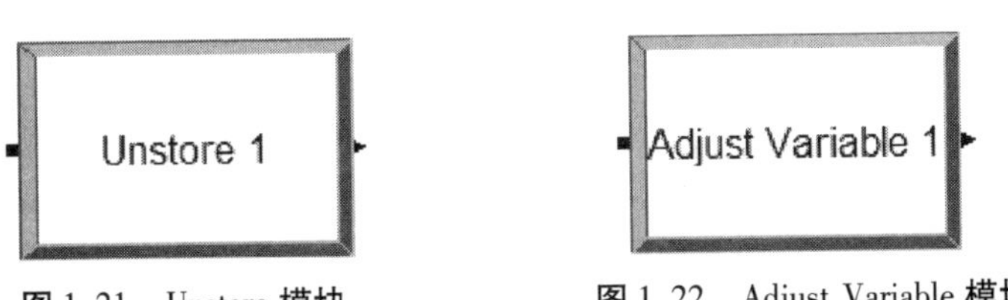

图 1.21　Unstore 模块　　**图 1.22　Adjust Variable 模块**

（14）Adjust Variable 模块（图 1.22）。Adjust Variable 模块可以用来在一个指定的时间把一个变量的数值调整到指定的目标值。这个模块也可以用于动画仿真中，将一个图形持续地改变，如让一个图片持续地每 5 s 旋转一定的角度。当一个实体进入 Adjust Variable 模块时，系统将进行变量数值的调整，直到所有的调整都完成，该实体才能离开这个模块而进入下面的模块中。

如读者希望进一步了解和学习 Arena 软件的仿真细节，请参考《仿真使用 Arena 软件》等专业教科书。

第二章　BRT 物流调度管理问题

中国很多城市都在建设或正在规划建设快速公交系统（Bus Rapid Transit，BRT），城市交通管理部门和社会公众对 BRT 系统寄予了很高的期望。然而，要很好地运营和调度 BRT 系统并不是一件容易的事，它涉及车辆运力和路线的调度与管理、站台系统管理以及客流高峰的管理等方面。

本章从 BRT 站台车辆调度系统和客流管理两个角度，采用计算机仿真的方法分析和评估现有 BRT 系统的运行绩效，并基于仿真结果，提出若干绩效改善的方案与方法。本章第一节着重分析多子站的 BRT 站台车辆停靠调度模式对车辆在站台区的通行效率、乘客登乘服务水平的影响，并讨论了提高发车频率、开放备用站台等改善措施的预期作用与效果。第二节则重点探讨 BRT 站台闸门通道的设置对资源利用率、乘客通行效率的影响；相应地，仿真分析也探讨了使用灵活通道和售票投币独立运作等其他运作管理模式。

第一节　BRT站台系统车辆调度仿真研究

一、研究背景

快速公交系统（简称 BRT）是现代城市客运物流的重要模式，是城市公共交通系统的重要一环。在城市交通拥挤状况日益严重、私人汽车数量急剧增长的中国现代城市中，建立 BRT 系统是改善城市交通状况、提高城市居住素质的重要战略举措。

广州的 BRT 系统耗资 13 亿元，于 2008 年 11 月底开始动工，于 2010 年 2 月 10 日开始试验运行。然而，在开通运行的初期阶段，市民乘用 BRT 的通行效率并不高，BRT 整个运营系统需在多方面进行改善与提高。如何提高车辆在 BRT 系统中的通行效率是当前广州 BRT 系统运营的关键问题之一（图 2.1）。

图 2.1　BRT 系统示意

BRT 站台系统的车辆调度与通行是物流企业运营管理的重要问题，该问题涉及多种不确定因素，包括车辆的随机到达、车辆行车路线的不确定、车辆在站台系统停留时间的不确定、乘客数量和上下车时间和进程的不确定等。这些不确定性和随机因素使得车辆在站台通行调度问题变得复杂和困难。确定性的数学建模难以给出一个有效的调度方案；纳入不确定性的相关数学建模的复杂程度非常高，也难以在一个有效的计算时间内给出动态的响应方案。因此，采用计算机仿真对 BRT 系统的站台调度方案进行检验，是相关问题研究的一个重要手段。

二、运营特点

从设计方案看，BRT 系统的站台设置、队列管理模式、乘客上下车方式等方面应比普通公交站台高效。然而，在现实运营中，多方面的因素制约了预期的高效结果的出现。本节的仿真研究主要针对 BRT 站台系统的车辆

进出调度问题进行分析。

相对于其他 BRT 系统，广州 BRT 系统的显著特点是：第一，BRT 车辆可在专用的通行车道上行进，也可以与普通车辆在通行车道中混合运行。第二，广州的 BRT 站台系统提供类似于地铁车站的收费运作模式，以简化运作流程、提高车辆通行速度。在系统中，乘客需要先付费才能进入车站候车。第三，借鉴其他城市的成功经验，广州 BRT 车站设在道路中央。路段上的公交专用道为单向车道，同时在车站处修建超车道。

此外，站台布局设计是影响 BRT 车辆在站台调度效率的重要因素。广州 BRT 车站有若干种布局模式与设计。

通常，BRT 车站可分为“分站”或“子站”。子站是整个车站的重要组成，常被看作一个独立运营单位。除了提供的 15 米空间供后面子站的 BRT 车辆驶入、驶出泊位和超车外，子站站台通常可提供让 3 辆 BRT 车辆同时停靠的空间。拥有 2 个子站的 BRT 车站的容量，通常是拥有 1 个子站的 BRT 车站的 2 倍。

依据一个车站的子站数目，BRT 车站可分为单子站站台系统（图 2.2）、双子站站台系统（图 2.3）以及多子站站台系统（图 2.4）。每个车站子站数的运营利用率和饱和度主要是由乘客登乘需求量及车辆到站频率决定的。

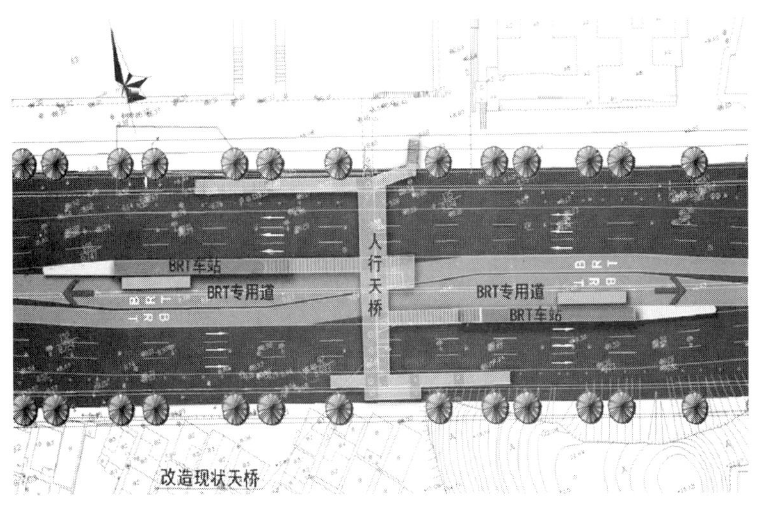

图 2.2　单子站 BRT 站台系统

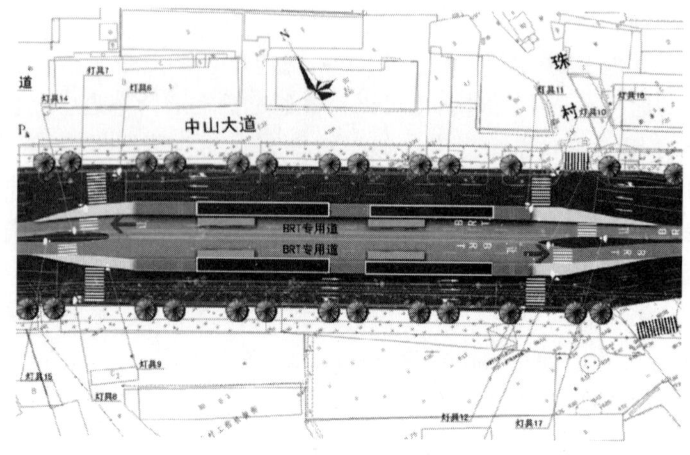

图 2.3　双子站 BRT 站台系统

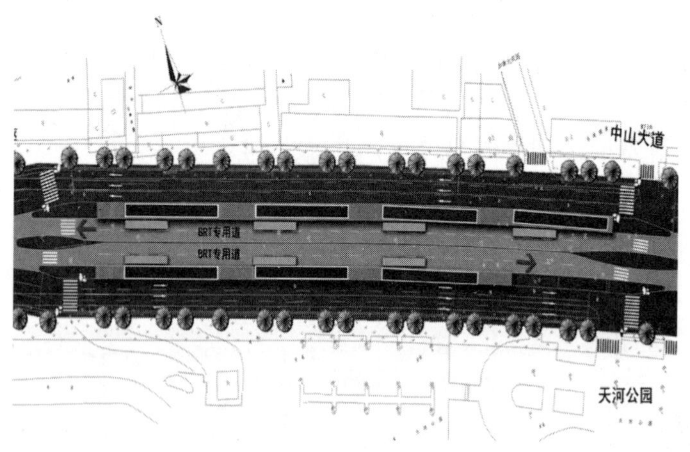

图 2.4　多子站 BRT 站台系统

三、仿真分析

1. 建模设计

为系统地探讨各种站台系统设置对运营绩效的影响，本研究将在建模过程中控制某些运营设定，以专注于重要的运营决策变量。相关的基本设定和控制如下：

（1）子站数量设定。本研究重点考察广州 BRT 车站中的体育中心站和岗顶站。其中，体育中心站为对开式 4 子站，其中第四子站全部为 B1 线路的总站，其余线路分布在 1～3 子站。岗顶站为对开式 3 子站。为凸显研究的重点，本研究重点分析单侧子站的情形（图 2.5），相关情景能很好地反映多子站之间的调度与冲突。

（2）站台模型设计。在本研究所考察的 BRT 车站中，每个子站一般设有 3 个站台，可供 3 辆公交车同时停靠上下客。同时，在子站的最后方设有一个备用站台空间供日后扩容使用；目前，备用站台主要用于供车辆排队进站使用。如果包括备用站台在内的所有站台都已经停满车辆，后面需要进站的车辆将会在超车道上规定的位置等候，同时也会阻碍后面来车。本研究的模型设计遵循以上的现实设置（图 2.5）。

图 2.5　双子站 BRT 站台系统仿真设计动画

（3）行驶速度设定。虽然车辆在超车道上的行驶速度难以测量，实际运营中 BRT 车辆的车速并不完全相同，但相差也不大；因此，不失广泛性地将公交车在超车道上的行驶速度设定为相等。

（4）进出站和停靠站台时间。公交车进站时间指公交车从进入其停靠子站的站台到停稳开门的时间，停靠时间指开门到关门之间的时间，离站时间是指车辆关门到离开其停靠的站台的时间。

依据实地考察，在广州 BRT 站台的公交车辆进站与离站时间基本上一致，因此本模型中的车辆进出站时间假定服从同一分布。车辆停靠站台时间与车上满载率以及当时的上车人数有关，但车上满载率难以衡量。为此，本研究将停靠时间的长短变化看作一个黑箱，直接采用设置公交停站时间的概率分布的方式，来反映现实的停靠时间。

（5）子站公交数量简化。车辆进站总数分布由实地考察时观察数据统计所得，每个子站所含线路数量简化为相等数量，均设为 6 条线路；每个子站车辆到达的频率简化为相等，但子站中不同线路之间的到站频率不相同。这也与现实中车站设置时按线路热度和车辆到站频率分配线路相符。

（6）线路频率设置。在所考察的双子站中，共有 12 条线路的 BRT 车辆停靠，而各线路车辆到站频率是不同的，这些线路的车辆在半小时内到站的数量最低为7，最高为13，这些到站频率是完全依据实地观测数据统计所得表2.1。

表2.1　各线路到站频率

线路	半小时到站数量	累计频率	线路	半小时到站数量	累计频率
B2A	13	11.5%	B4	8	68.1%
B5	13	23.0%	B6	8	75.2%
B1	12	33.6%	B10	7	81.4%
B16	12	44.2%	B20	7	87.6%
B21	10	53.1%	B9	7	93.8%
B3	9	61.1%	B27	7	100%

（7）车辆到站规律及时间单位选择。由于广州BRT为开放式设计，在原有道路基础上新建快速公交专用道，但在部分路口受交通信号灯影响，常会出现车辆同时进站和站台完全空闲交替出现的状况。因此，我们设置的车辆产生时间单位为1 min，每次产生若干数量车辆，使车辆产生规律更符合现实。其他时间单位都设为s，包括进出站、停站等时间间隔。

（8）乘客候车。由于我们研究的重点为乘客等车时间，因此忽略乘客其他属性，对模型作出以下简化：忽略乘客进出站时间，假设乘客将自动到达其所等车辆所属的站台，对于每个乘客来说只有一条线路可以满足其乘车需要，即不存在互补线路，乘客上下车时间包含在车辆停站时间中。为提高仿真的运转速度，技术性地限制模型实体数量，将人数以“4人”为单位。

2. **仿真流程构建**

依据实地调研的观察，现有的广州BRT站台运营系统的运营流程主要包括四部分，分别是到达系统、进站系统、离站系统、乘客系统。依据这些运营流程，构建相应的仿真模型。未来的相关研究可在这几个系统和仿真模块的基础上进一步深化。

（1）到达系统流程（图2.6）。现有的广州BRT系统并没有一个精确的行进监控系统，不能确保车辆按计划在某个时间点到达某个指定的位置或站台。因此，一方面，本模型需依据现实的观察，随机动态产生进站车辆的需

求；另一方面，对车辆到达系统而言，进站车辆是具体哪一条线路的，也需要随机确定。此外，仿真系统还需模仿司机选择停靠的子站的基本流程。

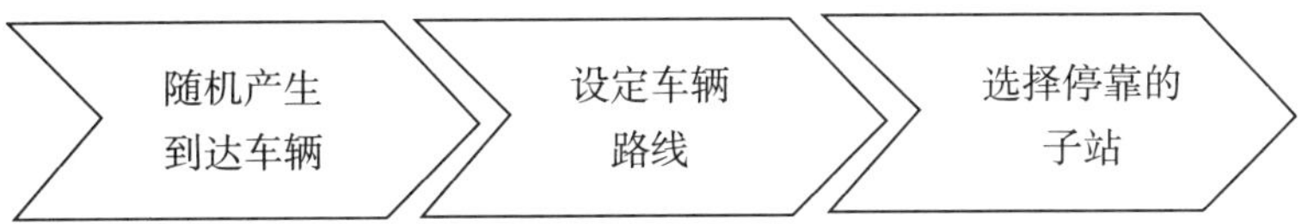

图 2.6　车辆到达系统仿真流程

（2）进站系统流程（图 2.7）。车辆选定停靠的子站后，将驶入所选站台，然后减速向停靠点行进，此时所发生的位置的变化主要在超车道。当行进到合适位置，车辆将离开超车道，然后停靠在特定的站台。

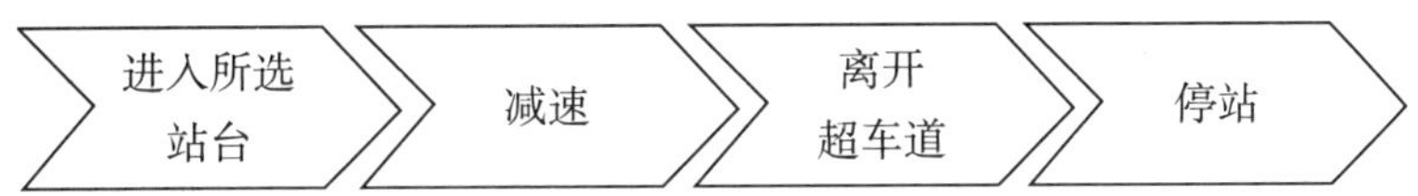

图 2.7　车辆进站系统仿真流程

（3）离站系统流程（图 2.8）。当乘客登乘完毕，车辆开始驶离停靠点时，司机需首先观察车前方的车辆停靠情况。如果前面的车辆尚未离开，本车将不能离开；待前车离开后，本车才可以离站。当车辆离开停靠点时，需及时更新站台资源状况。

随后，车辆驶入超车道，并启程离开子站和离开整个 BRT 车站。在此之后，系统需及时更新停靠空位、车辆目标地、乘客离开系统的相关状态。

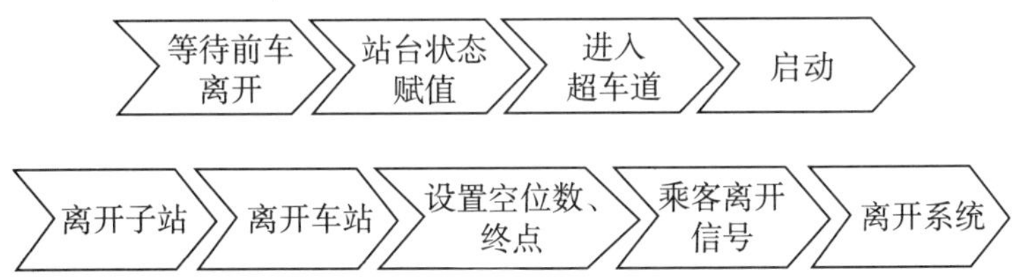

图 2.8　车辆离站系统仿真流程

（4）乘客登乘流程（图 2.9）。为简化仿真模型，本研究将车辆系统和乘客系统分离，有利于仿真模块的再使用（re-use）。乘客的到达将依据观测的规律随机产生，同时乘客的目的地亦将动态设定。当一个乘客的目的地设定后，他将到相应的子站站台等车，直到相应线路的车辆停靠在该子站。随后，乘客将登乘该车辆离开系统。

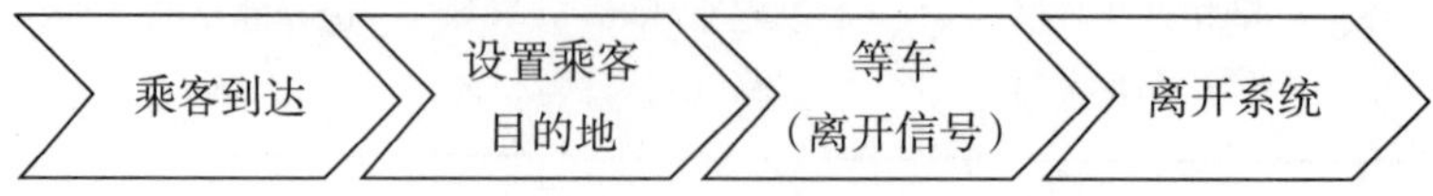

图 2.9　乘客登乘仿真流程

（5）仿真模型。依据以上的运营流程，我们可运用 Arena 软件对该 BRT 站台系统车辆进出进行仿真（图 2.10），该仿真模型包括两个子模型。

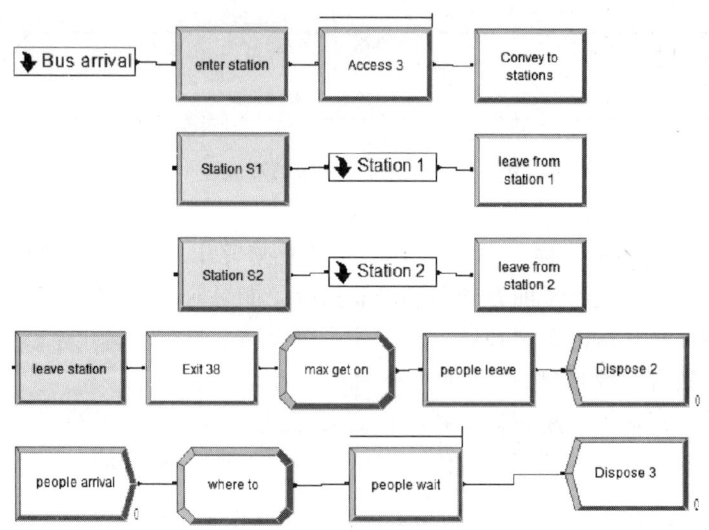

图 2.10　BRT 站台车辆进出系统仿真模型

进站系统的站台选择问题是上述仿真模型重要的运营决策（图 2.11）。在本研究中，我们将依次判断备用站台、3 号站台、2 号站台和 1 号站台的资源使用状况，以决定车辆应停靠在哪个站台（图 2.12）。

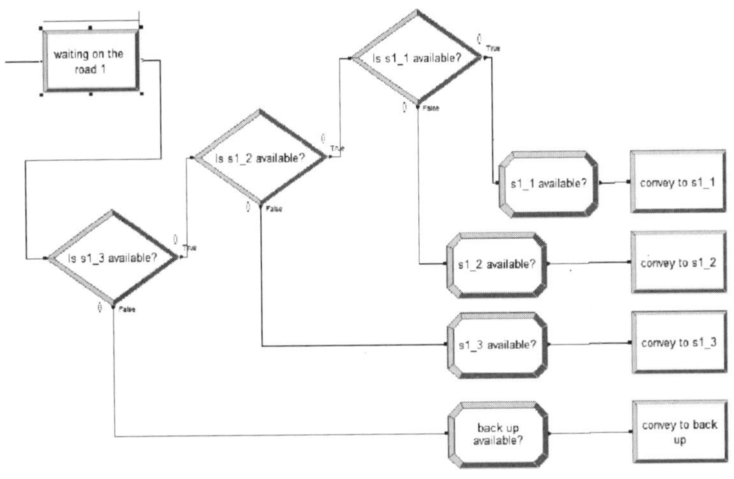

图 2.11　进站系统的站台选择仿真模型

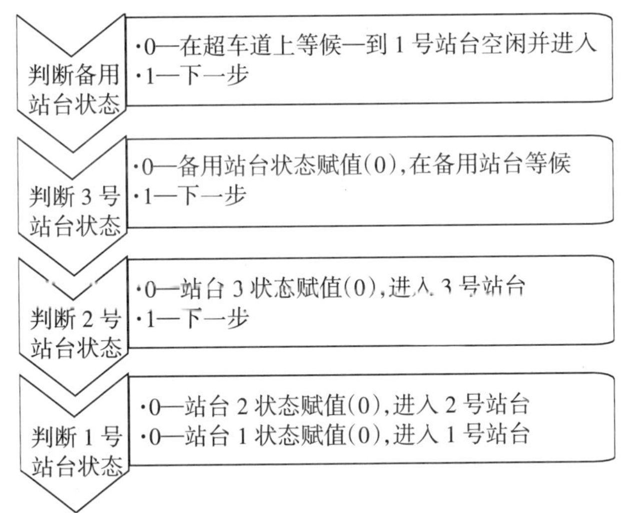

0 表示繁忙，1 表示空闲

图 2.12　进站系统站台选择的判断逻辑

3. 仿真参数设置

（1）车站长度参数设置（图 2.13）。经实地测算，车站总长为 156 m。每个子站站台为 15 m，两个子站（s1 和 s2）共有 6 个站台（s1_3、s1_2

等）和2个备用站台（back up 和 back up 2），共长120 m。两端出入口及售票处长度约为18 m×2 =36 m，由于两端出入口长度对模型结果无影响，因此该数据仅为估算。s1、s2为两个站台车辆进站前在超车道上的等候区，s2 +s1_1实际表示s1_1站台的总长。

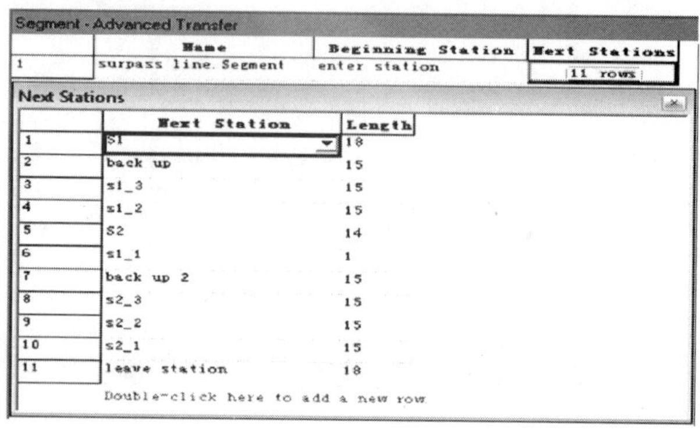

Segment - Advanced Transfer

	Name	Beginning Station	Next Stations
1	surpass line. Segment	enter station	11 rows

Next Stations

	Next Station	Length
1	S1	18
2	back up	15
3	s1_3	15
4	s1_2	15
5	S2	14
6	s1_1	1
7	back up 2	15
8	s2_3	15
9	s2_2	15
10	s2_1	15
11	leave station	18

Double-click here to add a new row

图2.13　车站长度参数设置

（2）车辆行进相关参数设置（图2.14）。据实地测算，站内平均车速约为4 m/s。本仿真建模使用Advanced Transfer模块，故设置相应的传送带速度为4 m/s。该数值的获得，是依据车辆从进入车站到离开车站在超车道上行驶时间约为40 s，而估算获得。

相应地，传送带单位长度（车长）设为12 m。此为标准BRT车辆的车长。

Conveyor - Advanced Transfer

	Name	Segment Name	Type	Velocity	Units	Cell Size	Max Cells
1	surpass line	surpass line. Segment	Accumulating	4	Per Second	12	12

图2.14　车辆行进速度与车长参数设置

（3）车辆到达间隔参数设置（图2.15）。依据我们对广州两个BRT站台的实地观测（表2.2），本研究采用Arena软件的Input Analyzer拟合车辆到达间隔时间。数据分析显示，每分钟进站车辆数量服从泊松分布，也就是POIS(3.26)/min。相应地，bus arr=3.26，bus interval=1。未来的类似研究也可以通过调整这两个参数来调整车辆到达频率。

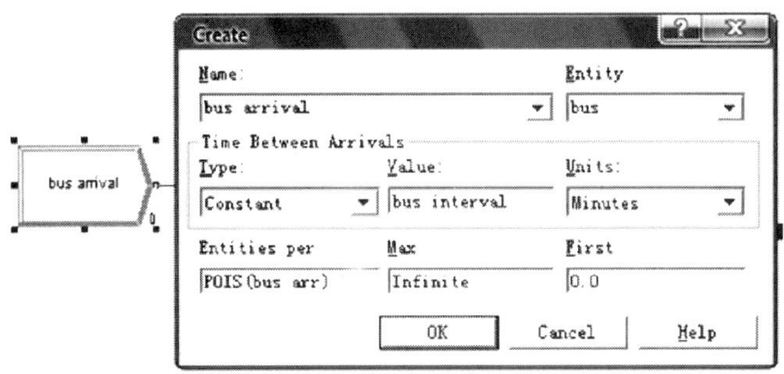

图 2.15　车辆到达间隔参数设置

表 2.2　车辆到站间隔时间记录及拟合的分布

时刻	到站车辆数	进出站时间	停站时间	
27	6	7	12	23
28	2	5	12	24
29	5	5	13	24
30	3	7	14	25
31	3	7	15	25
32	2	5	15	26
33	3	4	15	26
34	2	5	15	26
35	4	8	15	26
36	4	8	15	26
37	3	5	15	26
38	4	6	15	26
39	3	6	16	26
40	5	5	16	26
41	0	6	16	27
42	1	4	16	28
43	4	4	17	29
44	4	6	17	30
45	0	10	17	30

续表 2.2

时刻	到站车辆数	进出站时间	停站时间	
46	3	10	17	31
47	2	7	17	31
48	4	6	17	32
49	3	9	18	33
50	4	8	19	34
51	4	5	20	35
52	3	8	20	36
53	3		20	36
54	4		20	37
55	2		20	38
56	1		20	39
57	8		21	39
58	3		22	39
59	7		23	39
60	2		23	40
拟合函数				
POIS(3.26)		3.5 + GAMM(1.19, 2.42)	11.5 + GAMM(6.46, 1.91)	

(4) 车辆属性参数设置（图 2.16）。

车辆所属子站：bus number=DISC(0.5, 1, 1, 2)，bus station=choose station（bus number)，表示两个站台的所属车辆总数相等。

车辆空位数：empty=POIS(4)。单位是“4 人”，表示车辆的空位数为均值 16 的泊松分布。空位数实际上表示的是该车在该站最多能上车的人数极限，而非指空的座位数。数值的来源仅为观察了小部分公交上下客人数对均值的大致推测。另外，因为车辆满载人数为定值，之前车站乘客的到达为服从泊松分布，因此，我们可简单设定剩余空位数服从泊松分布。

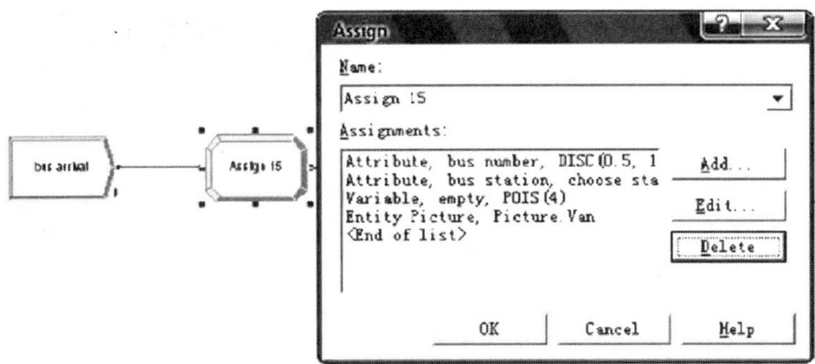

图 2.16　车辆属性参数设置

(5) 车辆行进属性参数设置（图 2.17）。

首先，模型设定车辆的行进依据车辆的属性 bus station 来确定，它表示车辆按照所属子站编号传送。

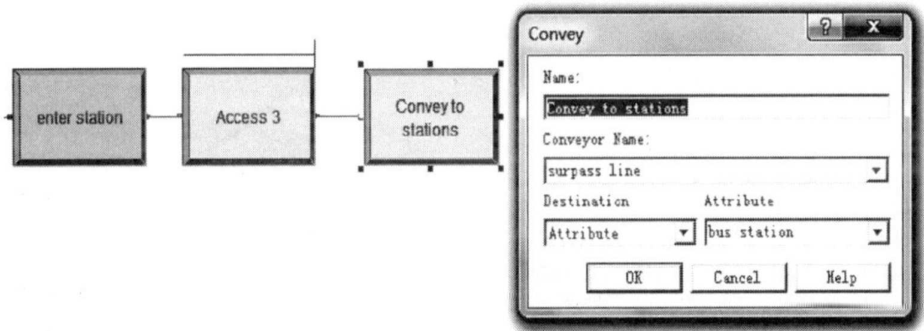

图 2.17　车辆行进属性参数设置

随后，模型需设定如何选择站台行进。这个仿真技术处理包括以下一些方面：判断站台是否空闲、判断超车道是否繁忙、进入站台的状态更新等。

1) back up available==1 && NQ(wait for get onoff. Queue) ==0 判断备用站台是否空闲，不空闲在超车道上等待（图 2.18）。

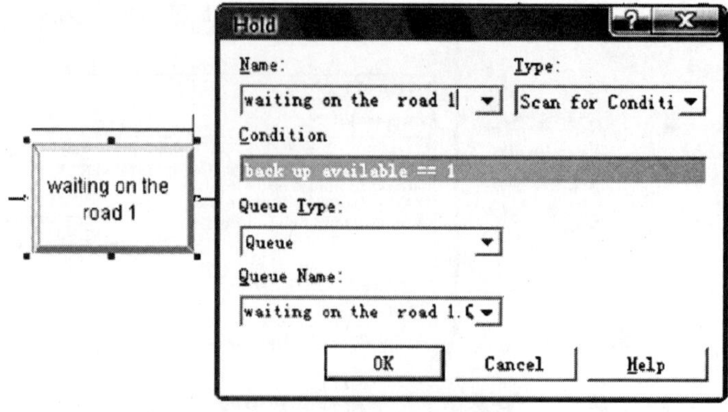

图 2.18　超车道排队参数设置

2）s1_2 available==1 && NQ(s1 get to surpass line. Queue) ==0 分别判断站台 3、站台 2、站台 1 是否空闲，并且判断超车道是否排队而阻碍了前面的车离开站台（图 2.19）。

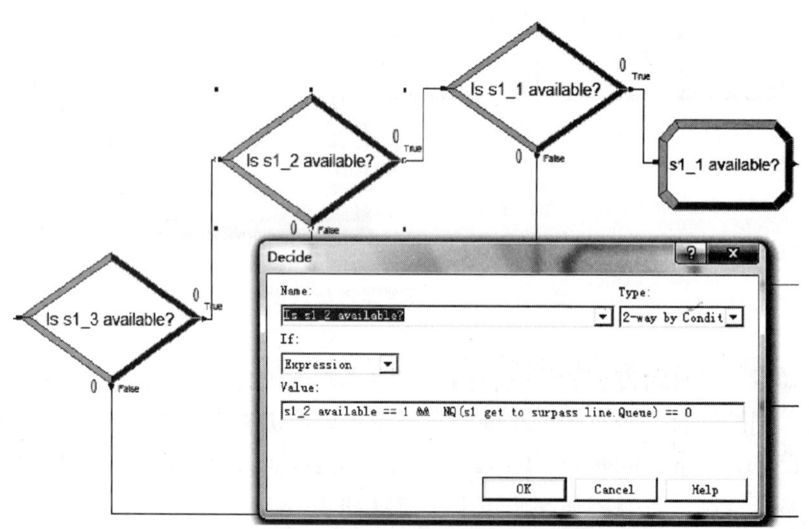

图 2.19　站台空闲状况判断参数设置

3）进入站台后，把站台状态改为 0，即非空闲（图 2.20）。

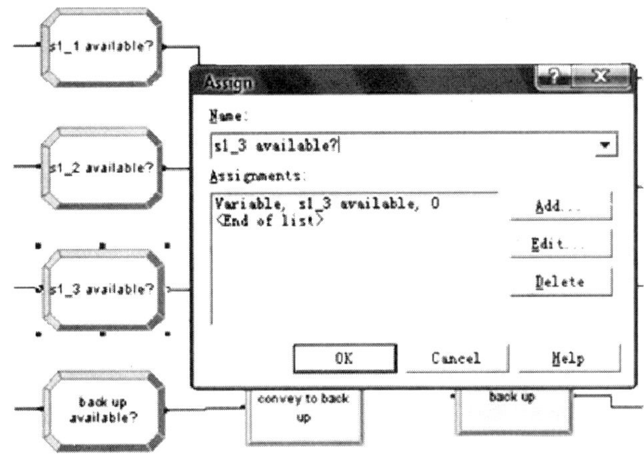

图 2.20　更新站台状态参数设置

（6）减速进站参数设置（图 2.21）。减速进站，随后离开超车道，减速时间 decelerate time=3.5+GAMM(1.19，2.42)。参数值来源于实际数据采集后的统计拟合（表 2.2）。

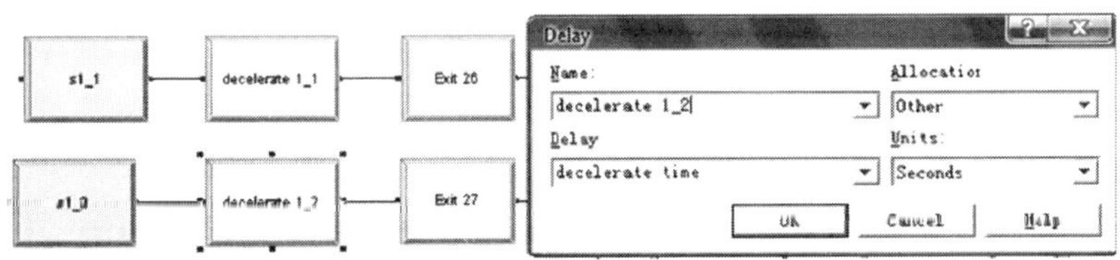

图 2.21　减速进站参数设置

（7）停站时间参数设置（图 2.22）。停站时间，也就是乘客上下车时间 get onoff time = 1.5 + GAMM(6.46，1.91)。该参数值的设定来源于实际数据采集后的统计拟合（表 2.2）。

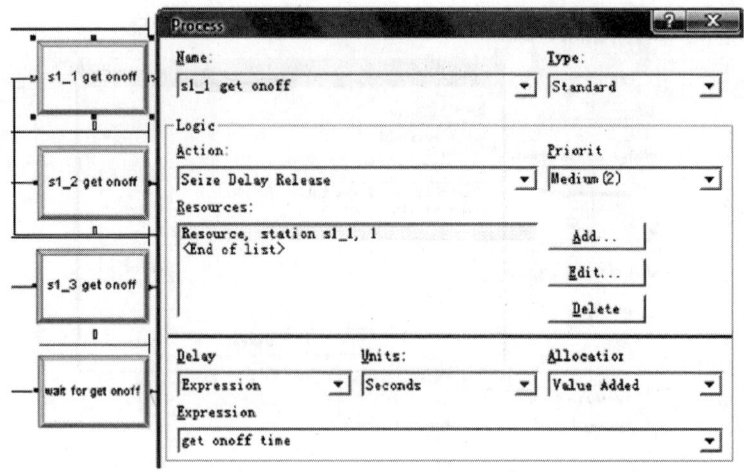

图 2.22　停站时间参数设置

(8) 后备站台车辆排队参数设置（图 2.23）。后备站台车辆等待进站：s1_1 get onoff. WIP+s1_2 get onoff. WIP+s1_3 get onoff. WIP==0 && NQ(s1 get to surpass line. Queue)==0 表示条件为该子站没有车辆停站并且没有车辆被阻碍进入超车道。

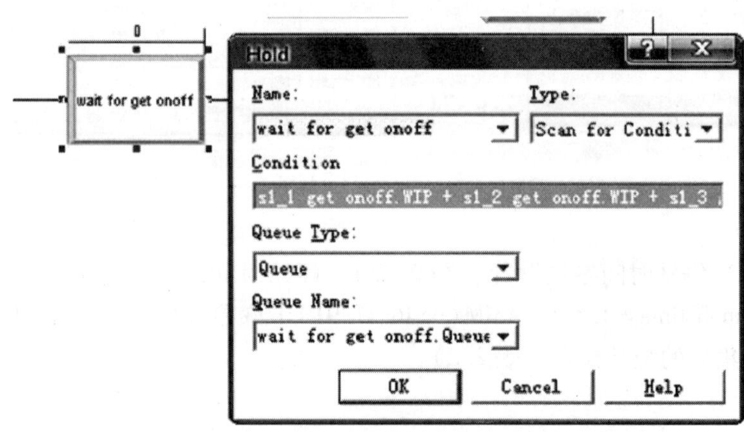

图 2.23　后备站台车辆排队参数设置

(9) 车辆离站参数设置。

车辆离站条件：s1_1 available==1 && NQ(s1 get to surpass line. Queue)

==0，该表达式使得车辆离站必须等到前一站台车辆已空闲，并且没有被阻碍进入超车道（图2.24）。

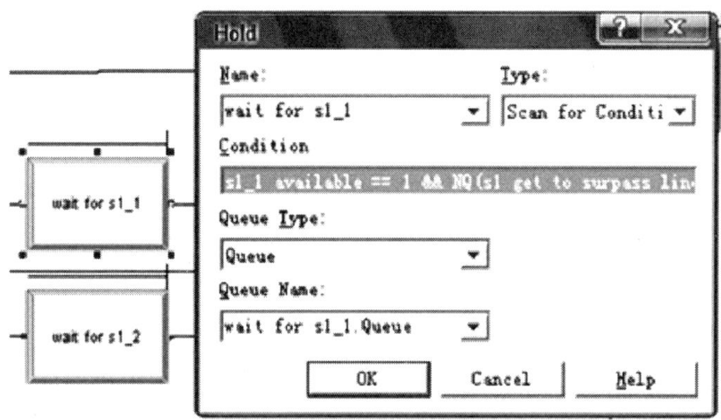

图2.24　车辆离站参数设置

同时，在车辆离站后，系统应及时更新站台状态（图2.25）。

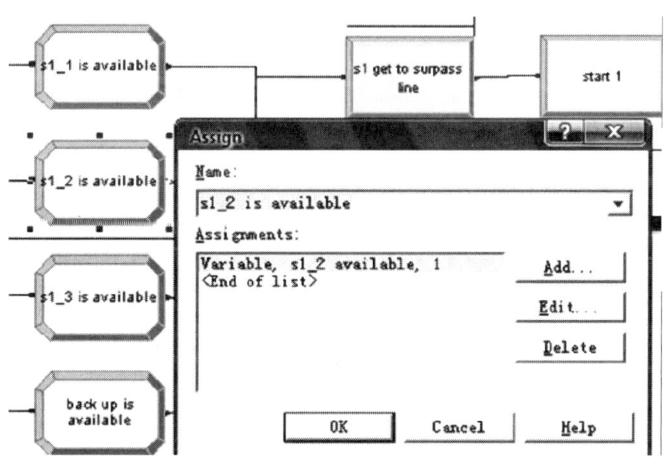

图2.25　车辆离站站台状态更新设置

（10）备用站台车辆驶入仿真设置（图2.26）。备用站台等候的车辆驶入站台1的时间经测算为15 s。现实中使用备用站台的情况不太多，考虑到此两站台之间距离45 m，因为进/出一个站台加减速的时间平均约为6.5 s，加上中间行驶15 m，约3 s。为了简化模型，因此估算为15 s。

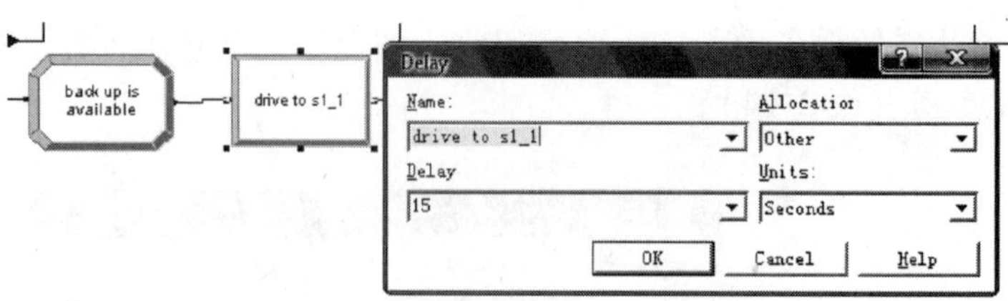

图 2.26　备用站台车辆驶入仿真设置

(11) 驶入超车道参数仿真设置（图 2.27)。进入超车道，启动离站，启动时间 start time=3.5+GAMM(1.19, 2.42)。该随机分布参数来源于实际数据采集后统计拟合（表 2.2)。

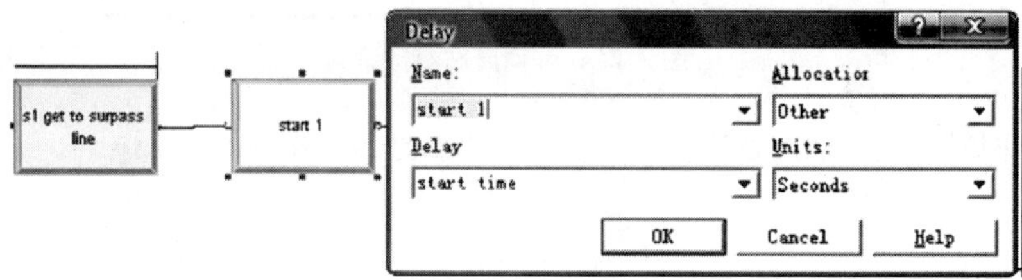

图 2.27　驶入超车道参数仿真设置

(12) 车辆线路分布仿真设置（图 2.28)。车辆目的地（线路）分布：参数值来源于实际数据采集后统计拟合（表 2.2)。

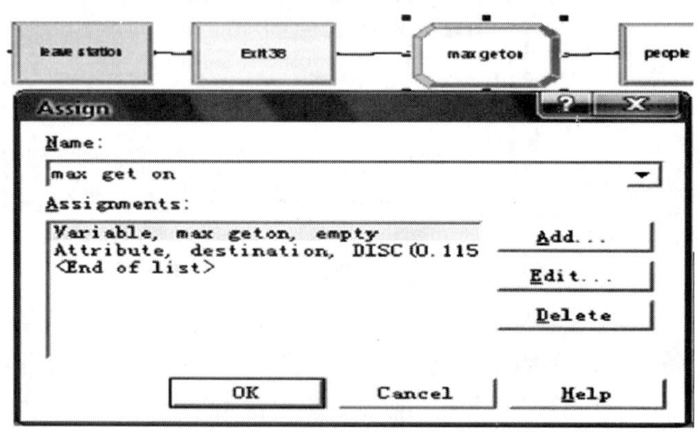

图 2.28　车辆线路分布仿真设置

(13) 乘客离开信号仿真设置（图 2. 29）。乘客乘车离开应根据其目的地发出相应信号。

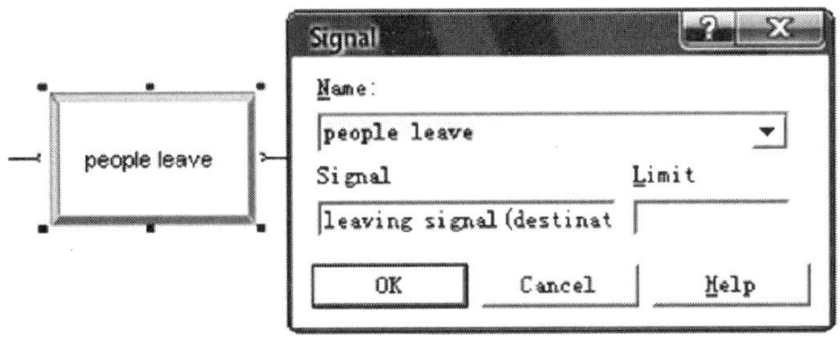

图 2. 29 乘客离开信号仿真设置

(14) 乘客进站人数设置。据官方统计，岗顶站下班高峰期平均每小时客流量 2400 人，数据来源于岗顶站高峰期平均客流量（图 2. 30）。

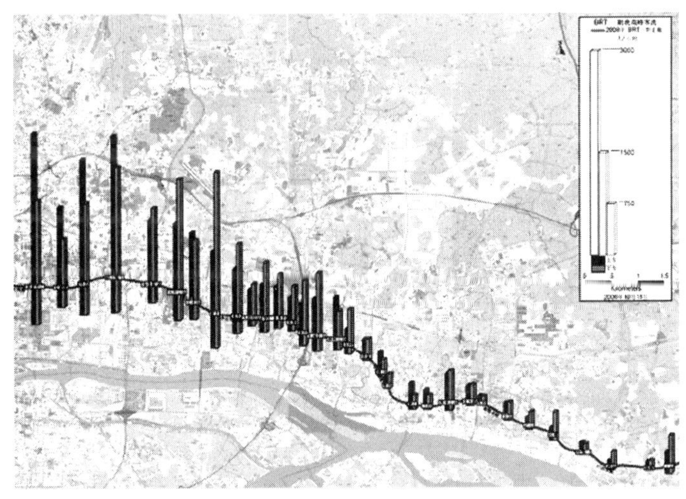

图 2. 30 BRT 各站台高峰客流量

每分钟乘客进站人数（单位：4 人）：POIS(6. 67)。岗顶站为 3 子站，模型为 2 子站，以 2/3 比例计算模型人数，然后按时间单位换算后，每分钟平均客流量为 26. 67 人（ = 6. 67 × 4 人）。并且选用泊松分布作模拟（图 2. 31）。

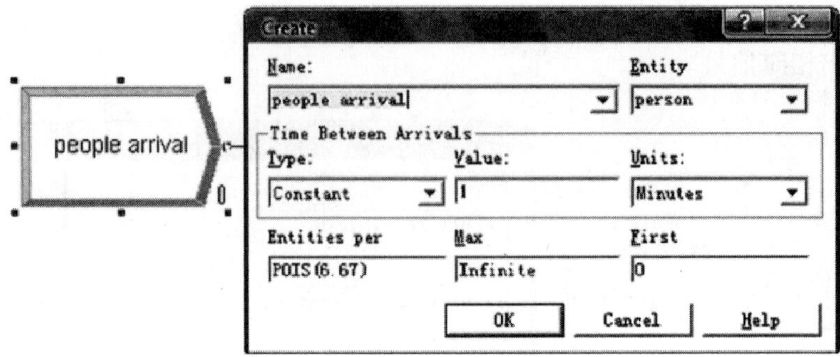

图 2.31　乘客进站人数仿真设置

（15）乘客目的地仿真设置（图 2.32）。乘客目的地频率是一个随机发生的变量，在本研究不是重点研究对象。因此，简单假设为该变量与各线路车辆到站频率分布相同，这也基本符合公交公司或交通部门对各线路发车频次与需求量基本匹配的现实。

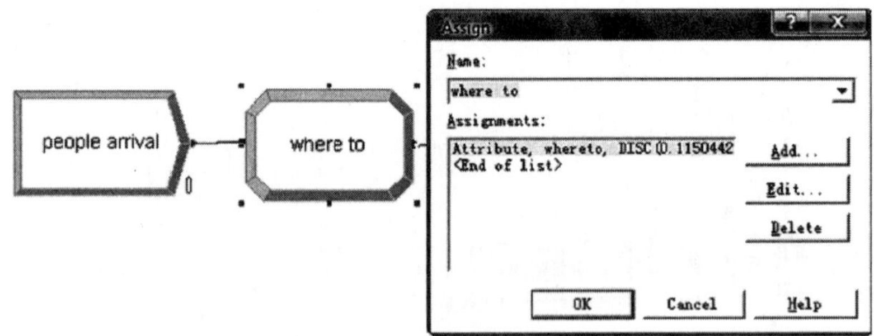

图 2.32　乘客目的地仿真设置

（16）乘客登乘信号仿真设置（图 2.33）。乘客等待乘车离开信号：当 whereto = destination 时，释放最大容量 max geton 的乘客离开系统，表示当等到想搭乘的车时，该类乘客排队上车离开系统，但上车人数不能超过车辆剩余容量。

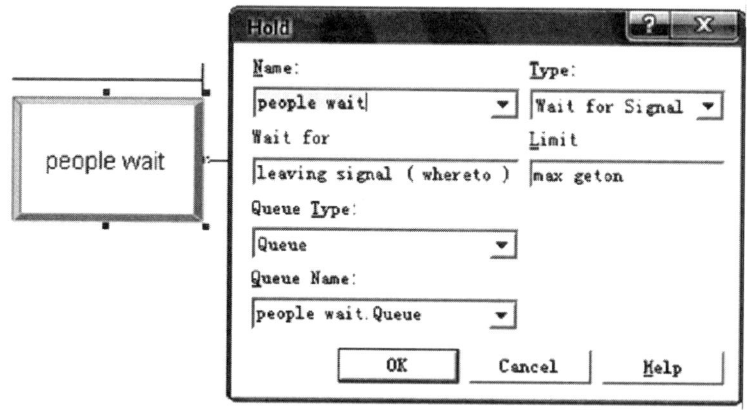

图 2.33　乘客登乘信号仿真设置

4. 仿真绩效评估

本仿真研究定义 3 个重要的关键绩效指标（key performance index，KPI)，包括公交车在车站中通过的总时间、乘客在车站的平均等待时间、乘客在车站等待的队长。具体含义如下：

（1）公交车在 BRT 车站中通过的时间。这个 KPI 集中反映了一个 BRT 站台的运营效率。具体的计算，从公交车的车头越过售票设施（在本研究中，是离第一个备用区的末端 18 m 处）开始计时，车头离开另一端即s2_1 站台前端 18 m 处所需要的时间，包括中途车辆配对、停靠、乘客上下车辆、减速和启动等相关的所有时间，也就是动画（图 2.5）中从进入画面到离开画面的时间。

（2）乘客在站中等待的时间。该 KPI 从乘客在站中到达上车状态开始计时，到乘客登乘公交车离开车站为止所经历的时间。值得注意的是，乘客站着候车只是其中的一部分时间。

（3）乘客在车站等待的队长。这个 KPI 集中反映了 BRT 站台的服务水平。未来的 BRT 站台排队策略等，可因应该 KPI 的特点而灵活设定。

单次仿真模型运行结果如表 2.3 所示。

表 2.3　BRT 站台运营绩效

KPI	Average	Half Width	Minimum Average	Maximum Average	Minimum Value	Maximum Value
Waiting Time（unit：minute）People wait. Queue	5.6788	0.3	4.1313	7.5805	0	78.7119
Number Waiting（unit：4 people）People wait. Queue	38.6907	2.91	25.2247	65.5147	5	90
Time（unit：minute）bus in station	1.6242	0.04	1.4401	1.8159	—	—

说明：系统生成数据时，自动将小数点部分末位（或末几位）的0省去，如1.0省为1，2.280省为2.28。因不影响数据的有效性，再考虑到表达的简洁性，本书一律不予以补0。

表2.3的仿真运行结果与实地调研的观测值基本一致，这一方面反映本研究所建立的仿真模型及相关的随机数据分布设置基本模拟了公交车在BRT车站中的主要活动。同时，因为BRT车辆的司机基本上只能按照指定的规则行事，很少有违规操作，所以模型基本上很好地模拟了公交车在车站中的行为。

另一方面，上述结果也反映本研究的仿真模型有一定的局限性。例如，仿真结果中乘客排队的部分与实地调研的稍有不同。

本研究假设有12路公交车在两个子站中停靠，而乘客分别有12种目的地。在现实生活中，很多乘客在车站中等车时实际上并不是只有一路车可以满足自己要去的目的地，所以实际上等待时间并没有那么长，排队的人数也并没有那么多。但是，由于调研资源的有限，本研究没法得知乘客具体的目的地，在这个模块无法模拟得更接近现实。如未来能进行大样本的抽样调查或者乘客上车与下车站点的统计数据，本研究成果将能进一步丰富起来。

5. 运营改进方案分析

方案1：提高发车频率

根据我们的观察，从下午5点至6点之间，岗顶和体育中心这两个上车人数最多的车站中乘客会有一定的排队，但是队长并不算很长，大多数乘客都可以在所等的第一辆公交车到达时挤上车，少数需等到第二辆或第三辆公交车，队伍也相对有序，但是车上总是不可避免地比较拥挤。因此，我们考

虑是否可以通过增加发车的数量来减少乘客排队的时间，同时减少在每辆车上的拥挤度。

我们将发车的间隔设为变量 bus interval，通过 Process Analyzer 分析对 3 个主要观测值的影响。以下是当发车时间设为 1，0.9，0.8，0.7（单位：min）时的几个观察值（表 2.4、图 2.34）。

表 2.4　发车频率的关键绩效

Scenario	rep. times	bus interval	bus in station	people wait number	people wait time
Scenario 1	30	1	1.624	38.691	5.679
Scenario 2	30	0.9	1.769	33.424	4.866
Scenario 3	30	0.8	1.921	29.479	4.411
Scenario 4	30	0.7	2.28	23.734	3.633

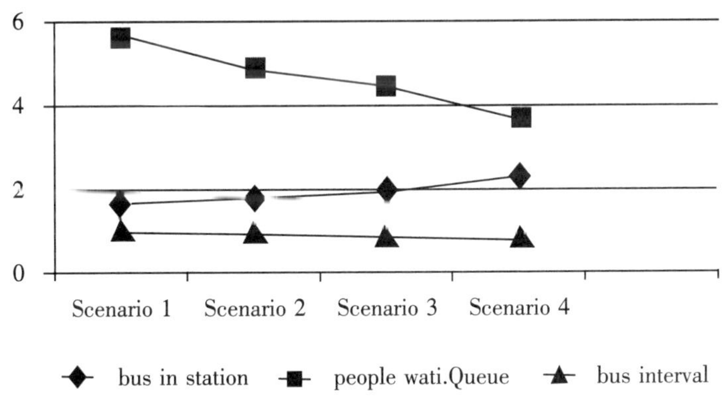

图 2.34　发车频率的关键绩效变化

随着发车间隔的缩短，乘客排队的时间明显地缩短。但是，发车时间的缩短会使公交车在车站中通过的时间变长。在 BRT 站台中，因为只有一条通道而且站台的数目是固定的，不少车辆需等候在车站的超车道，造成车辆在站内的行驶速度变慢甚至要停下来。但是我们还可以看出，公交车在站内通过时间的增长比乘客等待时间的减少要缓慢一些。单从这两个时间来看，我们似乎应该加开更多的公交车，但是这又涉及增加发车数会提高成本和影响环境等问题。

同时，等待时间的增长缓慢还支持一个想法，那就是目前的站台上下车能力还没有充分利用，利用率还有待提高。这个论断可以从以下的仿真结果（图2.35）得到初步的证实。在1 h的仿真模拟中，每个子站的第三站台使用次数很少，只有20次左右。

Total Number Seized	Average	Half Width	Minimum Average	Maximum Average
1 station s1_1	47.9667	1.56	38.0000	55.0000
2 station s1_2	31.4667	1.63	23.0000	42.0000
3 station s1_3	19.4667	1.93	11.0000	33.0000
4 station s2_1	47.7667	1.49	39.0000	56.0000
5 station s2_2	30.9000	1.69	23.0000	40.0000
6 station s2_3	20.1333	1.79	11.0000	30.0000

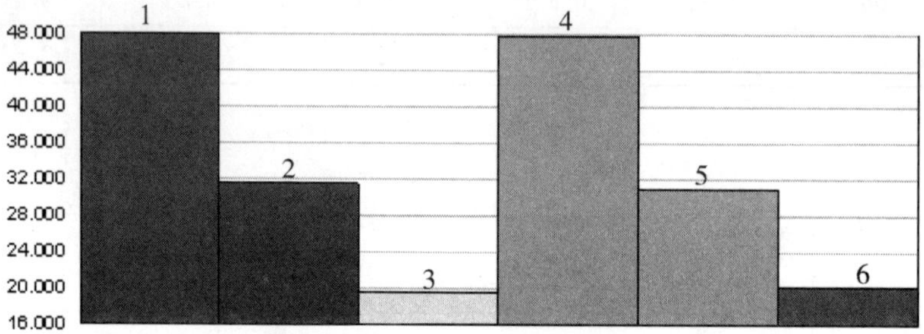

图2.35　BRT各站台的利用率

尽管利用率不高，但我们不能因此而撤掉这个站台。一是因为这个固定资产投资已经发生，撤销的成本很大，却没有什么明确的收益；二是将来客流量需求很可能进一步增长，撤掉站台显然是不合适的。

虽然说目前站台依然有少量的闲置能力，但是我们考虑到需求提高之后的情况，站台的闲置能力也是有一定的现实意义的。因为未来客流量需求呈上升趋势，而且节假日暴涨的客流量需要更多的发车数来满足。

方案一说明，目前的站台设置可以满足短期内需求暴涨而需要提高发车频率时对站台的压力。在发车频率提高到0.7 min一次时，乘客等待时间的下降还是比公交车过站时间的增长要大。

方案 2：开放备用站台

考察目前广州 BRT 站台的布局结构，我们会发现备用站台的设置还未完备。当前，备用站台处于停车区内，但是却没有上下车的安全门，需要等前面的车辆离开停车区后备用站台内的公交车才会向前移动直到第一个站台，开门上下车。也就是说，备用站台内的公交车实际上在做无谓的等待，它处于本来可以上落的区域，但是却因为没有门而只能等待。

我们考虑 BRT 系统如此设计的原因应该是由于目前的需求没有大到需要开放备用站台的程度，所以安全门可以晚些再装；但是，由于拓展整个车站非常麻烦，所以为了将来考虑，必须留有一些空间以应对未来可能增长的需求。

因此，我们考虑开放备用站台之后的情况，希望知道备用站台的开放会使现在的车站服务水平提高多少，即在增加发车频率的情况下使公交车的过站时间不会增长得太快。

下面是用 Arena 软件的 Process Analyzer 模块所分析比较的结果（表 2.5、图 2.36）。

表 2.5　开放备用站台的关键绩效

Scenario	rep. times	bus interval	bus in station	people wait number	people wait time
Scenario 1	30	1	1.559	41.492	6.062
Scenario 2	30	0.9	1.61	34.597	5.026
Scenario 3	30	0.8	1.746	27.806	4.105
Scenario 4	30	0.7	2.087	23.111	3.446

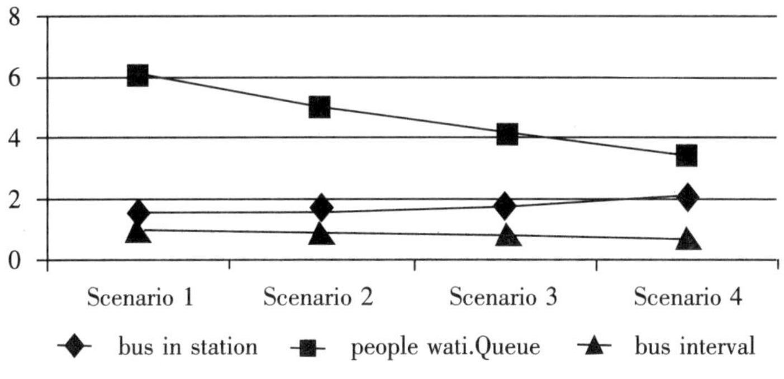

图 2.36　开放备用站台的关键绩效变化

显然，开放备用站台之后，车辆通过车站的时间相比开放之前有所下降，而且随着发车频率的增加，通过时间的增加速度较慢。

但是，这个通过时间的下降并不明显。至少在目前的发车频率下，这个时间的下降非常小，即使是0.7 min发车一次，开放备用站台也只能使通过时间下降0.2 min，也就是12 s。而且，开放备用站台是有成本的，不只是站台安装安全门的成本。由于公交车优先进入第一站台，乘客们会比较多地在第一站台等待；开放之后的备用站台可以看作第四站台，距离第一站台总共有将近45 m的距离。如果要等的公交车在第四站台，从第一站台跑到第四站台需要更长的时间，而且由于距离太长需要跑步过去，可能会引起乘客对站台设置的不满。

因此，从现阶段来看，开放备用站台是没有必要的。下面的数据也支持了这一点：备用站台的使用率相当低，1 h内只有10次左右会用到备用站台(图2.37)。

Total Number Seized	Average	Half Width	Minimum Average	Maximum Average
1 station back up	10.9667	1.28	5.0000	22.0000
2 station back up 2	10.4000	1.62	2.0000	23.0000
3 station s1_1	41.7000	1.07	36.0000	48.0000
4 station s1_2	27.8333	1.48	20.0000	38.0000
5 station s1_3	17.8000	1.34	11.0000	27.0000
6 station s2_1	41.3667	.98	37.0000	47.0000
7 station s2_2	27.6000	1.40	21.0000	34.0000
8 station s2_3	17.6667	1.56	10.0000	28.0000

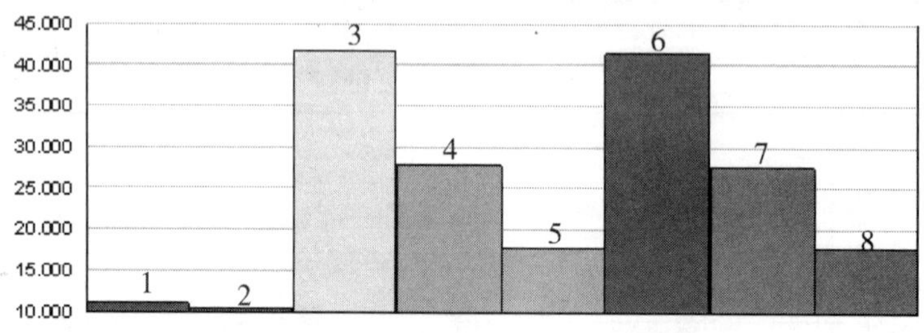

图2.37 开放备用站台的各子站利用率

四、政策建议与讨论

随着经济发展和人们生活水平的提高，汽车的销售量和路面车辆不断增加，给城市路面交通系统带来很大的压力。尤其是一些人口基数庞

大、高楼林立的现代都市，对现代公交系统提出了更高的要求。因此，建设高效率、大运量的公共交通方式成为了政府部门改善交通状况的重要方式。

广州 BRT 的建设与运营，在一定程度上改善了局部公共交通的状况，如中山大道沿线交通混杂和交通拥堵的状况有了很大的改善。快速公交设置专用道，享有优先权，有效地提高了公共交通的效率。由于实施 BRT 后公交车的行驶速度要比以前快得多，同时因为使用载客量较大的车辆，所以中山大道上只要远少于原来的车辆数就可以满足目前的乘客需求。

从管理学角度来看，BRT 系统还存在以下优点：

（1）专门化程度的提高。修建 BRT 从管理学的角度可以说明，专门化提高了效率，这里的专门化是从道路的角度来分析的，即假设车辆是由道路来运送，而不是自己行走。

如我们的仿真模型所示，可以把道路上的快速公交车道和社会车辆车道看作两条传送带，设置公交专用道就仿如其中一条传送带只运送快速公交，另一条传送带只运送社会车辆，各行其道，互不干扰。

假如没有设置快速公交专用道，车辆可以自由切换车道。这种情况下，就相当于两条道路可以运送所有的车辆，并且不时会有车辆在两条传送带之间转换。公交车运行的特点是：行驶速度相对较慢；必须每隔一段距离就回到靠路边的道路上到达其中一段固定的道路上（即车站），并停站一段时间。现实中，车辆换道一般需要减速，而公交车行驶速度较慢也影响了社会车辆的速度。尤其在道路比较拥堵时，公交车进站必须从车龙中强行切道，造成更严重的拥堵。因此，一般情况下，公交车在不同道路之间的转换要花费更多的时间；当道路上的公交车数量越多时，车辆运行的速度越慢。这也可以理解成因道路转换工作造成的效率下降。

对于 BRT 车站的设计也可以用相似的理论来解释。原本所有车辆都使用同一个站台，BRT 将每个子站当作单独的站台使用，使不同的公交车停靠在不同的子站，使站台的工作实现专门化，从而提高了站台的效率。另外，站台的设计还把刷卡付费和上车的过程分离，也是工作专门化的一个例子，这个议题在后面的章节会讨论。

（2）信息整合与共享的改善。BRT 车站还有一个优势是其信息系统能有效地协调各个成员之间的活动，从而提高整体工作效率。

普通公交车站虽然只有一个站台，但乘客不知道车辆将会停在车站的哪一个位置。具体的停靠地点取决于司机的临时决定，同时更多地受到其他公交车或社会车辆阻碍的影响。因此，在很多情况下，都会出现乘客跑往公交车的情况。另外，乘客不知道下一班车的到站时间，因此都聚集在车站中间一带一直等待，这影响了其他乘客的上下车效率。

BRT站台中的乘客可以清晰地知道每条线路的车辆停靠的具体子站，从而基本上可以预知上车的具体站台位置，从而不必聚集于同一站台等候。乘客也知道下一班车到达的时间，因此不需要一直在上下车位置等待，而可以到站台后方等待，避免了影响其他乘客上下车。

(3) 站台系统控制的改善。与普通公交车停站规则不明确或司机频繁违反规则不同，BRT车站的规则非常严谨并受到有关部门的控制，因此对BRT车辆进站的控制保证了车站里进出站、停站的行为按照计划或者规定进行，并能纠正各种显著偏差或错误行为，从而提高了效率。

我们的研究关注的重点是BRT车站的设计和站内的行车规则，对于很多模型外部的东西都作了简化。例如，车站前最近的交通信号的时间设计，整个线路在不同的路段的拥挤程度，其实这些都会影响进入一个车站的公交车的分布。

五、技术注解

本次仿真的研究中主要使用的核心模块是高级运输模块（Advanced Transfer），因为本研究关注在行车道上车辆之间在每一次进入站台和离开站台时可能会发生的堵塞问题。这个问题很难用计算机仿真中的队列来模拟，因为车辆在整条路上都有因为前车减速或者停车而停下来的可能。这种停顿可能是很短时间的，使用过程模块非常难以捕捉。所以我们使用了高级运输模块中的传送带方式来模拟。

我们选用的是可聚合式传送带，即某个实体停下来的时候，不会影响它前面的实体，但是会阻挡住它后面的实体；并且，实体停下来之后再次运动起来时，不会同时启动，因为实体之间要保持一定的间隔。这一点跟一条行车道上的汽车很像，特别是像BRT这种系统，公交车是会挤在一处的，但是却没有超车的可能。

设置传送带需要有很准确的距离。我们经过实地调查，对每个站台的长度有了比较准确的把握；由于在站中公交车会有减速停车、加速启动以及被阻等行为，对车的运行速度我们只能给出一个估测值。

除了在行车道上的行为，我们还要模拟公交车进入站台的行为。公交车选择站台的逻辑我们一开始打算用一个Decide或者Pickstation来实现，但是

模块的减少会造成函数的复杂程度很高，修改极为不便，而且效果还很不好。于是，我们改用最简单的多个 Decide 结合 Assign 模块的方式来实现这个进站逻辑。我们的经验是：如果能用简单易懂的模块来实现的效果，尽量不使用复杂的函数，否则你需要用比建模多几倍的时间去调试它，每次修改函数的参数都会非常麻烦。Assign 模块配合 Variable 可以实现很多很强大的逻辑判断。

另外，如果模型要模拟的是一个现实场景，那么数据才是决定这个模拟是否有意义的主要因素。当收集到的数据不是很多的时候，有时会拟合出一些不太合适的分布函数，这时候我们觉得这个函数虽然在这个样本里有最佳拟合度，但它的参数跟现实完全无关，甚至我们都难以理解是什么意思。这时还是使用一些常用的分布比较合理，如进站的车辆数和人数使用泊松分布，时间间隔可以采用指数分布，处理时间可以采用伽马分布，等等。

第二节　BRT 站台客流管理仿真

一、研究背景

对于大多数中国的城市管理部门而言，快速公交系统（BRT）是一种新的大运量交通方式，具有速度快、运力强、可靠性高等特点。

广州期待已久的 BRT 系统于 2008 年 11 月 30 日正式开始施工，于 2010 年 2 月 1 日正式开始运营。广州 BRT 采用车外售检票的方法，在 BRT 总出入口设计了出入闸门。然而，依据新闻媒体和网络投票意见的反馈，当前，BRT 闸门通道设计不合理的问题一直为 BRT 乘客所关注。具体而言，相关的意见包括 BRT 车站通道设计不合理、进出口设计不合理、闸口太窄等（图 2.38）。

8. 你觉得BRT站台设计是否合理?

总得票147794		
还算合理	1.84%	2724票
站内标识不合理	19.68%	29092票
进出口设计不合理	20.43%	30197票
公共汽车导向图不合理	19.29%	28516票
自动门设计不合理	17.8%	26301票
停车卡位不固定	18.97%	28033票
说不清楚	1.98%	2931票

12. 你觉得困扰你出行的BRT主要问题是什么?

总得票113368		
部分线路安排车辆过少，造成过于拥挤	21.67%	24568票
BRT太慢了	24.33%	27586票
车站通道设计不合理，进入车站浪费时间	28.34%	32129票
车站线路过少，选择性不强	19.34%	21929票
乘客排队意识不够	6.31%	7156票

13. 你认为BRT哪些方面有待改进?

总得票165876		
进站闸口太窄，入闸通道不足	9.01%	14946票
多个站点仍未开通电梯	13.38%	22199票
天桥等通道不便残疾人、推婴儿车等乘客	14.13%	23430票
运力不足(公交车次不够)	14.03%	23277票

图 2.38　关于 BRT 服务的网络调查

资料来源：http：//vote. 2010. 163. com/vote/vgvote_results. jsp? vgid = 2086。

为此，本研究选取广州 BRT 岗顶站的一个进出口的排队问题进行分析。希望通过计算机仿真手段，分析和研究现有的 BRT 站台客流管理问题，提出一些改善方案，以减少乘客在 BRT 系统的排队时间，提高 BRT 站台进出口的服务水平。本研究的研究方法与成果亦可以用于地铁等其他公共交通系统。

本研究的研究对象——岗顶站位于广州的中心区域之一天河区。岗顶站周边以商业为主，电脑城林立，为广州市有名电脑专卖市场。除了电脑城外，还有天河娱乐城、摩登百货、总统酒店、地中海酒店等商业设施。岗顶人流量多，环境比较复杂。天河区主干线天河路车流量大，经常性塞车。岗顶站路段则为天河路比较拥堵的路段之一。

在 BRT 正式运行之后，岗顶站的客流量一直保持着 BRT 各站客流量的冠军。选取岗顶站作为研究对象，能很好地反映问题所在。

二、运营特点

为了提高 BRT 乘客上下车的速度，广州 BRT 的各线路票价完全相同；同时，广州 BRT 采用车外售检票系统。这些管理方式对实现乘客的快速上下车有很大的帮助。目前，广州 BRT 站台（图 2. 39）平均每个乘客上车时间为 0. 3 s，普通的公交车每位乘客的上车时间需要 2 ~5 s（广州 BRT 官方数据）。

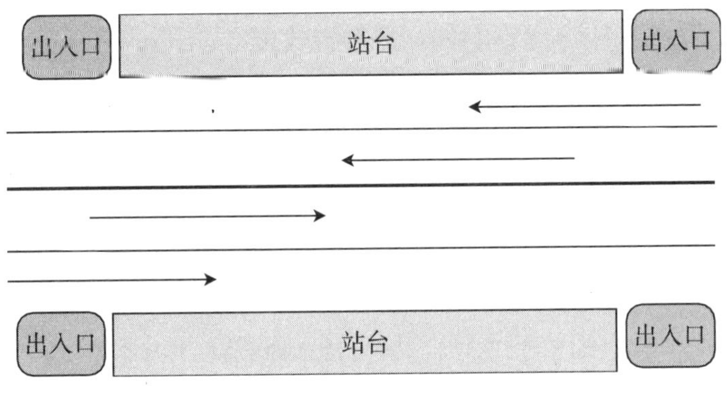

图 2. 39　BRT 站台

要实现车外售检票系统，BRT 车站设置的进出口闸门是重要的设施。在封闭式运营的情况下，进出口闸门还充当了封闭 BRT 车站与外界的关卡。所以，进出口的设置是 BRT 有效运营的一个重要决策与保障。

图 2. 40 是一个 BRT 进出口站台布局简图。其中，整个站台有 5 个进出口：进站有 3 个入口，其中一个是现金通道，其余是刷卡通道；出站有 2 个出口，在刷卡通道的闸门还设有刷卡机器。本来，第三个通道是可以实现双向通行的，但在现实运营中，站台管理人员通过一个挡板阻止乘客使用该通道出站（即该通道只用于进站）。

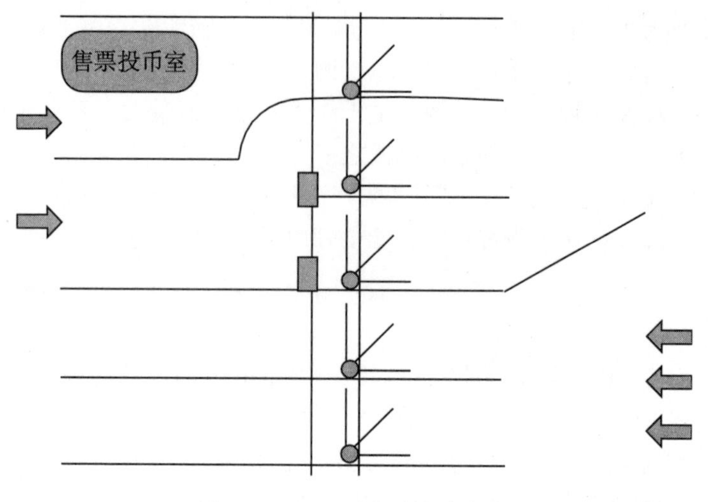

图 2. 40　BRT 站台进出口布局

与 BRT 站台布局相关的进出站流程大致包括以下几种：

（1）进站并且采用现金通道，通过现金支付车票（图 2. 41）。

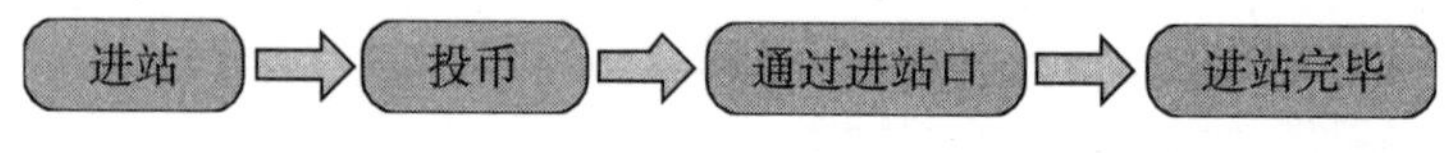

图 2. 41　BRT 投币进站流程

（2）进站并且采用刷卡通道，通过刷卡支付车票（图 2. 42）。

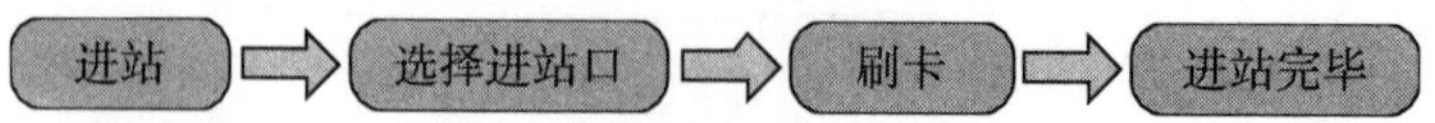

图 2. 42　BRT 刷卡进站流程

（3）出站（图 2.43）。

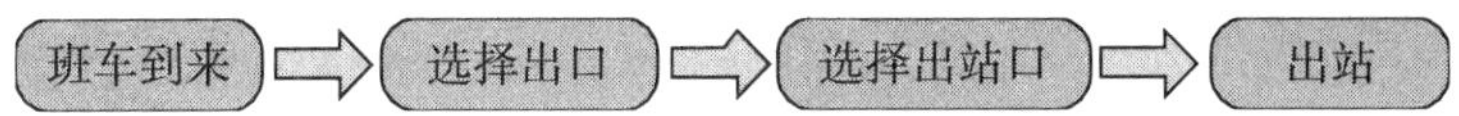

图 2.43　BRT 出站流程

三、仿真分析

1. 绩效评估设想

评价一个排队系统的好坏要以顾客与服务机构两方面的利益为标准。就顾客的角度而言，通常希望等待时间或逗留时间越短越好，从而希望服务台个数尽可能多些。但是，就服务机构来说，增加服务台数量意味着增加投资，增加多了会造成浪费，增加少了要引起顾客的抱怨甚至失去顾客，增加多少比较好呢？从各自的利益出发，顾客与服务机构对排队系统中的 3 个重要指标——队长、等待时间、服务台的繁忙程度都有自己的要求。因此，这 3 个排队管理的重要绩效指标也适用于本研究。

为此，我们选取乘客的队长、乘客的等待时间和通道的利用率 3 个变量作为本研究的关键绩效指标，通过仿真分析来判断和衡量各方案的可行性。

2. 仿真数据的获取与设定

本仿真分析需要有大量的准确的数据，才能真实地模拟和考量乘客总体的行为特征，如进站人数的概率分布、不同付款方式的随机特征、公交车到站的不确定性等。在本研究中，数据的获得主要采用实地调研和仿真拟合相结合的形式进行。

（1）进站客流量。上下班高峰期进出站人数与平时相比差别很大，因此，本研究选取记录上班高峰期 8:00—8:30 的进站人数数据，研究客流高峰的管理问题。依据现场实地调研数据，进行仿真数据拟合，我们发现进站人数服从指数分布（表 2.6）。

表 2.6　上班高峰期进站客流量数据特征

分布	上班高峰期
EXPO(s)	2.721

（2）进站客流的付款方式特征。调研数据还显示，大部分乘客使用刷卡的支付方式，只有约18%的乘客采用现金支付（表2.7）。

表2.7　上班高峰期进站客流付款方式特征

总人数	现金支付人数	现金支付人数所占比例
441	80	18.14%

（3）公交车到站频率。依据调研数据，我们还拟合出公交车到站的频率，该数据服从指数分布的形式（表2.8）。

表2.8　公交车进站频率特征

分布	班车到达
EXPO(s)	15.195

（4）班车到达时下车客流量。通过记录单位班车下车人数，利用Arena的Input Analyzer来计算单位班次下车人数，通过比较两种比较可行的分布（泊松分布和三角分布）发现，两种情况的偏差都不是很大。依据数据特征，本研究认为应采用泊松分布来模拟单位班车下车人数，即POIS(8.67)的泊松分布（表2.9）。

表2.9　上班高峰期数据特征

分布	Triangular	分布	Poisson
表达式	TRIA(2.5, 7, 16.5)	表达式	POIS(8.67)
方差	0.014214	方差	0.015514

（5）公交车停靠站台的选择。由于选择了接近s3站台的出入口，可以看出每次有车进站，有33.33%的可能停靠s3站台；同理，有44.44%的比例会停靠s2站台，剩余的会停靠s1站台（表2.10）。

表2.10　公交车选择停靠站台的数据特征

站台	车次	比例
s1	4	22.22%
s2	8	44.44%
s3	6	33.33%
TOTAL	18	100%

（6）乘客行进活动时间。一个乘客进入 BRT 站台的行进时间，可以简单地分为 3 个活动单位：乘客进站投币所需要的时间，单位乘客通过进站口的时间，单位乘客通过出站口的时间。相对于进站和出站的活动，乘客都有若干种通行方式（图 2.44、图 2.45）。

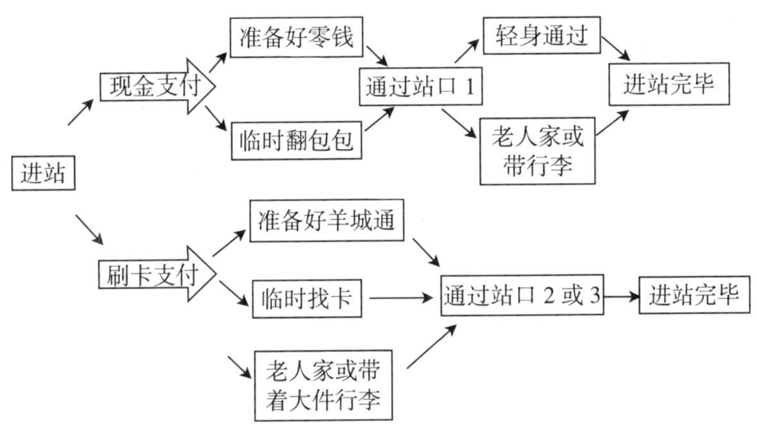

图 2.44　乘客进站的各种方式

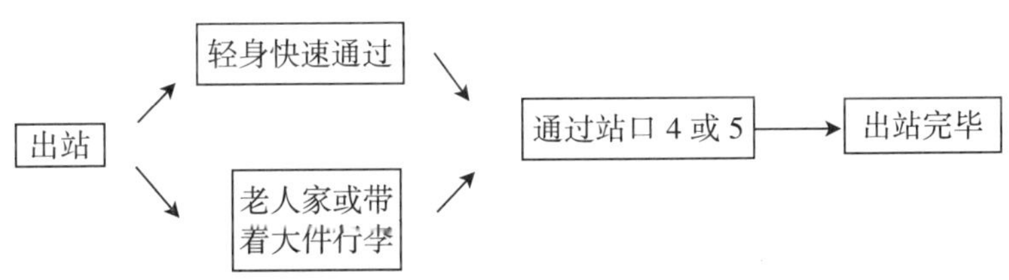

图 2.45　乘客出站的各种方式

相关的乘客行进活动时间比较难以估量，只能通过研究小组的个人体验估计和通过记录 10 s 内通过的人数来大致估算所需要的单位时间（表 2.11、表 2.12）。

表 2.11　乘客行进活动时间统计

乘客行进活动	方式 1	方式 2	方式 3
乘客投币的时间	1	5	—
比例	80%	20%	—
乘客通过进站口 1 的时间	1	3	—
比例	95%	5%	—

续表 2.11

乘客行进活动	方式 1	方式 2	方式 3
乘客通过进站口 2、3 的时间	1.2	1.5	4
比例	50%	40%	10%
乘客通过出站口 4、5 的时间	1	3	—
比例	95%	5%	—

表 2.12　乘客行进活动时间总体数据特征

行进活动时间	平均时间	10 s 通过人数	数据记录平均值
乘客投币的时间	1.8	5.56	5.90
乘客通过进站口 1 的时间	1.1	9.09	8.82
乘客通过进站口 2、3 的时间	1.6	6.25	6.33
乘客通过出站口 4、5 的时间	1.1	9.09	8.80

（7）车辆到达时下车乘客去往出口的比例和所需步行的时间。依据观测，对乘客出站的比例和从停靠点（s1、s2、s3）到出站口的步行时间进行了估算，作出了以下的拟合（表 2.13）。

表 2.13　乘客下车后步行至出口的相关数据特征

车辆停靠点	乘客出站比例	步行所需时间
s1	10%	TRIA(50，60，90)
s2	50%	TRIA(20，25，40)
s3	90%	TRIA(5，10，15)

（8）其他步行时间。其他步行时间对于结果的影响不是很大，于是统一按照 0.5 s 计算时间。

3. 模型简化假设

针对特定的研究议题，研究小组在尽量不影响仿真结果的前提下，作了一些合理的假设来简化建模细节：

（1）忽略转车的情况。由于岗顶站并不是一个中转站中心，选择在此转车的人数比较少。

（2）假设单侧站台 2 个出口的进出人数近似相等。在实际情况中，两

个出口进出人数有轻微的差别。

（3）各种车次简化为近似相等。现实情况应该会出现某种车次车辆较多、行驶间隔较少的情况。

4. 结果评价

设置仿真重复运行 60 次，每次运行时间为 60 min，在每次运行时缓冲 1 min。仿真运行得出以下数据结果（表 2.14、图 2.46 至图 2.48）。

表 2.14　BRT 乘客进出站仿真结果

KPI		average	min value	max value
waiting time	put in cash Quene	0.2172	0	11.6304
	pass gate 1 Quene	0.0229	0	4
	pass gate 2 Quene	0.4381	0	8.8613
	pass gate 3 Quene	0.2611	0	6.4883
	pass gate 4 Quene	0.9474	0	23.5831
	pass gate 5 Quene	1.2624	0	21.1055
number of waiting	put in cash Quene	0.0146	0	4
	pass gate 1 Quene	0.0015	0	3
	pass gate 2 Quene	0.1177	0	5
	pass gate 3 Quene	0.0081	0	3
	pass gate 4 Quene	0.4193	0	19
	pass gate 5 Quene	0.2382	0	18
count	record for gate 1	236.7		
	record for gate 2	950.98		
	record for gate 3	107.08		
	record for gate 4	1563.63		
	record for gate 5	661.62		
utilization	ticket office	0.1198		
	gate 1	0.074		
	gate 2	0.4311		
	gate 3	0.0484		
	gate 4	0.4864		
	gate 5	0.206		

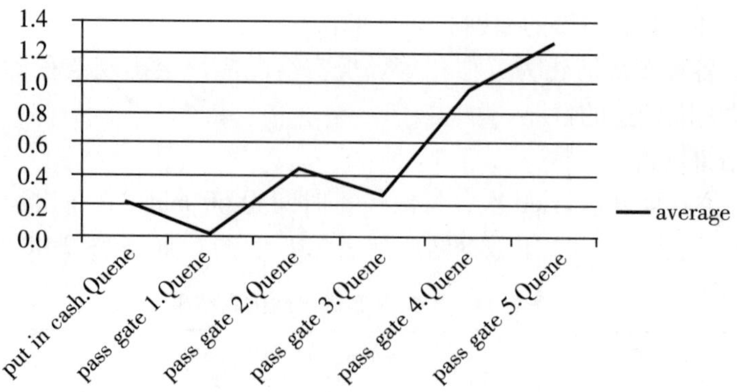

图 2.46　BRT 乘客进出站平均等待时间

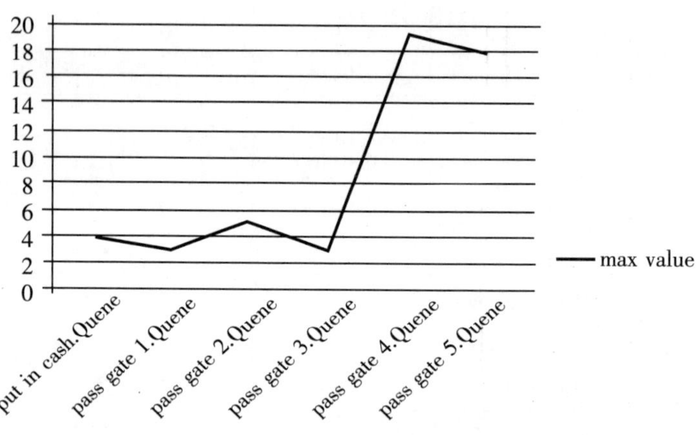

图 2.47　BRT 乘客进出站最大队列数目

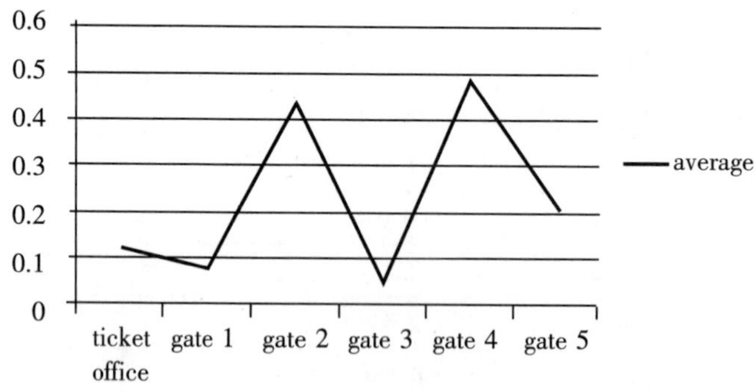

图 2.48　BRT 乘客进出站资源平均利用率

比较排队时间发现，平均的等待时间并不是特别长，基本都在 1.3 s 以下；出站乘客较多，导致通道 4 和通道 5 的平均等待时间较长，达到 0.9 ~ 1.2 s，最长等待时间超过 20 s；进站通道和售票通道的平均排队时间都在 0.5 s 以下，最长等待时间也不超过 12 s。这些显示，出站的乘客相对于进站的乘客需要更多的时间排队。

从设备的利用率来看，主要的工作通道是通道 2 和通道 4，达到近 50%；通道 5 也有 20% 的利用率；通道 1 和通道 3 的利用率比较低，不到 10%。

总体来看，在 60 min 内平均通过 3520 个人的情况下，平均总排队时间大约是 2818 s，这样总体的平均等待时间大约是 0.8 s。进入站台的乘客排队时间较少，为 0.387 s；但是出站的乘客排队时间超过 1 s，达到了 1.041 s。

5. 验证与确认

基于现场观测，出站的乘客所需要的平均等待时间会比进站乘客所需要的平均等待时间长。乘客在进出站的效率较高，大部分乘客进出站是不需要排队的。这些都与仿真模型所得到的结果——排队平均等待时间不超过 1 s 大致相符。

通过最大队长的仿真，进站乘客的最大队长值为 5，出站乘客的最大队长值为 19。研究小组的观测值分别为 8 和 16，与进站乘客的仿真结果有一些差距。该差距很有可能是因为在仿真模型中将进站的乘客采取指数分布的形式进行拟合而出现的。在正常情况下，有很多情形是乘客结伴而来，在这种情形下，最大队长就有可能增加。

6. 设计新方案

方案 1：使用双向通道

在其他条件不变的情况下，撤销挡板就可以实现通道 3 双向通行（图 2.49）。在客流高峰期，进入人数较多时，通道可以按原有模式运作；在出站人数多并且进站人数不多的情况下，通道 3 可以实现逆向通行。

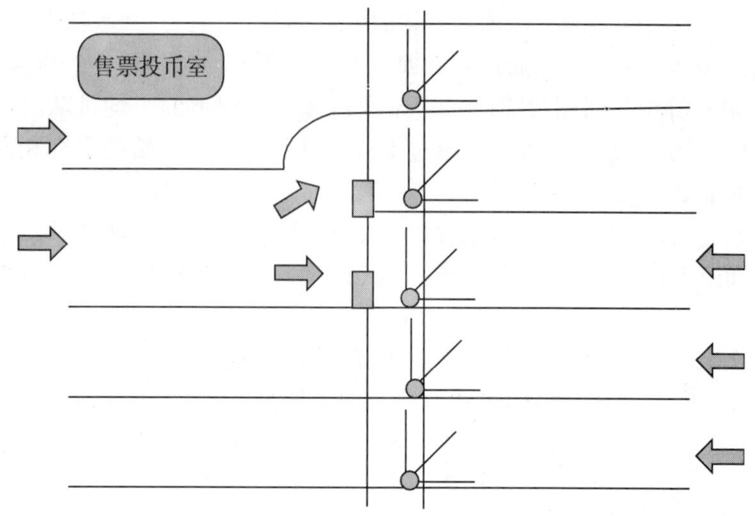

图 2.49　BRT 站台（使用双向通道）

具体而言，新模式下的运作流程如下：

（1）进站的乘客如果采用现金支付手段，流程基本不变（图 2.50）。

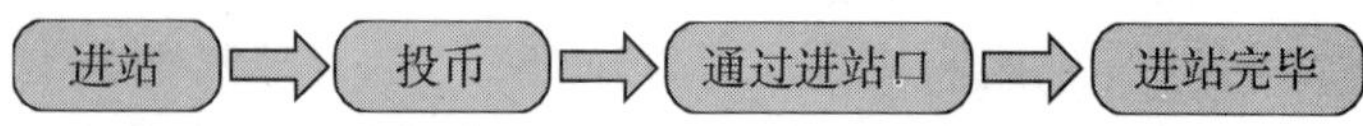

图 2.50　支付现金的乘客进站流程（使用双向通道）

（2）进站的乘客如果采用刷卡支付，会在通过进站口时先判断通道 3 当下是否能够通行，如果可行，再比较各通道的队长来决定采用哪个通道；反之，只能采取通道 1 或通道 2 的通行方式。通道 2 的优先度是高于通道 3 的（图 2.51）。

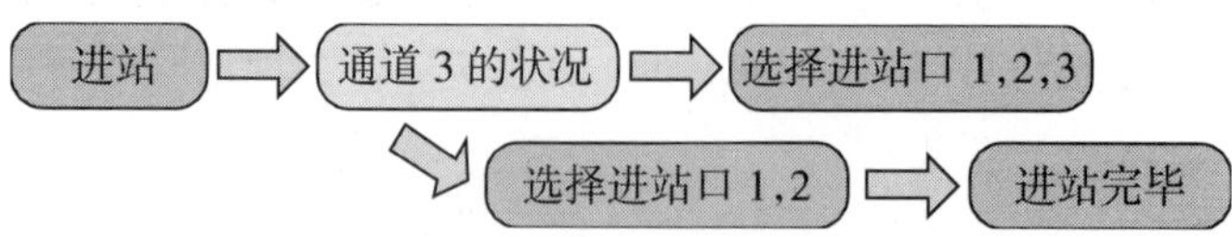

图 2.51　刷卡的乘客进站流程（使用双向通道）

（3）出站的乘客，同样也会在通过出站口时先判断通道 3 当下是否能够通行，如果可行，再比较通道 3、4、5 的情况决定采用哪个通道；反之，只能采取比较通道 4、5 来决定采用哪个通道，并且通道 4、5 的优先度是高于通道 3 的（图 2. 52）。

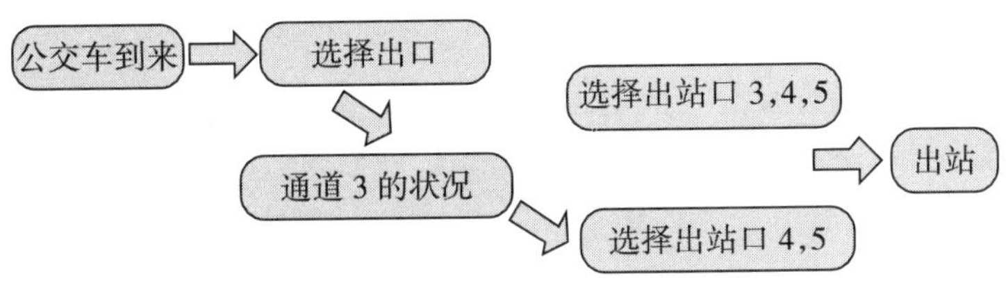

图 2. 52　乘客出站流程（使用双向通道）

方案 2：将售票投币室独立运作

在方案 1 的基础上，将售票投币室独立出来（图 2. 53）。希望通过单独的售票，来让大部分采用刷卡支付的乘客有更多的选择通道的机会。

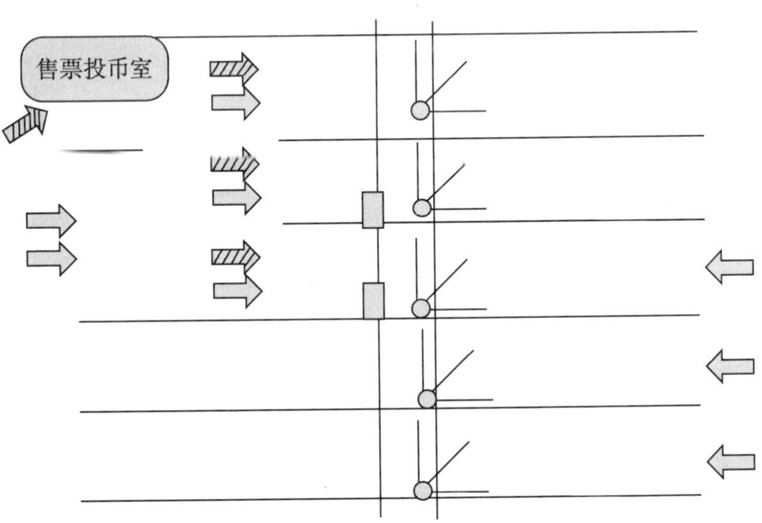

图 2. 53　BRT 站台（售票室独立运作）

具体而言，乘客在站台区域的进出站流程如下：

进站的乘客若采用现金支付，会先通过售票投币室进行买票的工作，并且在买票结束之后与采用刷卡支付的乘客一起，先判断通道 3 当下是否能够通行，如果可行，再比较通道 1、2、3 的队长来决定采用哪个通道；反之，只能采取比较通道 1、2 来决定采用哪个通道，并且通道 1、2 的优先度是高于通道 3 的（图 2. 54、图 2. 55）。

出站的乘客与方案 1 完全相同，先判断通道 3 当下是否能够通行，如果可行，再比较通道 3、4、5 的情况决定采用哪个通道；反之，只能采取比较通道 4、5 来决定采用哪个通道，并且通道 4、5 的优先度是高于通道 3 的（图 2. 56）。

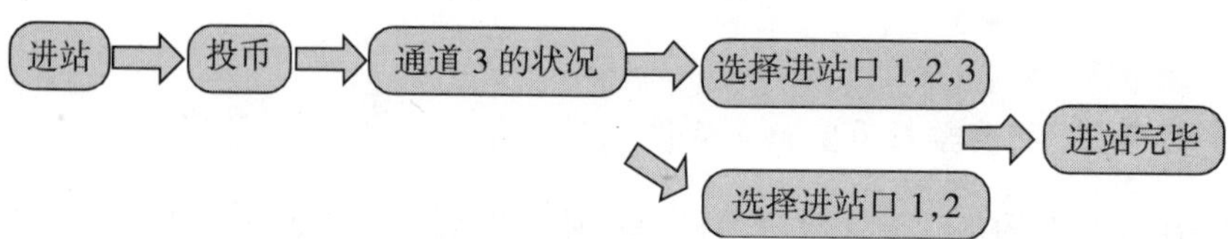

图 2. 54　支付现金的乘客进站流程（售票室独立运作）

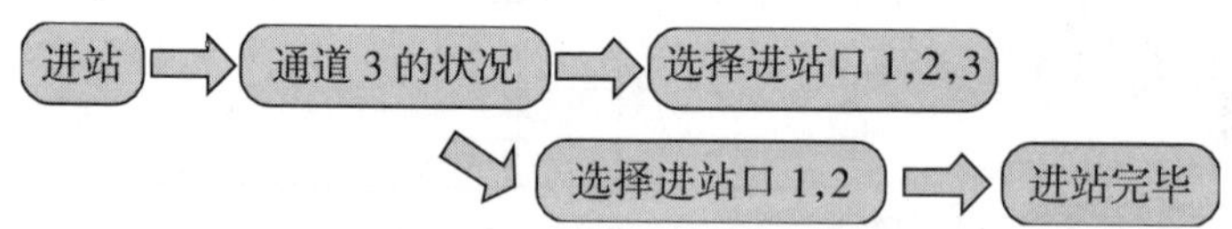

图 2. 55　刷卡的乘客进站流程（售票室独立运作）

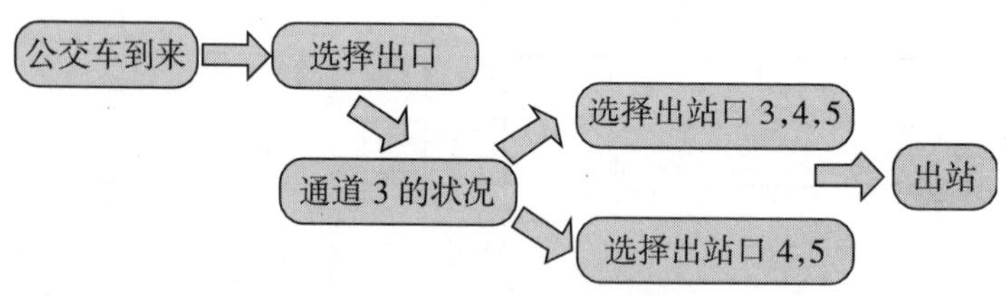

图 2. 56　乘客出站流程（售票室独立运作）

新方案同样重复运行 60 次，并且每次仿真运行 60 min，在每次运行时缓冲 1 min。仿真数据结果如表 2. 15、图 2. 57 所示。

表 2.15　新方案仿真数据

KPI		原模式	方案 1	方案 2
utilization	ticket office	0.1198	0.1198	0.1216
	gate 1	0.074	0.074	0.0987
	gate 2	0.4311	0.4313	0.5225
	gate 3	0.0484	0.0981	0.0724
	gate 4	0.4864	0.469	0.4887
	gate 5	0.206	0.1734	0.2
average Quene	put in cash. Quene	0.2172	0.2172	0.2275
	pass gate 1. Quene	0.0229	0.0229	0.6004
	pass gate 2. Quene	0.4381	0.4399	0.3993
	pass gate 3/3 enter. Quene	0.2611	0.3204	0.2944
	pass gate 3 leave. Quene	—	0.7974	1.0069
	pass gate 3 total	0.2611	0.6067	0.9716
	pass gate 4. Quene	0.9474	0.6071	0.85
	pass gate 5. Quene	1.2624	0.6648	0.2275
max value Quene	put in cash. Quene	4	4	3
	pass gate 1. Quene	3	3	4
	pass gate 2. Quene	5	5	4
	pass gate 3/3 enter. Quene	3	3	3
	pass gate 3 leave. Quene	—	8	13
	pass gate 3 total	3	8	13
	pass gate 4. Quene	19	8	14
	pass gate 5. Quene	18	8	15
average count	record for gate 1	236.7	236.7	1090.4
	record for gate 2	950.98	951.42	204.45
	record for gate 3/3 enter	107.08	106.67	10.4167
	record for gate 3 leave	—	160.12	199.78
	record for gate 3 total	107.08	266.79	210.1967
	record for gate 4	1563.63	1506.22	1443.73
	record for gate 5	661.62	558.85	588.63
	record for ticket office	—	—	236.78

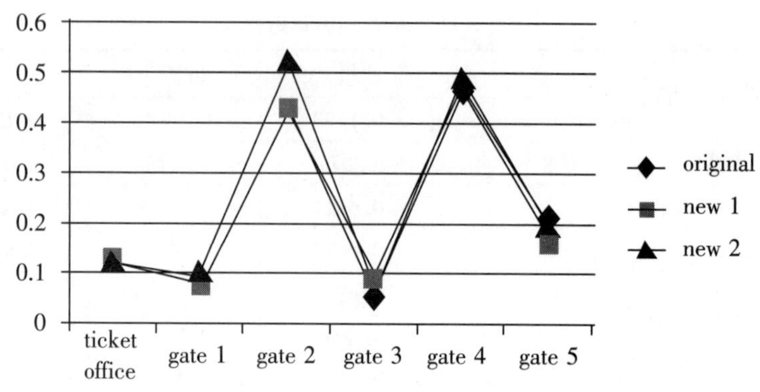

图 2.57　各运作模式的资源利用率

从资源利用率看，不管采取哪种运作模式和方案，资源利用率都不会有太大的变化。大部分乘客依然较多使用通道 2 和通道 4，通道 1、3 的利用率依然不高（图 2.58）。

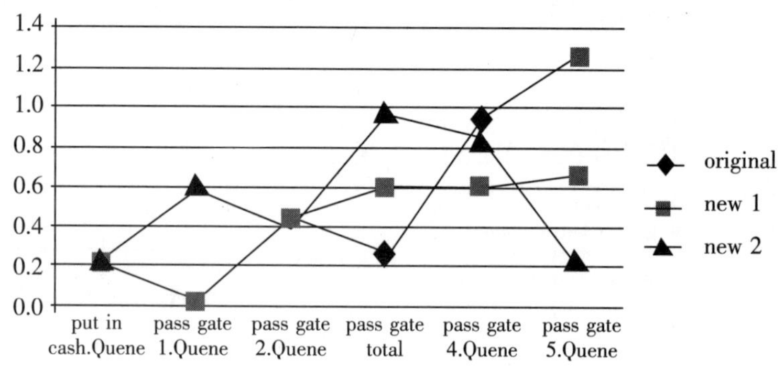

图 2.58　各运作模式的乘客等待时间

通过比较平均等待时间可以发现，采取方案 1 的平均等待时间比较稳定在 0.7 s 以下，采用方案 2 的平均等待时间也不会超过 1 s；在稳定性方面，方案 1 和方案 2 都会比原模式好一些（图 2.59）。

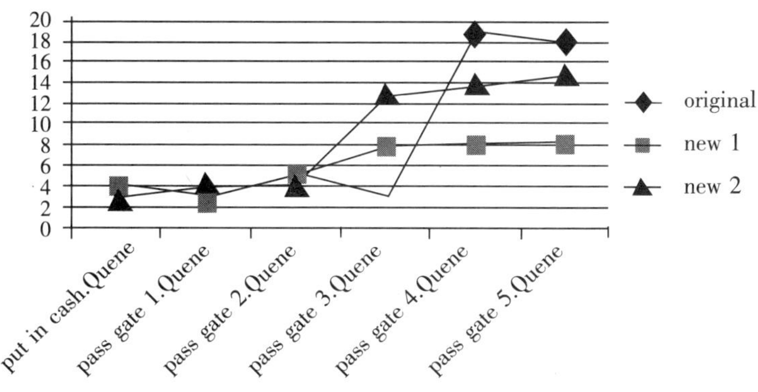

图 2.59　各运作模式的最大队长

通过比较最大队长可以发现，采取方案 1 的最大队长稳定在 8 人以下，采用方案 2 的最大队长也不会超过 15 人；但是采用原模式时在最大队长方面波动较大。通过比较，采用方案 1 在稳定性方面最为出色，方案 2 次之，原模式的稳定性最差。

下面通过关键性指标的对比来判断各方案的可行性（表 2.16、图 2.60）。

表 2.14　各方案的关键绩效指标

KPI		原模式	方案 1	方案 2
total	average total people total	3520.01	3519.98	3537.407
	average total Quene total	2818.027	1923.168	2355.489
	average Quene/people total	0.800574	0.546358	0.66588
for enter	average total people for enter	1294.76	1294.79	1305.267
	average total Quene for enter	501.4146	509.5384	793.2472
	average Quene/people for enter	0.387265	0.39353	0.607728
for leave	average total people for leave	2225.25	2225.19	2232.14
	average total Quene for leave	2316.612	1413.629	1562.242
	average Quene/people for leave	1.041057	0.635285	0.699885

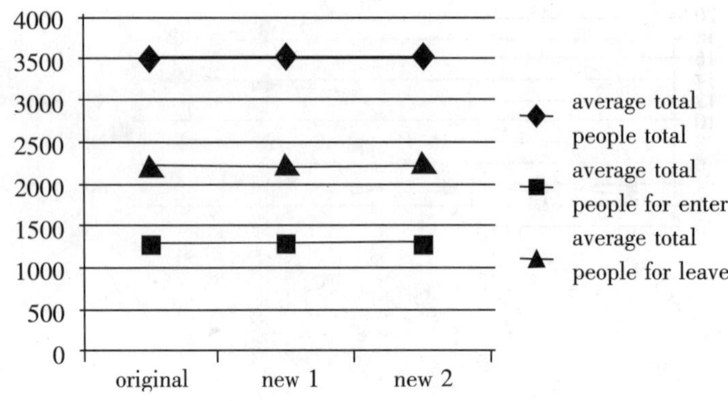

图 2.60　各方案的乘客人数对比

由于在各模式中进站人数以及出站人数的概率分布相同，所以仿真的数据结果差异不大（图 2.61）。

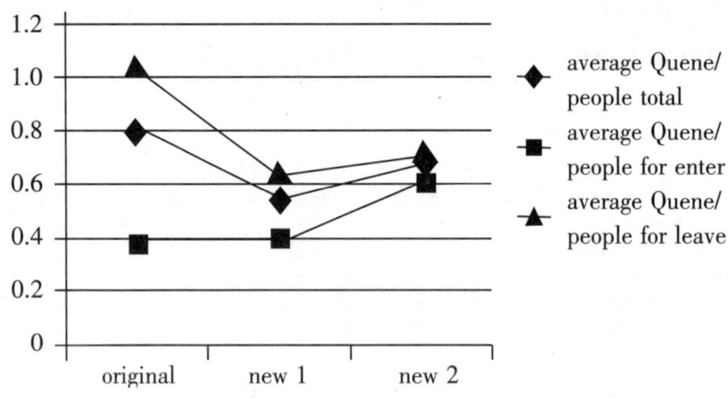

图 2.61　各模式的单位乘客平均等待时间对比

通过比较关键性的指标发现，方案 1 在进站单位乘客平均等待时间上与原模式相差不多，但是在出站单位乘客平均等待时间上大幅度降低，在总平均等待时间上也达到了最低的水平；方案 2 将进站与出站的单位乘客平均等待时间稳定在 0.6 s 左右，虽然达不到方案 1 大幅度降低单位乘客平均等待时间的效果，但也让进出站的乘客平均等待时间趋于稳定。

在现实中，需要依据现实要求选用运作模式与方案。虽然方案 1 和方案 2 都能带来更少的单位乘客平均等待时间，但管理者也需关注在新方案下可

能出现的新问题。

方案1通过双向通道大大降低了出站乘客的平均等待时间。但是，由于通道3实行双向通行，很有可能会使得通道3刷卡口的出错率增加，对机器的压力增大。同时，在实现双向通行的同时乘客排队规则被打乱，很有可能会出现同时进出的情况。

方案2通过将售票投币室独立，也能够达到降低乘客的平均等待时间的效果。但是，方案2需要增加一系列投资才能达到效果：首先，在投币售票成功后需要提供一个成功的信号来方便通过通道（如地铁的单程票），否则无法将是否投币售票的乘客区分开来；其次，方案2很有可能需要更多的空间来实现服务的完全性，这可能会对成本有较大的影响作用。

四、有关排队论的讨论

排队论（或称随机服务系统理论）通常通过对服务对象到来及服务时间的统计研究，获取相关的数量指标（等待时间、排队长度、忙期长短等）统计规律，然后根据这些规律来改进服务系统的结构或重新组织被服务对象，使得服务系统既能满足服务对象的需要，又能使相关费用最经济或某些指标最优。通常情况下，顾客与服务机构依据排队系统中的3个重要指标——队长、等待时间、服务台的繁忙程度进行决策判断与选择。

在本仿真研究中，研究小组认为，除了上述几个关键指标，系统实现目标服务水平和改变方案所需投入的成本也是影响方案选择的重要因素。一种新方案不仅要在主要的绩效指标上维持一定的水平，还需要考虑服务水平、投入成本等重要因素。

管理者应综合比较各方案的绩效表现（表2.17）。

表2.17　各方案的综合绩效表现

方　案	等待时间	最大队长	利用率	服务水平	改变成本
原模式	0.800574	19	1.3657	较高	—
方案1（使用双向通道）	0.546358	8	1.3656	可能较低	—
方案2（独立售票台）	0.66588	15	1.5039	可能较低	可能较高

决策需要在这5个关键性指标之间进行权衡。从广州BRT目前的实施情况看，方案1使用双向通道很有可能会大幅度降低服务水平；方案2设立

独立售票台，改变设计可能需要很大的成本。

通过对比发现，方案 1 在等待时间、排队长度上占据了巨大的优势，并且在利用率和改变成本方面与其他方案持平，可能在服务水平上需要一定时间的观测。如果能得到较高的服务水平，则方案 1 具有比较大的可行性。

相对于方案 1，方案 2 不仅在等待时间、排队长度上不占有优势，并且改变所需要的成本很可能较高，也有可能出现排队混乱的情况；只是在利用率上较之方案 1 有较少的提高。于是在方案 1 能够实行的前提下，不考虑采用方案 2。

由于两个新方案都无法解决服务水平低的问题，如果双向通道无法获得高服务水平，带来的损失是降低等待时间和队长无法弥补的。这样维持原模式是比较好的方法。

第三章 地面道路控制系统设置问题

多年来，城市道路的交通控制一直是众多中国城市管理当局最头痛的事情。随着城市区域内机动车的数目不断增长，通行道路资源的竞争日益激烈。如何充分利用和发挥现有道路资源的通行潜力，很大程度上取决于道路交通系统（尤其是街头交通信号系统）的动态管理。

本章选取两种典型的路面交通信号系统进行仿真研究。本章第一节重点分析交叉路口的交通信号配时问题，该仿真分析考虑了交叉路口的道路通行模式与特征、机动车通行的随机要求等因素，并探讨和分析了交通信号灯循环设置的基本方法以及配时方案的优化；第二节则主要探讨了在同一通道如何设置和协调多组交通信号的问题，该仿真分析对城市道路当局如何管理和平衡机动车通行与行人通行的矛盾和冲突有一定的借鉴与启示。

第一节 交叉路口交通信号配时仿真

一、研究背景

中国城市化进程的不断推进，对城市地面交通系统提出了更高的要求。中国城市人口的急剧增长，带来了巨大的道路通行要求，对地面道路交通的节点枢纽——交叉路口的交通效率提出了很大的挑战。

交叉路口的通行效率与交叉路口的交通信号配时系统的设置紧密相关。本章通过以某繁忙交通系统为研究对象、以 Arena 仿真软件为工具，构建交通系统模型进行分析，逐步得到系统的最优配时方案。本研究的分析方法对于同类研究具有一定的泛用性。

在我国众多城市中，生产加工、商务活动、经济贸易等各类活动密集而繁忙。经济的日趋发展，对各城市尤其是大城市的交通运输能力发起了很大的挑战，交通运输能力不但受到城市规划、道路设计的影响，更加受到交通信号系统设计的影响。实际上，在更多情况下，一个城市的规划与路线设计基本大局已定，如果想要提高交通运输能力，就必须改善它的交通信号系统。

一个解决交通拥挤、提高交通信号系统效率的解决办法是实现交通信号系统的智能化控制——将信息与电子通讯技术、自动控制技术、计算机及网络技术与整个交通运输管理体系进行整合，建立实时、准确、高效的交通运输综合管理和控制系统。20 世纪 80 年代以来，欧美和日本等开展了多项智能交通系统研究。然而，这种系统需要对现存交通系统进行大规模改造，项目实施成本高、周期长，相关技术与实施手段还有待成熟与普及；在可以预见的 5～10 年内，这种改造方式并不能满足我国大部分城市提高交通效率的迫切要求。

目前，对于交通控制系统的研究仍集中在智能控制上，如感应控制、基于模糊算法或遗传算法的智能控制方案等。然而，这些方法在实践中存在一定的问题，包括感应器工作的灵敏性和稳定性、模糊控制器的设计、遗传算法可能导致的进化缓慢和过早收敛现象等。这些问题还需进一步研究。

在这种背景下，本研究没有延续前人的思路，而是以计算机仿真为研究方法，在保持城市原有交通系统基本不变的前提下，重点探讨交通信号的配时优化问题。本研究的优化方案与研究方法不受时间、地域的限制，可推广至大多数的交叉路口和控制时段；同时，由于不需要对现有交通系统进行大幅度的改造，实施简便，能实现低成本快速的交通效率提升。

二、运营特点

1. 交通信号配时问题

配时方案对于交叉路口交通系统的整体通行效率具有重要的影响。以交叉路口某条路线的车流来看，车辆的通行时间过短，该流向的车辆正常通行得不到解决；若通行时间过长，其他流向的车辆将具有过长的等待通行时间，拥挤状况加剧。因此，交通信号的配时设置需要综合考虑对整个系统的影响，而不能仅仅局限在交通信号灯（以下简称交通灯）所控制的该条路线上。

作为一般性的方法和原则，交通信号的配时问题研究首先需要考察系统的道路设置、主要通行路线、次要通行路线、信号指示系统等信息，在基于

交通系统现实状况的基础上才能对问题进行进一步的探讨。

2. 某繁忙交叉路口交通信号配时问题

本研究选定广州新港西路中山大学正门外的交叉口为研究对象，与其他交叉路口相比，该系统最主要的车流集中在东西通行方向上。据长期观察，该交叉路口各个方向的车辆等待队列均较长，车辆通过交叉路口的时间长，通行效率不高。因此，我们希望通过合理的配时优化方案提高该路口的通行效率，降低车辆通行时间。

经过实地考察，该交叉路口信号设置和配时具有以下特征（图 3.1）：拥有东西双向六车道通行能力以及南北方向的车辆转向通行能力；通行路线可以分为 3 类，即主通行路线主要包括东西直行走向（路线 1、3）、转弯走向（路线 2、5）和校区进出通行走向（路线 4、6）；路线 1S、2S、4S、6S 属于次要通行路线，这些路线上车辆不通过中央十字路口，但需要与主通行路线的车辆占用同一等待队列。

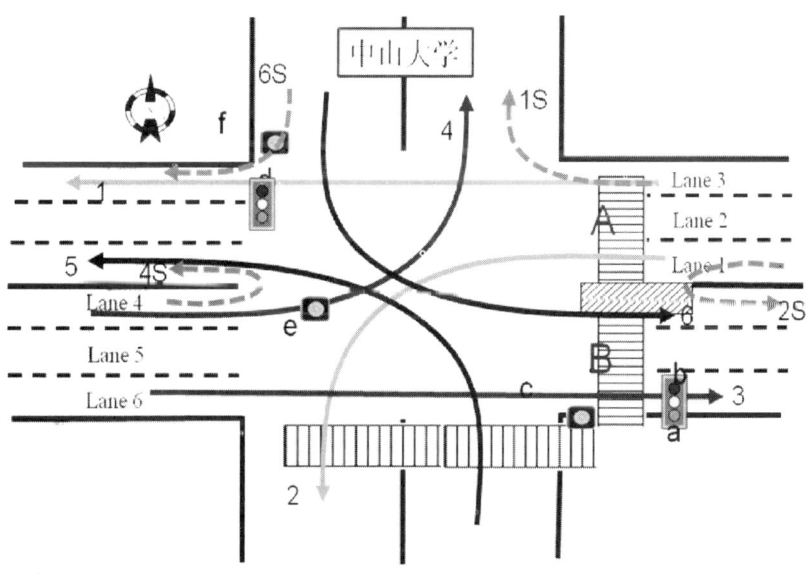

图 3.1　中山大学正门交叉路口交通控制系统示意

此外，图 3.1 中未标出的路线——南北直接通行的车辆由于数量非常少（一个下午仅有 3～5 辆），可直接忽略；南转东、西转南的车辆走侧向的自行车道，基本与交叉路口交通系统无关，在本研究均不作重点考量。

图3.1中标明该路口还设有车辆通行交通灯以及行人通行交通灯。车辆通行交通灯主要用于控制6条主通行路线和4条次要通行路线的车辆通行（表3.1）；南北方向的人行道分成A、B两部分，各自有自己的交通灯指示（东西方向人行道与南北方向类似，为简化研究、暂不作考量）。

表3.1 交通信号与通行路线控制

交通灯	控制路线	对应车流方向
a	路线3	由西到东
b	路线4、4S	由西转北、转西方向的车辆调头
c	路线6、6S	由北转东、由北转西
d	路线1、1S	由东到西、由东转北
e	路线2、2S	由东转南、转东方向的车辆调头
f	路线5	由南转西

该路口的交通灯依循表3.2所示的循环模式，以实现通行路线的控制。大体上看，这种模式对车流量较大的通行路线1、3，以及行人的交通都有一定的兼顾。

表3.2 现有交通灯指示循环及对应通行路线

循环阶段	交通灯								持续时间/s	通行路线
	A	B	a	b	c	d	e	f		
1	•	•						•	30	A、B、5
2	•								4	A
3					•				15	6、6S
4		•		•			•		27	B、2、4、2S、4S
5	•		•	•					10	3、4、4S
6			•			•			72	1、3、1S

说明：•表示绿灯。

三、研究方法与工具——Arena优化仿真

有准确的问题描述，才能得到准确的解决方案。交通信号系统配时问题

与交通系统的具体情况紧密相关，研究的实质是以较精确的描述交通系统的参数作为输入，并以配时优化方案作为输出。运用仿真研究方法建立合适的并符合当前交通系统现状的模型，能够“失真很小”地模拟出交通系统，模型的运行结果报告能使我们简单地看出系统问题所在。因此，对于交通系统问题，仿真研究是一种非常合适的方法。

作为在工业工程、管理科学与工程等领域中广泛使用的软件，Arena 是“一款建立仿真模型并能对仿真输入输出数据进行合理分析的工具”。使用 Arena 软件作为交通信号系统配时的研究工具的优势在于：

（1）Arena 软件通过各模块的综合使用即可实现对现实交通系统的高度模拟，具有良好的图形用户界面，屏蔽了具体的编程环节，模型构建简单易学。

（2）通过使用 Arena 软件自带的 Input Analyzer 工具能将现场搜集的关于车辆进入系统、车辆通行速率等数据拟合成最恰当的随机分布函数并导入模型中，使研究模型建立在更加精确的数据基础上。

（3）通过使用 Arena 软件自带的 OptQuest 分析工具，经过简单的设置并采用多次快速运行的方式，即可自动实现各种交通灯配时方案的仿真结果，并比较得出最优或接近最优的配时方案，而无须设计复杂的“搜寻最优化算法”。

四、配时优化仿真分析

本研究在保持原有交通控制系统所有设施的前提下，通过建立计算机仿真模型，最大程度地模拟交通节点的实际通行情况，以最小化车辆平均延迟时间为目标，寻找最优的配时方案。该方案应能有效地控制与调控大多数时段的各种通行要求的矛盾与冲突，具有较好的适用性。

本配时方案的设计实施流程分为以下 3 个主要环节：仿真数据的收集，仿真模型的构建、运行和结果分析，交通优化方案分析。

1. 仿真数据的收集

使用仿真方法模拟现实交通环境的重要前提是作为模型输入的数据收集的准确性，数据准确性对模型以及优化方案的分析的准确性具有至关重要的作用。本研究需要收集的数据包括各路线车辆到达率分布、各路线车辆通过十字路口所需时间分布，以及车辆在路线 1、2、4、6 上选择走主要路线和次要路线的概率。

经过在 2009 年 5 月 31 日下午 2：00—4：00 和 6 月 7 日下午 2：00—5：00

两个时间段的数据采样（两天均为周日，天气晴朗），并通过使用 Input Analyzer 工具拟合数据分布，得到的结果如表 3.3、表 3.4 所示。

表 3.3 主要路线车辆到达分布以及通过十字路口时间

路线	服从分布	通过时间
1（含 1S）	LOGN(3.56, 3.25)	UNIF(5, 7.5)
2（含 2S）	1 + LOGN(20.7, 39.2)	UNIF(6.5, 8.5)
3	LOGN(2.05, 1.85)	UNIF(5, 7.5)
4（含 4S）	0.999 + LOGN(19.3, 71.5)	UNIF(7, 14)
5	LOGN(20.7, 39.2)	UNIF(7, 9)
6（含 6S）	1 + LOGN(20.7, 39.2)	UNIF(7, 10)

说明：根据统计结果，显然路线 1 和路线 3 的车流量远远高于其他 4 条路线。

表 3.4 选择路线的概率 单位:%

路线	走主要路线的概率	走次要路线的概率
线路 1、1S	91	9
线路 2、2S	39	61
线路 4、4S	48	52
线路 6、6S	44	46

2. 仿真模型的构建、运行和结果分析

模型文件由 9 个子模型和动画元素组成，如图 3.2 所示。

根据问题目标研究和中山大学正门外的交通实际情况描述，该仿真模型的主要逻辑部分构建可以分为两大板块。

第一大板块是关于实际车辆的行驶、停留情况的仿真。首先根据问题描述可以知道，有 6 个车辆进入系统的“入口”，车辆在进入系统中各自的队列后需要等待相应的交通灯变绿后才能通行，可以用一个 Hold 模块来实现相应功能；交通灯变绿、车辆允许通行后，6 条路线上的车辆将依照各自不同的路径通过十字路口（当然先需要去除走“其他路线”、不通过十字路口的车辆），离开系统。使用 6 个相互独立的子模型表示 6 条路线上车辆的通行（lane number 1 ~6 子模型分别代表路线 1 ~6），最后增加一个 Statistic 子模型统计平均的车辆系统停留时间。

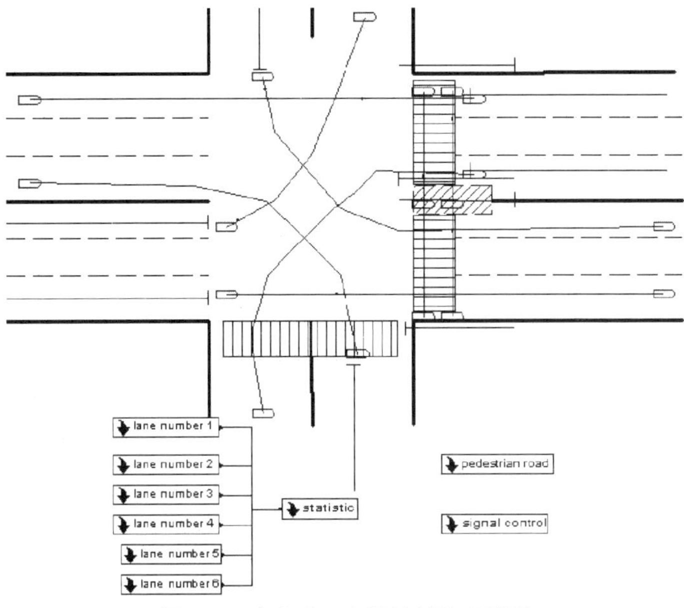

图 3.2　十字路口交通控制仿真模型

第二大板块是控制 6 个交通灯的变化。本模型中一共考虑 8 个交通灯（6 个主要路线上的交通灯和 2 个南北走向人行道上的交通灯），主要使用 Assign-Delay 的模块组合实现功能，Assign 模块控制各个信号的变化，Delay 模块控制各阶段持续的时间，并使用 aa ~ ff，AAA，BBB 作为 6 条路线的交通信号，分别对应交通灯 a ~ f、A、B。

另外，为使模型运行更加生动，模型中增加了动画和行人元素，在主要逻辑模型的基础上增加了一个“行人”子模型和相关动画。

模型主要部分的设置如下：

（1）控制车辆行驶：lane number 1 ~ 6 子模型（以 lane number 1 为例）（图 3.3、表 3.5）。

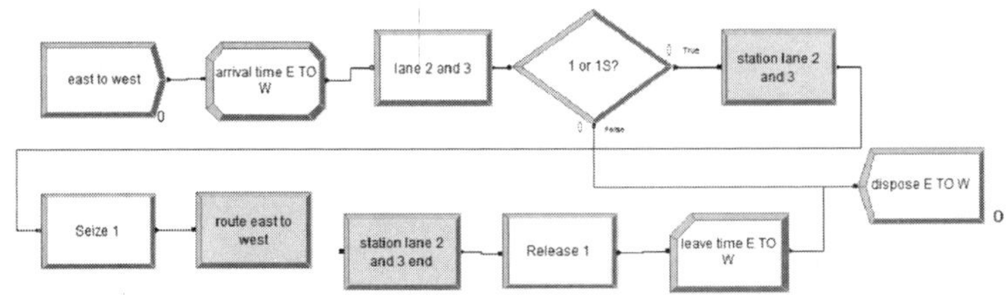

图 3.3　车辆行驶控制仿真模块

表 3.5 车辆行驶控制仿真参数设置

类别	模块名称	主要参数设置
Create	east to west	Type：Expression Expression：LOGN(3.56，3.25)
Assign	arrival time E TO W	Assignments：Attribute，arrival time，TNOW
Hold	lane 2 and 3	Type：scan for condition　Condition：dd==1
Decide	1 or 1S?	Type：2-way by chance　percent：91%
Station	station lane 2 and 3	Station name：station 1
Seize	Seize 1	Resource：Resource，road 1，1
Route	route east to west	Route time：UNIF(5，7.5) Station name：station 7
Station	station lane 2 and 3 end	Station name：station 7
Release	Release 1	Resource：Resource，road 1，1
Record	leave time E TO W Type：time interval	Attribute name：arrival time

说明：其余 5 个子模型结构均与该子模型类似，只是参数设置不同，不含次要路线的 lane number 3、5 子模型不含 Decide 和 Dispose 模块。

（2）统计平均时间：Statistic 子模型（图 3.4、表 3.6）。

图 3.4 平均时间统计仿真模型

表 3.6 平均时间统计仿真参数设置

类别	模块名称	主要参数设置
Record	AVG leave time	Type：time interval Attribute name：arrival time

（3）控制交通灯变化：signal control 子模型（图3.5、表3.7）。

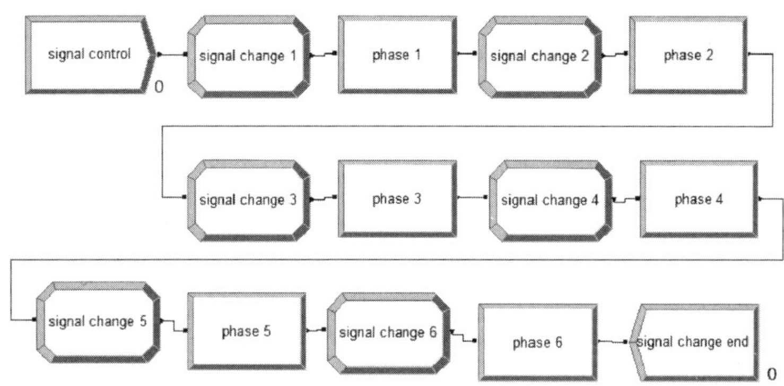

图3.5　交通灯控制仿真模块

表3.7　交通灯控制仿真参数设置

类别	模块名称	主要参数设置
Create	signal control	Type：Expression Expression：total time
Assign	signal change 1	Assignments：Variable，AAA，1； Variable，BBB，1； Variable，ff，1； Variable，dd，1； Variable，aa，1；
Delay	phase 1	Delay time：x1
Assign	signal change 2	Assignments：Variable，BBB，1； Variable，ff，0；
Delay	phase 2	Delay time：x2
Assign	signal change 3	Assignments：Variable，AAA，0； Variable，cc，1；
Delay	phase 3	Delay time：x3
Assign	signal change 4	Assignments：Variable，BBB，1； Variable，cc，0； Variable，bb，1； Variable，ee，1；

续表 3.7

类别	模块名称	主要参数设置
Delay	phase 4	Delay time：x4
Assign	signal change 5	Assignments：Variable，AAA，1； Variable，BBB，0； Variable，ee，0； Variable，aa，1；
Delay	phase 5	Delay time：x5
Assign	signal change 6	Assignments：Variable，AAA，0； Variable，bb，0； Variable，dd，1；
Delay	phase 6	Delay time：x6

（4）其他设置（表 3.8、表 3.9）。

表 3.8　行车路线的通行能力仿真设置

Resource	Road 1	Road 2	Road 3	Road 4	Road 5	Road 6
Capacity	12	7	12	7	7	7

表 3.9　交通灯初始值设置

Variable	x1	x2	x3	x4	x5	x6
Initial values	30	4	15	27	10	72

3. 交通优化方案分析

模型构建完毕后，即可运行模型，得到当前情况下中山大学南门交通系统各条路线车辆的平均延迟时间（表 3.10）。

表 3.10　汽车在系统的停留时间　　单位：s

路线	运行文档中对应的记录	系统停留平均值	最大值
路线 1	Leave time E to W	31.31	93.36
路线 2	Leave time E to S	62.44	139.00
路线 3	Leave time W to E	28.96	83.35
路线 4	Leave time W to N	57.35	134.00
路线 5	Leave time S to W	60.57	136.00
路线 6	Leave time N to E	72.63	152.00
总平均值	AVG Leave time	34.00	152.00

本方案主要从两个方面进行改进：第一，各阶段配时固定情况下，针对其中某些未能充分利用道路的环节，在不阻碍交通的前提下，改变相关交通灯状态为绿色通行信号；第二，在第一个方面的基础上，保持现有交通灯指示循环的 6 个部分顺序、指示规律不变，改变各阶段配时方案，利用 Arena 中的 OptQuest 分析工具，以之前定义的总体平均等待时间（AVG Leave time）最小化为目标函数，得到改进的 6 个阶段持续时间组合，作为改进方案。

方案 1：配时固定情况下对原系统交通灯设置的改进

现有交通灯指示状态循环概况如表 3.11 所示。

表 3.11　现有交通灯指示状态循环

循环阶段	A	B	a	b	c	d	e	f
1	●	●						●
2	●	○						○
3	○				●			○
4		●		●			●	
5	●		●	●				
6			●			●		

说明：● 表示绿灯，○表示红灯。本节以下各表同此，不再标注。

表3.11中用阴影表示出来的阶段2、3是重点改进阶段，在这两个阶段中，都只有一个交通灯亮。阶段2中，行人A段亮，同一时段，整个十字路口的中心路段空闲，没有任何车辆通过；阶段3中，只有C亮，即所有路线都禁止通行，只有从中山大学出来转东的少量车辆可以通过。这两种情况都浪费了中心路段的大部分资源。

为了充分利用十字路口的资源，同时考虑各阶段的持续时间以及阶段的连续性，我们在阶段2、3这19 s内计划让一条路线的交通灯由红变绿。满足通行条件的路线有3和5。通过观察仿真运行结果的排队情况可知，路线5的车辆拥堵状况远比路线3糟糕。因此，选择使交通灯f变绿，来增加路线5的通行时间。

另外，在阶段2、3中的人行道交通灯设置也存在不合理的地方（虽然行人的等待时间并不在研究目标中，但这个改变对车辆的通行效率并没有影响），使得人行道资源浪费。因此，改进方案中使B在阶段2变绿，A在阶段3变绿，增加行人的通行时间（表3.12）。

表3.12　改进后交通灯指示状态循环

循环阶段	A	B	a	b	c	d	e	f
1	●	●						●
2	●	○→●						○→●
3	○→●				●			○→●
4		●		●			●	
5	●		●	●				
6			●			●		

在Signal Control子模型中，根据改进方案修改相关参数，运行结果如表3.13所示。

3.13　方案1的绩效改进　　单位：s

路线	改进前系统停留平均值	方案1系统停留平均值
路线1	31.31	31.38
路线2	62.44	62.50
路线3	28.96	28.96

续表 3. 13

路线	改进前系统停留平均值	方案1系统停留平均值
路线4	57. 35	56. 60
路线5	60. 57	45. 75
路线6	72. 63	73. 22
总平均值	34. 00	32. 66

运行结果显示，改进后路线5的车辆延迟时间大大缩短了。

方案2：配时方案的优化

运用Arena仿真方法的最大优势是在确定最终的配时方案时，无须设计复杂的算法，只需在原模型中通过运行OptQuest，即可自动得到接近最优的配时方案。OptQuest工具的参数设置类似于解决线性规划问题的求解。

我们在上面所述的改进基础上运行OptQuest工具，以交通灯循环中6个阶段的持续时间x1～x6作为问题变量，目标函数设为最小化交通系统中车辆的系统停留时间（AVG leave time）。另外，变量需要设置一定的取值范围：持续时间不能过短或过长。具体的变量取值范围如OptQuest工具的截图（图3.6）所示（各阶段的最短持续时间设定为10 s；作为人行道主要通行时间的x1、东西主干线车辆主要通行时间的x6，最短持续时间应较长。另外，根据前述的改进方案，阶段1和2实际的交通灯状态是相同的，因此x2最小可以取0）。

Control Selection: Select controls and set bounds.

Select	Control	Lower Bound	Suggested Value	Upper Bound	Type	Category
☐	ee	0	0	0	Continuous	Variable
☐	ff	0	0	0	Continuous	Variable
☑	x1	25	30	40	Continuous	Variable
☑	x2	0	4	5	Continuous	Variable
☑	x3	10	15	20	Continuous	Variable
☑	x4	10	27	35	Continuous	Variable
☑	x5	10	10	20	Continuous	Variable
☑	x6	60	72	80	Continuous	Variable

图3.6　配送方案优化的OptQuest参数设置

经过一定时间的运行，得到基本接近最优的配时方案如图 3.7 所示，即 x1 = 25，x2 = 0，x3 = x4 = x5 = 10，x6 = 73。即在最优的配时方案下，除了车流最频繁的东西走向路线同时通行的第 6 阶段外，其他 5 个阶段的通行时间应尽可能地短。通过该结果我们不难发现问题的根源：该交通系统的主要弊端在于各走向的车辆的等待通行时间较长，从而影响了整个交通系统的通行效率。因此，缩短等待时间是提高交通效率的主要方向。

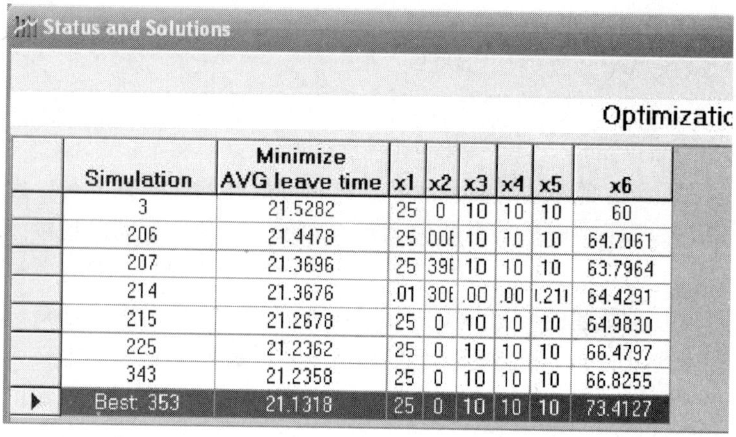

Status and Solutions

Optimizatic

	Simulation	Minimize AVG leave time	x1	x2	x3	x4	x5	x6
	3	21.5282	25	0	10	10	10	60
	206	21.4478	25	00E	10	10	10	64.7061
	207	21.3696	25	39E	10	10	10	63.7964
	214	21.3676	.01	30E	.00	.00	.211	64.4291
	215	21.2678	25	0	10	10	10	64.9830
	225	21.2362	25	0	10	10	10	66.4797
	343	21.2358	25	0	10	10	10	66.8255
▶	Best: 353	21.1318	25	0	10	10	10	73.4127

图 3.7　配送方案优化的 OptQuest 优化结果

修改上述参数，得到方案 2，运行得到的结果如表 3.14 所示（由于随机性的问题，再次运行与先前运行 OptQuest 的最优结果会出现较小程度的偏差，是可以理解的）。

表 3.14　方案 2 的绩效改进　　单位：s

路线	方案 1 系统停留平均值	方案 2 系统停留平均值
路线 1	31.38	18.70
路线 2	62.50	61.45
路线 3	28.96	15.63
路线 4	56.60	56.18
路线 5	45.75	42.79
路线 6	73.22	62.54
总平均值	32.66	21.24

由表3.14可见，车流量最大的路线1和路线3、车流量较小的路线6的车辆系统停留时间都有了较大幅度的缩短，平均的车辆通行时间（系统停留时间）也减少了10 s多。

最终的配时优化方案可用表3.15表示（原阶段2持续时间为0，删去该阶段）。

表3.15　最优配时方案一览

循环阶段	交通灯								持续时间/s	通行路线
	A	B	a	b	c	d	e	f		
1	●	●						●	25	A、B、5
2	●				●			●	10	A、5、6、6S
3		●		●			●		10	B、2、4、2S、4S
4	●		●	●					10	3、4、4S
5			●			●			73	1、3、1S

五、建议与启示

经过模型构建、运行、分析和优化后，我们得到的配时优化方案较大程度地改善了研究对象（中山大学正门交通系统）的交通效率。运用该模型或模型所使用的方法，可以将该研究具体拓展到其他各个交通十字路口的信号系统上。但需要注意以下几个问题：

（1）系统收集数据的适用范围。本节中，我们收集数据的时段均选在周日的下午。在交通系统中，时段的不同对车流量的影响很大。因此，切记在某个时段收集的数据不可简单套用于其他时段，否则将产生数据的准确性问题。也就是说，我们建议在一天中的不同时间段，依据各路线通行要求的变化，灵活地设置配时方案，而不是在一整天都采用一种固定的配送方案。

（2）系统收集数据的准确性。严格来说，本节中所适用的系统输入数据——各路线车辆到达率、通行时间等，可能还不够精确（有一些资料显示，车流量服从的随机分布为泊松分布；但我们调查到的数据显示服从的是对数正态分布，我们采用了尊重调查结果的处理方式）。在仿真过程中，错误的输入对最终配时优化方案也会有较大的影响。

（3）必须按照研究对象的真实情况构建系统模型。例如本节中所论述的研究对象具有南北走向车流量几乎为0的特点，在其他交通系统中更多的情况是完全不同的：南北走向与东西走向的车流量同样非常高，因此路线和需要设计的子模型会更多，需要对本节使用的模型进行拓展。另外，各个走向的车流量的随机到达分布函数等也需要尽可能地与实际相符。

（4）可能需要侧重考虑某些走向的车辆。大家可能注意到，根据最终的配时方案，改进的主要是车流量最大的两条路线的效率，这是由于目标函数所取的是最小化车辆的平均等待时间，因此结果会明显“照顾”车流量大的路线。但实际可能会有一些特殊要求，需要侧重考虑一些车流量小的路线。例如，由北转西的路线要求车辆平均等待时间不能超过40 s，那么对应地在进行配时优化时需要另加其他条件，或者是在配时初步优化后再进行手动的更改。

（5）是否需要考虑行人。本节的讨论未涉及行人的通行效率，但模型中构建了“南北通行的行人”这一要素（出于简化原因，“东西通行的行人”未在模型中构建），在需要时可以对其加以考虑。

六、结　论

本研究通过应用Arena仿真的方法解决交通信号系统的优化问题。总体来看，本方案对交通系统的效率改进有一定的效果，并且只需在本研究所构建模型的基础上根据其他十字交叉路口交通的实际情况稍加拓展，即可应用到大多数交叉路口和控制时段，具有较强的泛用性。

本方案存在的最大困难在于数据收集环节，而数据调查收集对仿真的结果影响很大。在交通系统中，各路线的车流量均需要各自统计，由于受条件所限，调查系统中各路线的数据需要耗费较多的时间和精力。

第二节　单通道多阶段交通灯设置仿真

一、研究背景

采用计算机仿真工具研究复杂交通系统问题是近年来物流与运输领域的

重要发展趋势。数学建模等方法在研究动态的复杂的交通系统时，有不少的局限性，如相距现实情景甚远、可行性不高等。

目前，除 Arena 外，研究者还有不少物流仿真软件工具可供选择，如 TransModeler、Paramics、Vissim、Orcao Allegro 等。这些软件有不同的使用方式和适用范围，然而它们都有一个特定的模块用于模拟在十字路口车辆如何通行的问题。可以说，十字路口仿真是交通仿真的一个典型问题。

本研究的重点不是交叉路口的仿真，而是研究多组交通灯的设置在同一通道的互相作用和影响。单通道多阶段交通灯的设置是一个普遍存在的现象。如广州的中心商业区——天河区的天河路就是其中一个典型，在那里经常会出现一辆车从西到东通行时，需要依次等待四五个绿灯才可顺利通行的情形，通行效率非常低。

本研究选取单通道两阶段的交通灯设置实例——广州市新港西路中山大学东门路段为研究对象。该路段在上下班高峰期车流量非常大，塞车现象屡见不鲜。同时，在两个交通信号灯旁的斑马线两边，等候过马路的行人数量也很多，还常看到闯红灯的情况。该路段的现象在其他地方非常常见，属于比较广泛存在的典型问题。为此，本研究实地调研在下班高峰期（下午5:30—7:00）从中山大学东门到鹭江地铁站的交通系统，研究在高峰期两个交通信号设置对交通流量（包括行人和车辆）的影响，并尝试找出一个优化的方法来使交通更流畅。

本研究对象是一个庞大的交通系统中的一环，该路段的交通通行状况受其他路段交通状况的影响，交通流量具有很大的不确定性。然而，分析这一典型路段，能让我们认识如何分析和探讨多组交通灯之间的相互作用与联系，具有较大的研究价值与实践意义。

二、运营特点

本节研究从中山大学东门到鹭江地铁站这段交通系统在工作日下午5:30—7:00的交通状况。系统的两个边界是中山大学东门的交通灯和地铁鹭江站 B 出口前的 T 字形路口，包括 2 个交通灯、2 条在交通灯旁的斑马线和 2 段 6 车道的马路。

研究的对象是从两个方向进入和离开这个系统的大型机动车辆（不考虑不受交通灯约束且数量极少的自行车和摩托车），以及从两个交通灯旁斑马线过马路的行人（只在路旁走而不会穿过马路的行人不属于我们的研究范围）（图 3.8）。

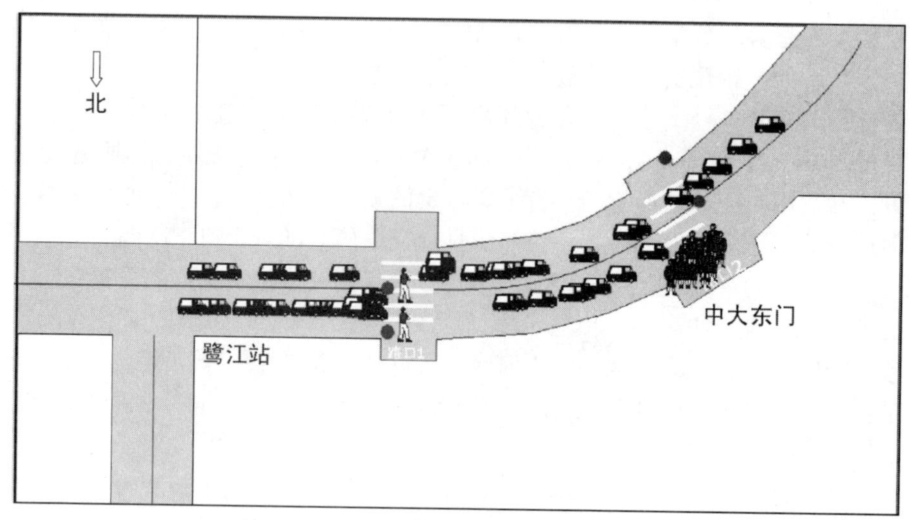

图 3.8 中山大学东门—鹭江站交通系统

车辆会分别从相反的两个方向进入和离开这个系统，进入后依次通过两个交通灯和两段马路，在系统中停留一段时间。汽车通过两段马路均需要一定的时间，是否会被红灯截停则视乎当时的交通灯状况。行人只会在经过两条斑马线时停留在系统之中，是否需要等待具有一定的不确定性；在此，我们假设其通过马路的行进时间均为 5 s。

本研究的目的是：建立可以正确描述这些现象的一个仿真模型，研究两个交通灯的改变对行人和车辆通过系统的等待时间、队伍长短等关键绩效的影响；希望在不显著增加行人等待时间的前提下，通过改变交通灯的控制，找到一个使车辆尽快通过系统的办法，使这段路上的交通顺畅起来。

三、仿真分析

1. 仿真模型的构建

为专注于研究特定的研究目标，在尽量不影响最后的结果的前提下，对一些系统细节作了以下一些合理的假设：

(1) 假设车辆全部从系统两端进入，并从另一端出去。也就是说，本研究忽略了那些为数极少的进入系统后停在中途或者进入路旁的学校、小路等地方，以及从路旁的学校、医院等地方走出系统的汽车。那么，我们就假设了所有车辆都是完整而不间断地在这个系统中移动。

（2）假设进出车辆的速度是一致的，并忽略掉启动时间。车辆的速度不相同，会导致其通过两段马路的时间不一样。但是考虑到马路较窄，车辆又多，导致它们在系统中的速度基本一致。这个假设与实地调研所观测到的情景是基本一致的。

（3）忽略汽车的长度差异和相互间隔。汽车在系统中如果遭遇红灯，会因为车距和车辆长度而使有些汽车排在离交通灯较远的地方，然后在绿灯时也需要一定的时间到达交通灯处。考虑到在车辆不多时这个现象影响不大，因此最终我们决定忽略该因素。

（4）忽略在路中间的公交康乐村站的影响。公交车从中山大学东门处的交通灯进入系统时，会在公交康乐村站停留一段时间。但因为我们把所有车都看成同一类型，而且公交车数量在所有车辆中占的比例很小，影响不大，所以我们忽略该因素。

（5）假设每个工作日下午5:00—7:00这段时间内，从系统两端进入的车辆分布函数和行人的到达规律是一致的。

基于以上假设，我们首先收集下午5:30—7:00这段时间行人和车辆到达系统的分布函数、车辆通过两段马路的平均时间、现实中两个交通灯的控制周期等数据。然后，建立2个交通灯的控制模块、4段独立的马路模块（包含车辆和行人的数据）。最后，把这些模块整合联系起来，就可以获得本研究的仿真模型（图3.9）。由于这个模型比较复杂，我们采用Arena中的子模块技术，子模块的设置可以使整个模型直观并且具有很好的重用性（re-use）。

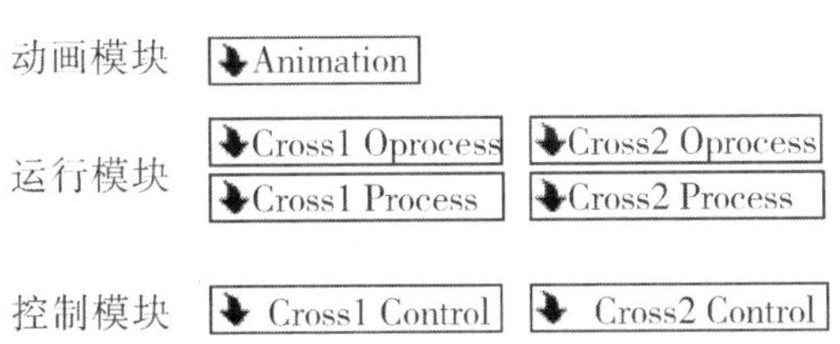

图3.9　中山大学东门路段仿真模型示意

本仿真模型主要包括三大模块，分别是动画模块、运行模块和控制模块。另外，可以根据系统的特性分为路口1模块和路口2模块，还可以根据实体的不同分为行人模块、正方向车辆模块和反方向车辆模块。

模型中，各个部分都是紧密联系的：Cross1 Control模块控制着Cross1

Oprocess 和 Cross1 Process 模块的运行，Cross2 Control 控制着 Cross2 Oprocess 和 Cross2 Process 模块的运行，分别对应现实中车辆和行人由交通灯控制着在系统里面的行为。同时，实体在 Cross1 Process 运行完以后会被发送到 Cross2 Process 中，实体在 Cross2 Oprocess 运行完以后会被发送到 Cross1 Oprocess 中，对应着现实中正向车辆由路口 1 移动到路口 2。

2. 详细建模

本仿真模型的详细建模主要涉及以下几个方面：车辆到达的规律，行人到达的规律，车辆通过两段路程所需的时间，交通灯的变动规律。

（1）变量的获取。

首先，通过实地调研，获取现行的交通灯的运作周期及其特征。研究小组用秒表在两个交通灯处实地记录相关数据。数据显示，两组交通灯的周期是不一样的：东门处的较简单，一个周期为 100 s，包括车辆通过的 60 s 和行人通过的 40 s；另一组交通灯周期较复杂，220 s 为一个周期，先是车辆通过 120 s，然后是行人通过 40 s，之后是车辆通过 35 s，最后是行人通过 25 s。

其次，我们依据这两个周期去统计其余数据。

关于车辆和行人到达规律的数据，经过实地观察，获得一些数据样本，经过处理后使用 Arena 的输入分析模块得到。

行人的数据相对较为容易收集。研究小组成员站在两条斑马线的两边清点和记录，计算出在每个绿灯周期的通过人数。再用绿灯时间除以通过人数，就得到本周期每个行人到达的平均间隔时间。然后，将数据输入分析软件 Input Analyzer，便可以得到行人到达的间隔时间函数（表 3.16）。

表 3.16　行人到达时间间隔数据和拟合函数　　单位：s

交通灯 1				交通灯 2	
160 s 周期		60 s 周期		100 s 周期	
通过人数	平均间隔时间	通过人数	平均间隔时间	通过人数	平均间隔时间
70	2.29	38	1.58	35	2.86
84	1.90	25	2.40	38	2.63
75	2.13	19	3.16	30	3.33
54	2.96	25	2.40	22	4.55
70	2.29	27	2.22	27	3.70

续表 3.16

交通灯 1				交通灯 2	
160 s 周期		60 s 周期		100 s 周期	
通过人数	平均间隔时间	通过人数	平均间隔时间	通过人数	平均间隔时间
67	2.39	24	2.50	36	2.78
73	2.19	25	2.40	30	3.33
43	3.72	16	3.75	36	2.78
53	3.02	34	1.76	33	3.03
91	1.76	19	3.16	26	3.85
70	2.29	38	1.58	32	3.13
84	1.90	25	2.40	33	3.03
75	2.13	19	3.16	37	2.70
54	2.96	25	2.40	39	2.56
70	2.29	27	2.22	36	2.78
67	2.39	24	2.50	28	3.57
73	2.19	25	2.40	25	4.00
43	3.72	16	3.75	31	3.23
53	3.02	34	1.76	37	2.70
91	1.76	19	3.16	30	3.33
—	—	—	—	34	2.94
—	—	—	—	43	2.33
—	—	—	—	35	2.86
—	—	—	—	28	3.57
—	—	—	—	39	2.56
—	—	—	—	22	4.55
—	—	—	—	33	3.03
—	—	—	—	26	3.85
—	—	—	—	30	3.33
—	—	—	—	39	2.56
拟合函数：TRIA(1.36，2.14，3.97)				TRIA(2.1，2.66，4.78)	

车辆从两个方向进入系统的分布也是不一样的：从东门进入的相对独立，因为上一个交通灯在中山大学南门，距离较远，影响可以忽略；从鹭江站进入的车辆，靠近T字形路口，直接受到该处交通灯的影响。我们也观察到该处交通灯的周期是120 s直线绿灯，95 s转弯绿灯，共215 s，与我们研究的第一个交通灯的220 s周期接近。我们意识到，应该利用2个函数分别描述直线进入系统和转弯进入系统的车辆到达时间间隔函数才合理。用和得到行人的到达时间间隔函数的相同方法，我们得到车辆从两个方向进入系统间隔时间的分布函数（表3.17）。

表3.17　车辆到达时间间隔数据和拟合函数　　单位：s

正方向进入系统车辆数据（从鹭江站进入）				反方向进入系统车辆数据	
125 s周期		95 s周期		100 s周期	
数量	间隔时间	数量	间隔时间	数量	间隔时间
83	1.51	21	4.52	58	1.72
98	1.28	15	6.33	68	1.47
95	1.32	16	5.94	65	1.54
96	1.30	21	4.52	51	1.96
82	1.52	19	5.00	49	2.04
80	1.56	19	5.00	50	2.00
105	1.19	19	5.00	55	1.82
94	1.33	17	5.59	65	1.54
79	1.58	20	4.75	43	2.33
90	1.39	15	6.33	60	1.67
119	1.05	14	6.79	64	1.56
85	1.47	17	5.59	54	1.85
92	1.36	17	5.59	57	1.75
96	1.30	18	5.28	44	2.27
—	—	—	—	52	1.92
—	—	—	—	50	2.00

续表 3.17

正方向进入系统车辆数据（从鹭江站进入）				反方向进入系统车辆数据	
125 s 周期		95 s 周期		100 s 周期	
数量	间隔时间	数量	间隔时间	数量	间隔时间
—	—	—	—	57	1.75
—	—	—	—	69	1.45
—	—	—	—	70	1.43
—	—	—	—	70	1.43
—	—	—	—	49	2.04
—	—	—	—	48	2.08
—	—	—	—	62	1.61
—	—	—	—	52	1.92
—	—	—	—	46	2.17
—	—	—	—	59	1.69
—	—	—	—	44	2.27
—	—	—	—	53	1.89
—	—	—	—	57	1.75
—	—	—	—	53	1.89
1 +0.64 * Beta(2.18, 1.66)		4.29 +2.7 * Beta(1.36, 1.77)		1.34 +1.08 * Beta(1.47,1.79)	

最后是车辆通过两段马路的时间分布，这也是最难收集的。经过研究小组讨论，我们设计并采用以下方法收集相关数据：一人在路的一端，选择好样本车辆，用电话通知另一人车辆到达时间，开始计时；之后立刻给另一人描述此车辆的特征，使他在此车辆到达另一端时能认出来并停止计时，计算出车辆的行走时间。经过两次 0.5 h 以上的电话监控，收集到 2 组各 30 个样本通过两段路的时间分布，再将数据输入 Arena 分析软件得到分布函数。

车辆从鹭江站到第一个交通灯行驶时间函数是正态分布：Normal(24.2，3.6)；

车辆从第一个交通灯到中山大学东门处行驶时间函数是正态分布：Normal(21.9,4.1)。

（2）模型变量的设置和释义。仿真模型涉及多个变量，其中包括车辆到达分布的参数、交通灯的周期长短、车辆和行人的通行时间等。为了便于模型的检验与未来方案的测试，我们将这些参数在软件中都以变量的形式设定（表3.18、表3.19）。

表3.18　模型变量的设置和解释

Name	Rows	Initial Values	Notes
Assigna	1	1	正方向车辆到达函数参数 Pa 赋第一个值
	2	4.29	正方向车辆到达函数参数 Pa 赋第二个值
Assignb	1	0.64	正方向车辆到达函数参数 Pb 赋第一个值
	2	2.71	正方向车辆到达函数参数 Pb 赋第二个值
Assignc	1	2.18	正方向车辆到达函数参数 Pc 赋第一个值
	2	1.36	正方向车辆到达函数参数 Pc 赋第二个值
Assignd	1	1.66	正方向车辆到达函数参数 Pd 赋第一个值
	2	1.77	正方向车辆到达函数参数 Pd 赋第二个值
Pa			
Pb			
Pc			
Pd			
CTL1_GTime1	1	120	交通灯 1 长周期车辆通行时间
CTL1_GTime2	1	20	交通灯 1 短周期车辆通行时间
CTL2_Gtime	1	60	交通灯 2 车辆通行时间
MTL_GTime1	1	40	交通灯 1 长周期行人通行时间
MTL_GTime2	1	40	交通灯 1 短周期行人通行时间
MTL_GTime3	1	40	交通灯 2 行人通行时间
Interval Delay	1	3	行人绿灯转车辆绿灯间的时间间隔
Man Cross Time	1	5	行人通过路口的行走时间

表 3.19 模型引用公式及解释

Name	Expression Values	Notes
Car1 Arrival Expression	Pa+Pb*BETA(Pc, Pd)	正方向车辆到达分布
Car2 Arrival Expression	TRIA(2.1, 2.66, 4.78)	反方向车辆到达分布
Man1 Arrival Expression	TRIA(1.36, 2.14, 3.97)	路口 1 行人到达分布
Man2 Arrival Expression	TRIA(2.1, 2.66, 4.78)	路口 2 行人到达分布
Road One Route Time	NORM(21.9, 4.1)	第一段路通行时间分布
Road Two Route Time	NORM(24.2, 3.6)	第二段路通行时间分布
TL1 CycleTime	CTL1_GTime1+CTL1_GTime2	交通灯 1 周期函数
TL2 CycleTime	CTL2_GTime+MTL_GTime3	交通灯 2 周期函数

(3) 仿真模块构建。以下将以几个重点模块为例，包括交通灯的控制模块、车辆的到达控制模块和车辆运行模块，来阐述模块的具体应用，并以此说明现实问题如何在软件中体现。

1) 交通灯控制模块（图 3.10）。

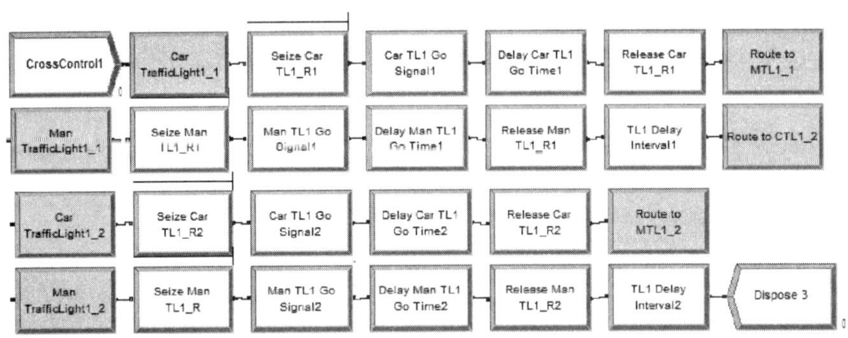

图 3.10 路口 1 交通灯控制模块

给定车辆以及行人到达和离开系统的规律，我们研究的系统相当于一个黑箱。黑箱内部运行由交通灯进行控制，红灯和绿灯作为车辆以及行人行动的指令。

路口 1 的交通灯分为长短两个周期，建立模型时将两个周期合在一起，即路口 1 的周期为 220 s，包括车辆通行和行人通行各两次。这个路口的交通灯控制系统初始状态为车辆绿灯，系统启动时车辆交通灯被抓取，同时发出车辆通过的信号（本模型里为11）；经过一个长绿灯周期后，车辆交通灯被释放，转变成红灯。

然后转到行人绿灯。与车辆的交通灯类似，行人交通灯由红灯变为绿灯是发出行人通行信号（本模型里为12），占用行人绿灯时长后，释放行人交通灯，转换为红灯，间隔3 s后，转到小周期。后面车辆和行人交通灯的控制与前面类似。整个模块运行完以后，用时为220 s+6 s=226 s。行人绿灯结束后转变成车辆绿灯之间有3 s的间隔，主要是出于行人安全考虑，给予通行中的行人一定的缓冲时间。长短两个周期的间隔共计6 s（图3.11）。

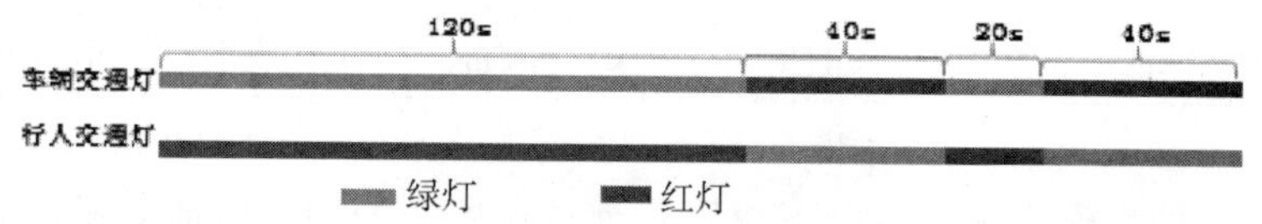

图3.11　交通灯控制示意

相关仿真参数设置如下：

■Create：产生TL1 Control实体，并以常数C=TL1 CycleTime+2＊Interval Delay的时间间隔到达（图3.11）。

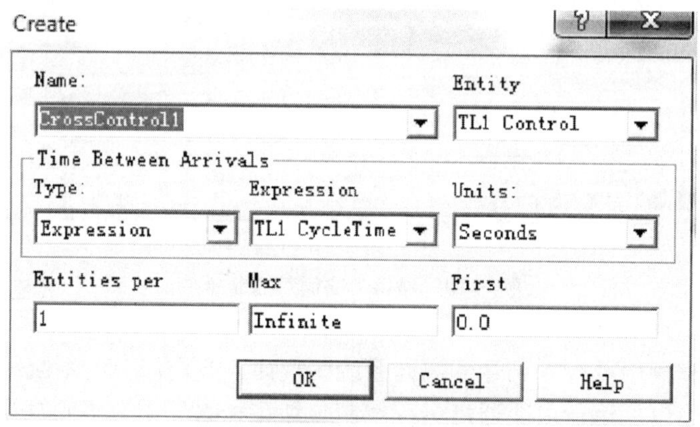

图3.12　Create参数设置

■Seize：抓取第一个交通灯 Car TL1_R 这个资源，将车辆交通灯变成绿色（图 3. 13）。

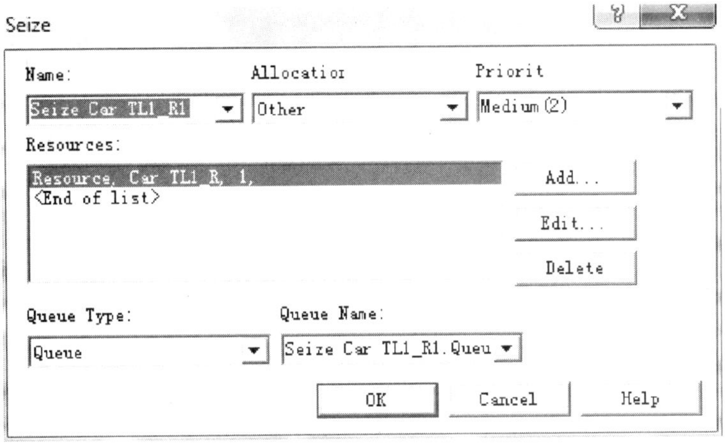

图 3. 13　Seize 参数设置

■Signal：发出值为 11 的信号，指令车辆通行（图 3. 14）。

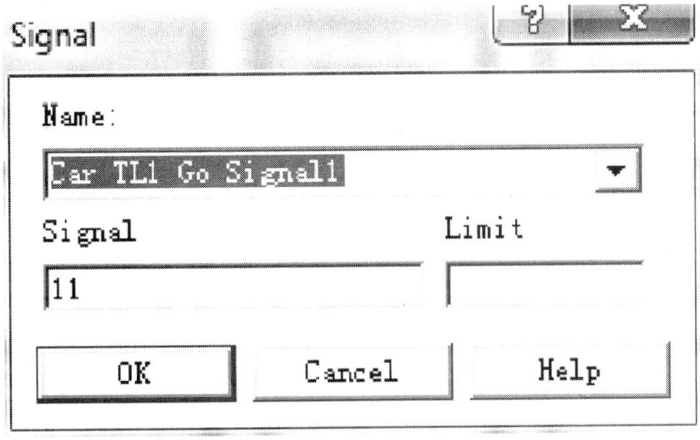

图 3. 14　Signal 参数设置

■Delay：延迟值为变量 CTL1_GTime1（本模型中为 120 s）的时间，即车辆可以通行 120 s（图 3.15）。

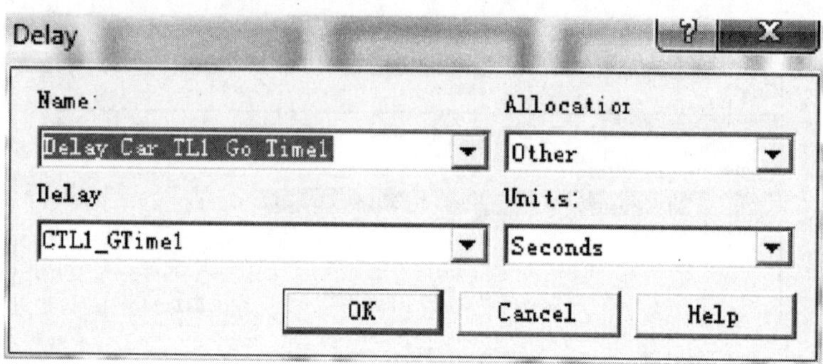

图 3.15　Delay 参数设置

■Release：释放上面抓取的交通灯资源，将车辆绿灯转变为红灯（图 3.16）。

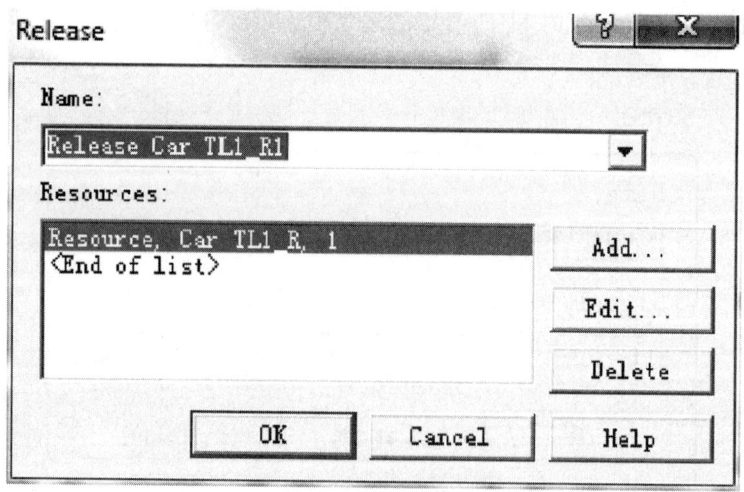

图 3.16　Release 参数设置

■Route：将控制实体发送到站 MTL1_1，控制行人在此系统内的活动（图 3.17）。

图 3.17　Route 参数设置

详细的模块设置见 Arena 文件。

2）到达控制。

我们研究的系统受相连的交通灯影响，如上文所述，正方向的车辆为分段到达，即存在两个到达分布。其中主干道上的车流量较大，T 字路的车流量较少。

两段路车辆到达分布分别为 1+0.64 ∗BETA(2.18，1.66) 和 4.29+2.71 ∗BETA(1.36，1.77)，设车辆到达函数为 Pa + Pb ∗Beta(Pc，Pd)，各个变量由以下模块控制（图 3.18）。

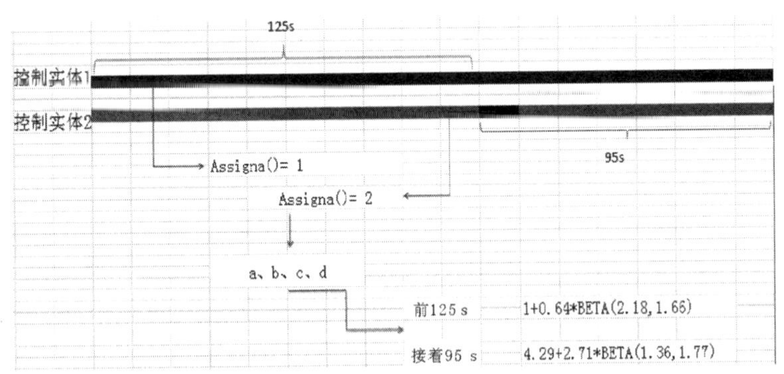

图 3.18　正方向车辆到达控制示意

我们设置一个车辆到达的控制模块，第一个 Create 模块以 220 s 为周期，并在第 0 s 时产生一个控制实体，然后给变量 Pa、Pb、Pc、Pd 赋予第一个值，形成第一个分布；第 95 s 时，第二个 Create 模块产生一个控制实体，并给变量 Pa、Pb、Pc、Pd 赋予第二个值，形成第二个分布。这样，正方向的车辆会在 125 s 和 95 s 的周期里交替到达分布。

这个控制模块主要用来控制正方向的车辆到达，实现在长周期和短周期开始时发出指令，同时给车辆到达的分布函数的各个变量赋值（图 3.19）。

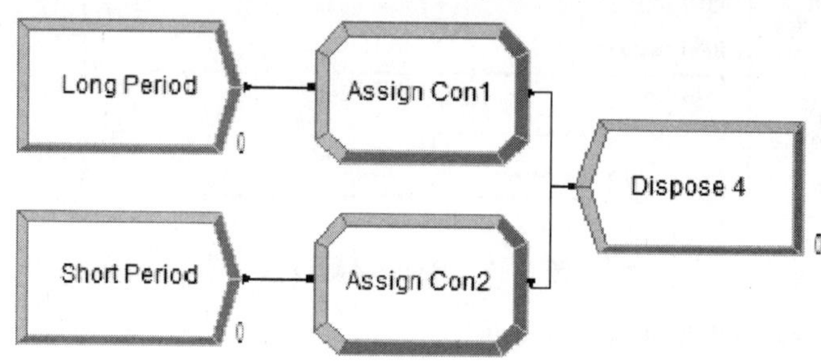

图 3.19　正方向车辆到达控制模块

相关仿真参数设置如下：

■Create：Long Period 和 Short Period 时间间隔均为 220 s，初次到达时间分别设为 0.0 s 和 125 s（图 3.20）。

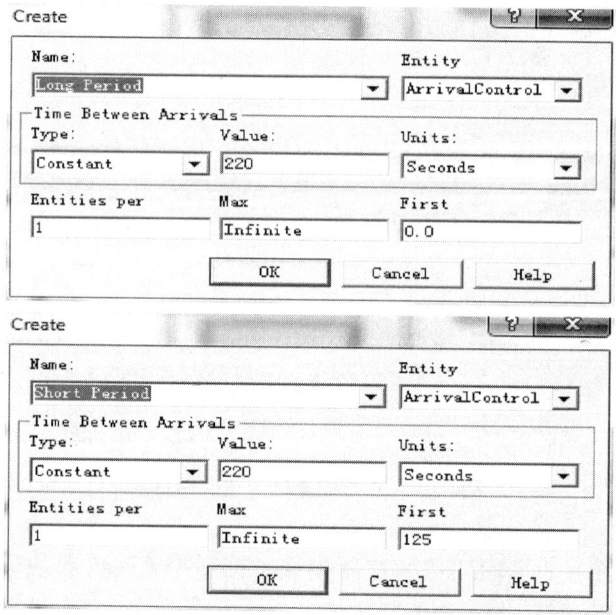

图 3.20　Create 参数设置 1

■Assign：赋予变量 Pa，Pb，Pc，Pd 为 Assign( ) 函数的值，如长周期产生控制实体时，Pa=Assigna(1) =1，短周期产生控制实体时 Pa=Assigna(2) = 4.29（图 3.21）。

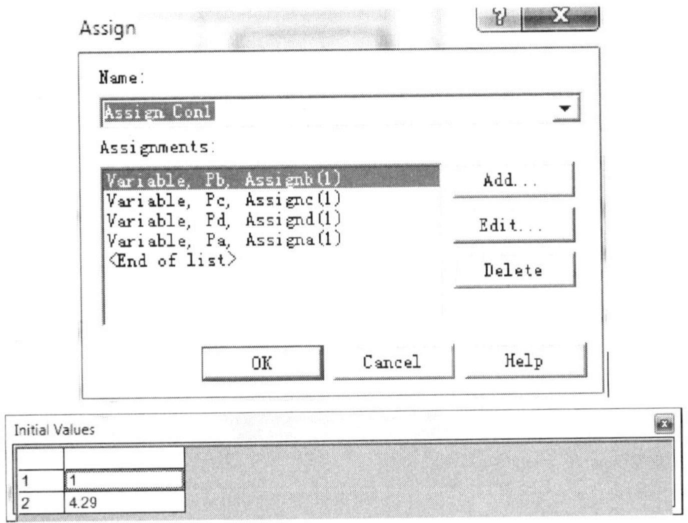

图 3.21　Assign 参数设置

■Create：正方向的车辆到达为 Car1 Arrival Expression 的表达式，对应为 Pa+Pb＊Beta(Pc，Pd)，相应变量的值由控制模块提供（图 3.22）。

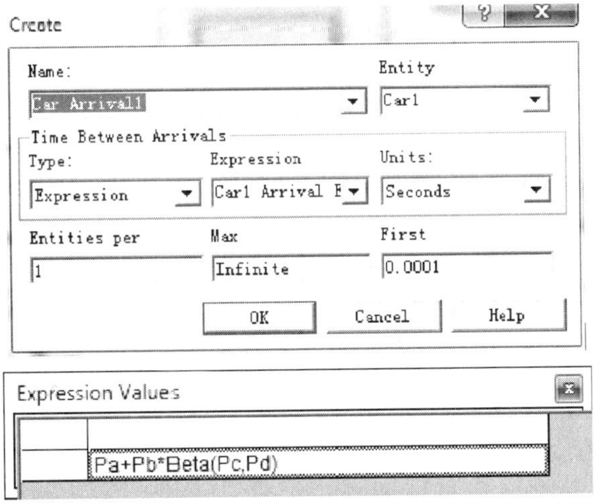

图 3.22　Create 参数设置 2

3）运行模块。

正方向的车辆以既定的分布到达系统，用服从 Normal(24.2，3.6）分布的时间跑完第一段路，然后判断能否直接通过。

这里设置一个 2-way by condition 的判断模块，条件是交通灯资源 Car TL1_R 需被占用，也就是车辆交通灯要为绿灯，同时等待在 CTL1_Queue1 中的队列要为零。即交通灯为绿灯以及前面排队的车辆数为零时，这辆车才能通过。但实际上，我们在模型中没有设定车辆的启动时间和通过的数量限制，所以只要是绿灯，车辆就能瞬间全部通过，保留条件主要是为了以后改进模型。

符合上面条件的车辆以服从 Normal(21.9，4.1）分布的时间被发送到第二个交通路口处，不符合条件的车辆则要等待，直到控制模块再次产生通行的信号。

相关仿真参数设置如下：

■Decide：条件为（NR(Car TL1_R）==1 &&NQ(CTL1_Queue1. Queue)==0)，判断车辆能否通过（图 3. 23)。

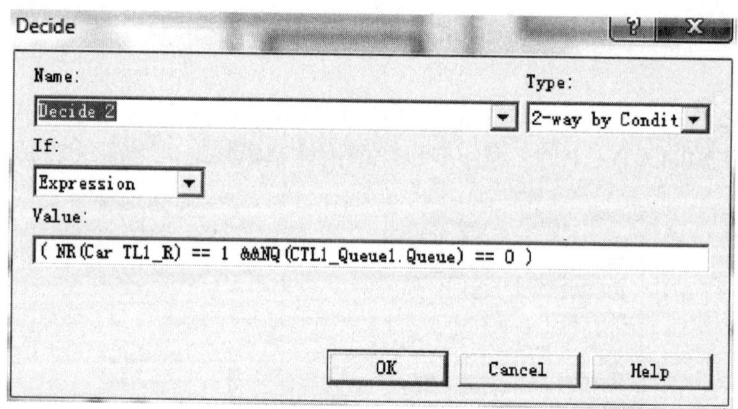

图 3. 23 Decide 参数设置

■Hold：等待值为 11 的信号，条件满足时放行等待的车辆（图 3. 24)。

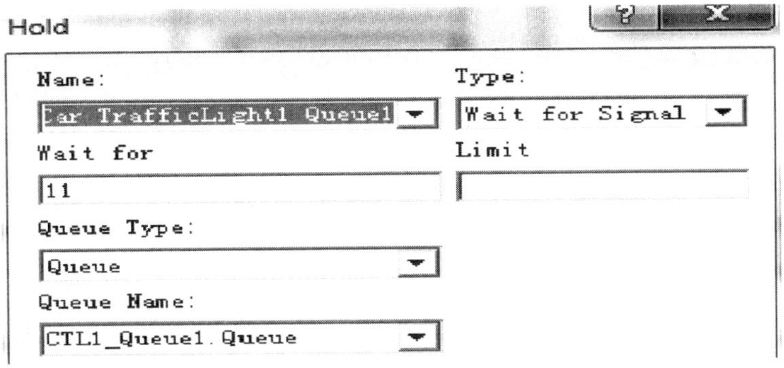

Hold

Name: ar TrafficLight1 Queue1

Type: Wait for Signal

Wait for: 11

Limit:

Queue Type: Queue

Queue Name: CTL1_Queue1.Queue

图 3.24　Hold 参数设置

（4）结果评价。

在构建了仿真模型后，设置仿真模型运行 50 min（东门交通灯 30 个周期的时间，也是我们统计车辆数目的时间长度），得到主要的绩效指标（表 3.20）。

表 3.20　模型输出的主要数据指标

分析指标	正方向车辆数据（从鹭江站到东门）		反方向车辆数据（从东门到鹭江站）		交通灯 1 处行人数据	东门交通灯行人数据
平均等待时间	14.67		16.55		34.39	19.17
最大等待时间	80.77		83.82		122.91	62.96
最小等待时间	0		0		0	0
平均行驶时间	46.04		43.81		5	5
最大行驶时间	62.01		65.25		5	5
最小行驶时间	29.29		26.23		5	5
平均通过时间	60.71		60.36		39.39	24.17
平均队列长度	2.68	4.5	4.16	4.91	13.81	5.98
最小队列长度	0	0	0	0	0	0
最大队列长度	31	48	44	25	52	22
通过数量	1468		1613		1182	933
加权等待时间	73.35		82.75		34.39	19.17

说明：队列长度中有两列数据，分别是交通灯 1、2 处的数据。

在本案例中，我们关注的主要是行人的平均等待时间和最长等待时间、车辆的平均通过时间和最长通过时间。可以看到车辆的平均等待时间（14.67 s或16.99 s）比行人（34.39 s或19.17 s）的平均等待时间要短一些，但车辆的平均通过时间（60.71 s或60.36 s）要比行人的平均通过时间（39.39 s或24.17 s）长许多，最大的车辆通过时间甚至达到130 s以上，这对于一个司机来说是难以接受的，也是不恰当的。

即使忽略掉车辆行驶时间而只是比较等待时间，我们也认为车辆的情况比行人的情况要糟糕。原因如下：①行人只需要通过1次马路，但是车辆在这短短的路程中就要通过2个交通灯，很难想象每辆车行驶一天会遭遇多少个交通灯，要花费多少时间在等待上面；②每辆车上乘客数目通常都多于1人，尤其是路面高峰期时公交车相当拥挤；③城市交通拥挤的主要原因是车流量大，要使交通畅通，我们首先需要考虑从车辆的快速流动而非行人入手；④机动车的每次等待都意味着更多汽油的消耗和更多废气的排放，将其等待时间降得越短，对环境的危害性也就会越小。

基于以上这些原因，假设给车辆和行人的等待时间分别赋予权重5和1，获得我们新设计的关键绩效指标KPI——加权等待时间（单位：s）。如此下来，正向车辆的KPI为73.35，反向车辆的KPI为82.75；交通灯1处行人的KPI为34.39，东门交通灯处行人的KPI为19.17。很显然，车辆的情况要比行人的情况糟糕许多，尤其是某些不幸车辆的加权等待时间达到400以上。我们认为这个系统是不完善的，可以通过改变交通灯的控制，从而使车辆和行人的加权等待时间之和减少，使整体的情况得到改善。

另外，这个系统在控制队列长度方面做得比较好，车辆的4个队列中最长的仅为48，没有超过50，行人的等待队列最长为52，也是一个比较小的数字，都没有超出系统的承受能力（若行人队列过多会阻塞人行道，车辆过多则可能排到下一个交通灯去了）。

（5）验证与确认。

在获得仿真模型运行的结果后，我们还要进一步验证这个模型与现实的拟合情况。我们可以把实地收集的进入系统的车辆、行人总数与模型的输出数量对比，看其拟合程度。在30个周期（50 min）的时间内，我们获得的结果如表3.21所示。

表 3.21　模型输出与现实观测值的比较

项目	正向车辆数	反向车辆数	交通灯 1 行人数	交通灯 2 行人数
模型输出数量	1468	1613	1182	933
实际观察数量	1502	1674	1271	970
二者差距	-34	-61	-89	-37
误差百分比	-2.26%	-3.64%	-7.00%	-3.81%

通过对比，我们发现模型和现实的一系列数据都是相当接近的，4 个输出数据都比现实要小一点，从 2.26% 到 7% 不等。考虑到如此庞大的数据以及我们可能出现的一些统计和计算小失误，这点误差是完全可以接受的。这说明我们定义的车辆和行人到达间隔时间函数还是比较精确的，否则模型输出就会与现实产生较大偏差。至于车辆和行人在系统中活动的一些数据我们难以求证，但因为我们关于交通灯的控制是与现实一致的，因此模型结果也应该会与现实相符。

当然，需指出的是，本案例统计的只是在工作日下午的 5:30—7:00 这段时间的一些数据，也是人流量和车流量最大的时候。因此这个模型只能描述这段时间的交通状况而不能适用在其他时间段。但我们可以肯定的是，其他时间的交通状况肯定不会比这个时间段的交通状况还糟糕，从多次经过那段路程的实际观察也可以发现这一点。

3. 方案对比检验

在最后一次去东门到鹭江站那段路收集数据时，我们发现第一个交通灯的控制周期发生了变化：由原来的 220 s 周期（120 s—40 s—35 s—25 s）变成现在的 140 s 周期（40 s—25 s—40 s—35 s）。

因此，我们设计了模型 2，在保持其他变量不变的情况下，将交通灯 1 的周期变为 140 s（40 s—25 s—40 s—35 s）。这与我们原计划优化系统的方向一致（只改变交通灯的控制周期），因此我们可以借此观察一下模型的输出变化情况。

另外，我们根据 OptQuest 的优化结果设计了模型 3，将交通灯 1 的周期设置为 125 s（35 s—25 s—35 s—30 s），同时将交通灯 2 的周期设置为90 s（55 s—35 s）。

通过建立模型 2 和模型 3，同样令它们各自运行 50 min，我们也分别总结出它们的主要数据指标来进行比较研究（表 3.22 和表 3.23）。

表 3.22　模型 2 输出的主要数据指标

<table>
<tr><th>分析指标</th><th colspan="2">正方向车辆数据
（从鹭江站到东门）</th><th colspan="2">反方向车辆数据
（从东门到鹭江站）</th><th>交通灯 1 处
行人数据</th><th>东门交通灯
行人数据</th></tr>
<tr><td>平均等待时间</td><td colspan="2">17.8</td><td colspan="2">15.85</td><td>12.69</td><td>19.24</td></tr>
<tr><td>最大等待时间</td><td colspan="2">80.63</td><td colspan="2">73.6</td><td>43</td><td>63</td></tr>
<tr><td>最小等待时间</td><td colspan="2">0</td><td colspan="2">0</td><td>0</td><td>0</td></tr>
<tr><td>平均行驶时间</td><td colspan="2">46.09</td><td colspan="2">43.68</td><td>5</td><td>5</td></tr>
<tr><td>最大行驶时间</td><td colspan="2">23.02</td><td colspan="2">20.43</td><td>5</td><td>5</td></tr>
<tr><td>最小行驶时间</td><td colspan="2">72.24</td><td colspan="2">61.8</td><td>5</td><td>5</td></tr>
<tr><td>平均通过时间</td><td colspan="2">17.8</td><td colspan="2">59.53</td><td>17.69</td><td>24.24</td></tr>
<tr><td>平均队列长度</td><td>4.2</td><td>4.57</td><td>3.8</td><td>4.92</td><td>5.3</td><td>6.04</td></tr>
<tr><td>最小队列长度</td><td>0</td><td>0</td><td>0</td><td>0</td><td>0</td><td>0</td></tr>
<tr><td>最大队列长度</td><td>33</td><td>52</td><td>37</td><td>25</td><td>23</td><td>22</td></tr>
<tr><td>通过数量</td><td colspan="2">1462</td><td colspan="2">1613</td><td>1247</td><td>939</td></tr>
<tr><td>加权等待时间</td><td colspan="2">89</td><td colspan="2">79.25</td><td>12.69</td><td>19.24</td></tr>
</table>

说明：队列长度中有两列数据，分别是交通灯 1、2 处的数据。

（1）对比模型 1 和模型 2 的数据，可以看出模型 2 的结果比模型 1 的结果要稍好：差距主要是从正方向进入车辆的平均等待时间和在交通灯 1 处的平均队列长度都变长了，分别是从 14.67 s 变到 17.8 s 和从 2.68 辆增加到 4.2 辆。相应地，在交通灯 1 处的行人等待时间和队列长度都有了一定程度的下降，其中行人平均等待时间从 34.39 s 骤降为 12.69 s，减少了 63% 之多。再比较它们的 KPI，车辆的 KPI 增加了 12 左右，但行人的 KPI 减少了 21.5 左右，总体 KPI 减少 9.5。

这说明新实行的交通系统的控制比原来的要科学一些，只是很小量地增加汽车的等待时间和队列长度，但却十分有效地减少了行人的等待时间。至于我们看到的交通情况变得更糟，是因为受到鹭江站旁边 T 字形路口交通灯的影响而出现的，而这就不是我们研究的范围了。但这个现象也可以说明的一点是，研究某个交通系统不能孤立它，而是应该把它放到整体的交通系统之中去研究，这也是我们的研究未来可以改进的地方。

（2）我们借助 Arena 的一些分析工具，对 3 个模型的运行和输出数据都进行了对比分析，并把这些数据整合成了一个表格（表 3.23）。

表 3.23　三种方案数据输出

模型	C1-WaitT	C2-WaitT	C1-TL1-	C1-TL2-	C2-TL1-	C2-TL2-	MTL1-WaitT	MTL2-WaitT	MTL1-Queue	MTL2-Queue	KPI
模型 1	14.67	16.55	2.68	4.5	4.16	4.91	34.39	19.17	13.81	5.98	221.7
模型 2	17.8	15.85	4.2	4.57	3.8	4.92	12.69	19.24	5.3	6.04	203
模型 3	14.98	14.71	3.49	3.85	3.92	4.25	11.01	18.01	4.43	5.68	177.6

根据表 3.23，我们利用 Excel 输出了一个柱状图，反映 3 个模型在各个数据指标上的优劣（图 3.25）。

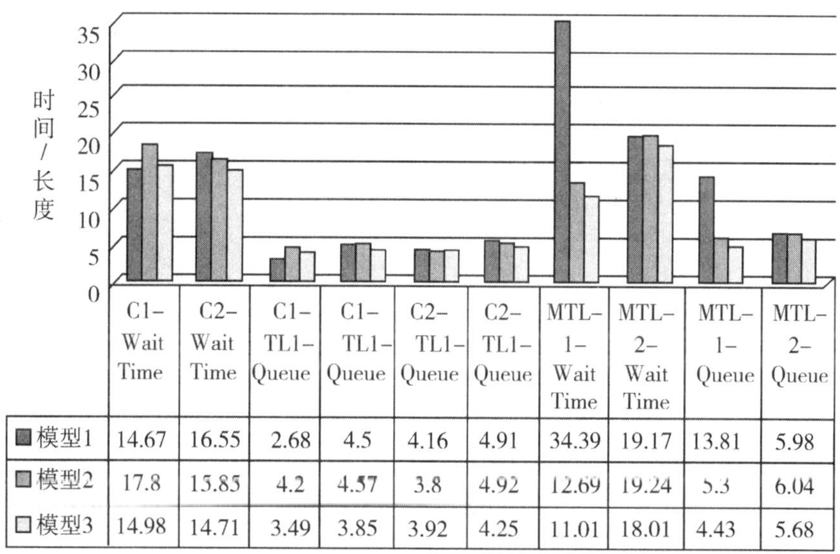

图 3.25　3 种方案指标对比

由图 3.25 我们可以看到，在 3 个模型的主要数据指标中，模型 1 是最差的，尤其反映在交通灯 1 处的行人平均等待时间和队列长度；模型 2 和模型 3 的数据比较接近，但仔细观察，我们也可以看出模型 3 要比模型 2 优越一些。通过计算，模型 3 各个数据指标相比模型 2 下降了 6.39% 到 15.84% 不等。其中，综合反映情况的加权等待时间 KPI 则从 203 下降到 177.6，下降了 12.51%。

（3）因为路面资源的有限性和车辆、行人数量的巨大，所以，无论怎样优化，总是难以使所有的利益相关者都得到福利的大幅提高。通常情况下，一方的便利必然或多或少会带来另一方的不便。

跳出案例情景的限制，我们可以从另一个角度去思考更好的方案：这么短的一段路程，有没有必要存在两个交通灯呢？如果去掉第一个交通灯，让行人从地铁站或者从东门处过马路，这样汽车等待时间将大大减少，同时行人等待时间也不会增加，只是需要多走几步路。是否可以在东门附近修建一个人行天桥，那么两个交通灯都没有存在的必要了，行人等待时间变为0，同时汽车等待时间也为0，此时交通将会无比畅通，事故发生率也将下降，达到一个三赢的局面。

四、建议与启示

本研究构建了3个模型来模拟东门到鹭江站交通系统在工作日下午5:30—7:00这段时间的交通状况，其中模型1仿真的是原来的交通灯周期，模型2仿真的是改变后的交通灯周期，模型3则是本研究设计的优化模型。通过对3个模型的输出数据的分析比较，我们发现：

（1）案例中相对短的直线路段上设置了2组交通灯，这些交通灯周期的设置不合理，使得车辆在通过这段路时经常需要排队，有时等待时间更是长达1 min以上，甚至比车辆在这段路上的行驶时间还多。同时，行人过马路也往往要等不少时间。

（2）交通部门的修正方案开始意识到了原有方案中交通灯1的控制周期给行人带来的不便。新方案改进了交通灯1的控制周期，大大缩短了行人在交通灯1处过马路的等待时间，同时也没有给通过的车辆增加多少等待时间，通行系统得到了改善。

（3）本研究小组在此基础上对系统再次进行了优化，使行人和车辆通过两个交通灯的等待时间和平均队列再次有了不同程度的下降。但因为交通部门已经进行过了一次改进，留给我们改善的空间已经很小了。

（4）无论怎么改变交通灯的控制周期，这个系统都会给车辆和行人带来很大的不便。我们的另一个想法是减少交通灯的数量来使交通顺畅。行人过马路问题可以考虑通过建人行天桥来解决，当然这需要额外的投资预算。

从运营管理的角度上看，交通系统就像一个服务系统，交通灯就是一个个服务站调度中心，车辆与及行人共享这个资源，但是要以一定的规则去使用这个资源。假定短期内资源的数量无法改变，也就是不能增加或减少交通灯的数量，则只能通过改变交通灯的控制规则以均衡车辆和行人双方的服务水平。

由于交通系统的收益具有社会效应，无法准确衡量，成本的核算则相对简单，因此，我们将车辆和行人在系统内的等待时间作为成本核算的标准，通过对现实的仿真以解决这个系统内排队的成本最小化问题。

第四章　轨道交通系统管理问题

地铁是现代都市交通系统的重要一环，具有载客量大、安全便捷等特点。当前中国不少大城市正在兴建越来越多的地铁线路；然而，在地铁硬件设施不断完成的过程中，地铁系统的管理模式还不完善，运作绩效还有待提高。

本章选取广州地铁系统的两个典型管理系统进行仿真研究。本章第一节主要探讨一个复杂的双线路地铁换乘系统的管理绩效问题。该仿真分析从流程建模出发，模拟整个换乘系统的日常运作，通过仿真分析寻找资源瓶颈与运作问题；并在此基础上，通过局部优化和整合优化的方式探讨各种改善措施的影响与作用。本章第二节则从乘客的角度分析和研究地铁售票检票系统的运作状况，并依据仿真结果检验各种改进措施。同时，研究人员所建立的仿真模型还提供了一种应对 Arena 教学软件变量约束的思路和方法。

第一节　地铁换乘系统管理仿真

一、研究背景

广州地铁客村站作为两条地铁路线（2 号线、3 号线）① 的中转站（图 4.1），日客运量非常大，对其提出了巨大的挑战。其运作流程是否合理？其硬件、软件设施能否满足乘客的需求？为了解决这一系列的问题，本研究通过分析客村站的运作流程，建模并收集相关数据进行仿真模拟试验，发现现存的问题并提出解决建议。

① 随着广州地铁建设的进行，广州地铁 2 号线分拆为 2 号线和 8 号线。鉴于本研究已经完成，为反映真实情况和避免标识混乱，本章仍按分拆前的情况进行表述。

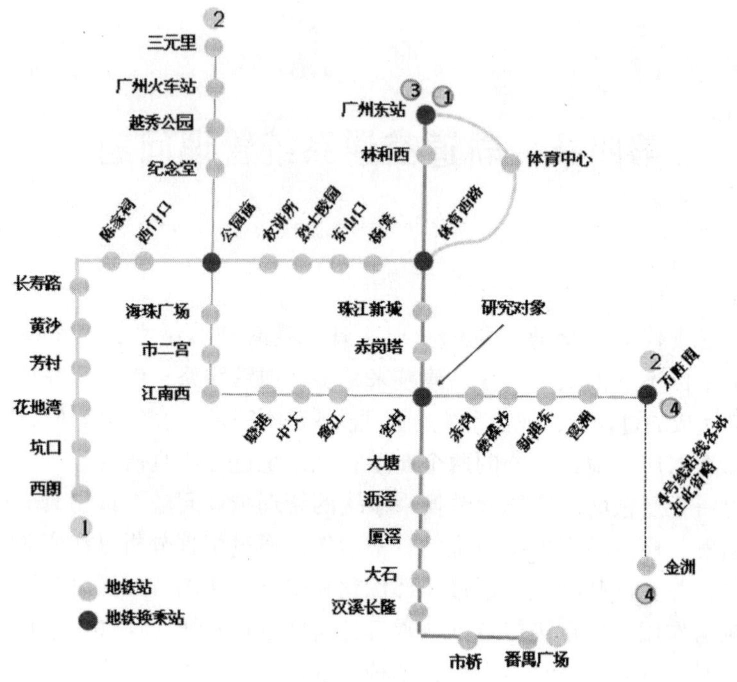

图 4.1　广州地铁路线及客村站示意

据有关数据显示，2007 年广州市地铁日客运量达到 130 万人次，如此庞大的客运量对地铁的运作提出了很高的要求。那么，地铁的运作情况具体如何呢？众所周知，中转站的客流量是最大的，面临的压力也是最大的，中转站的运行是否良好直接关系到整条线路乃至整个地铁系统的运行。因此，我们选取了客村站作为我们的研究对象。

客村站位于广州市海珠区新港中路，是地铁 2 号线、3 号线的中转站。地铁 2 号线（三元里—万胜围）贯穿大半个海珠区，在海珠区内主要呈东西走向。地铁 3 号线（天河客运站/广州火车东站—番禺广场）连接了天河区、海珠区和番禺区。很明显，客村站是连接番禺区、海珠区、天河区的重要地铁枢纽，每天往返于三区的市民数量非常大，尤其是早上8:00—9:00 上班高峰期和下午 5:00—6:00 下班高峰期。流程运作的瓶颈往往发生在高峰期阶段，因此，为了有效研究客村站的运作情况，我们选取 8:00—9:00 这一时间段进行研究。

二、研究思路

在实地调研中，我们发现在客村站有不少乘客排队的现象。为了解客村站的运营状况，以及乘客在该站所获取的服务水平，研究小组需要测量乘客在该站的通行效率（也就是从到达地铁站到坐车离开要多长时间），搞清楚地铁系统中哪些变量会对绩效造成影响，系统的瓶颈在哪里，哪里可以改进。

在研究过程中，遵循以下两个原则：真实性和合理假设。一方面，为了使研究更加有效，我们尽量将其运作流程、运行数据真实地展现出来。另一方面，为了研究方便，在不影响主要研究背景的前提下，进行了一些合理的假设和简化，具体如下：

（1）假设进站口只有两个；

（2）忽略地铁站里的垂直电梯以及人行通道的通过能力，这两种通道的通过能力对整个中转站台来说是比较小的；

（3）不考虑列车的停留时间和门的通过能力，假设乘客上车瞬间完成；

（4）将开往相反方向的两趟列车作为一个整体；

（5）乘客选择购票方式、选择线路、是否换乘的比例没有大幅改变。

三、仿真分析

基于本案例的特点，我们的仿真研究主要包括以下几个步骤：

步骤1：流程分析。通过实地考察，分析详细流程并进行模拟。

步骤2：数据收集。确定模型需要的数据，并制定数据收集方案，到实地观察收集后进行整理。

步骤3：详细建模。结合流程和数据，得到最终的仿真模型，并设计动画。

步骤4：分析仿真结果。利用流程分析和数据得到最终的仿真模型，确定关键指标并进行分析。

步骤5：提出改进建议。针对系统中存在的瓶颈以及低效率的环节提出合理化建议，并运用仿真模型验证其有效性。

1. 流程分析

通过实地考察，我们发现中转站站台乘客转乘的相关运作流程主要有以下一些部分：

到达系统的实体主要有两种，分别为从进站口进入的普通乘客和从2号线转线的换乘乘客。普通乘客到达地铁站后有3种购票方式，分别为自动购票、人工购票、直接刷卡；购票后通过进站闸道选择前往2号线或者3号线，在站台候车并乘车离开。2号线在客村停靠时下车的乘客有两种：一种直接出站，另外一种乘坐电梯前往3号线站台候车并乘车离开。其流程图如图4.2所示。

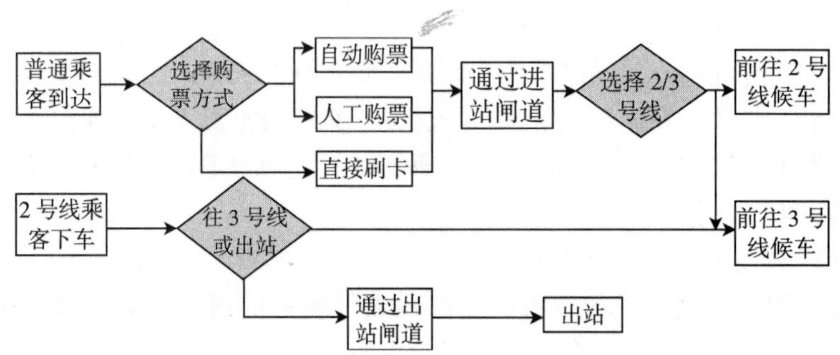

图4.2　乘客进入客村站的活动流程

在该站台，自动购票的机器数量、人工购票的服务员数量都是一定的，进站闸道和出站闸道都有一定的限制。乘客在购票、进站、等车等环节会花费一定的时间。同样，从闸道到候车站台、从2号线站台到3号线站台的行进也会耗费一定的时间。列车的到达是均匀的，一般每隔两三分钟一趟。由于客村站处于线路的中间，因此其运载能力通常不固定，受限于当时列车上有多少乘客。

2. 数据收集

仿真建模的第二步便是收集数据。

首先，根据详细流程确定需要的数据。接下来，确定数据收集方案。然后，于5月27日早上8:00—9:00这一时间段到现场收集。最后，整理数据，利用Arena Input Analyzer进行拟合分析，得到数据分布。

系统中涉及的数据比较繁杂，有数量、时间等，具体包括以下几个方面：

(1) 普通乘客到达的时间分布。客村站的地面入口有4个，忽略其中两个客流量比较少的入口，在其中一个繁忙的入口处进行观察统计，乘以2估算出总体的乘客到达分布。在统计过程时，统计每分钟到达的乘客数量，经过计算得到每个乘客的到达时间间隔。

我们统计了 5 组数据（表 4.1），并通过拟合得到最终的数据分布为：0.39+0.36∗BETA(0.721, 0.481)（图 4.3）。

表 4.1　乘客到达客村站的时间分布

项目	组 1	组 2	组 3	组 4	组 5
每分钟到达人数/人	83	95	87	106	142
人均到达间隔/s	0.72	0.63	0.69	0.57	0.42

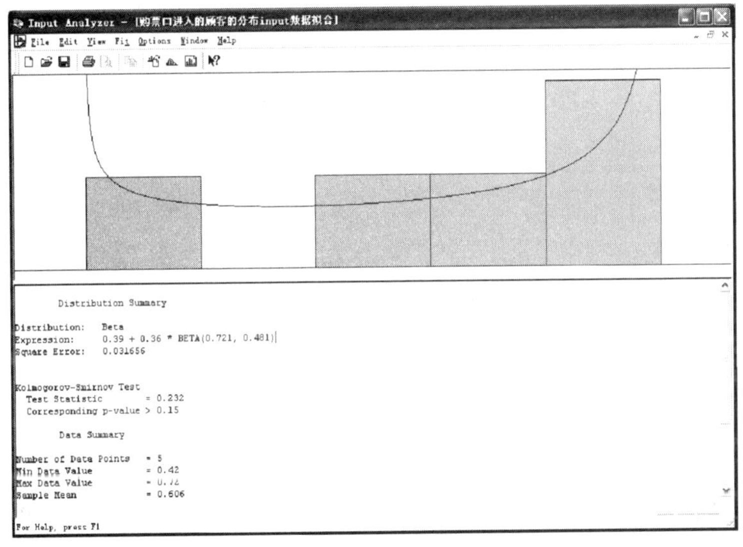

图 4.3　购票口进入的乘客数量拟合分布

（2）普通乘客选择自动购票、人工购票、直接刷卡的比例。观察一段时间内从地铁入口进来的乘客的购票方式，进行统计，计算得到其比例（表 4.2）。

表 4.2　乘客进入客村站的购票方式统计

项目	自动购票	人工购票	直接刷卡	总计
人数/人	40	14	167	221
所占比例	18.2%	6.2%	75.6%	100%

（3）进站闸道数量。在客村站，进站闸道口在进口处有 3 个，在出口处有 4 个，共 7 个。

（4）通过进站闸道的时间。观测所得，乘客通过进站闸道的时间大约为 2 s。

（5）普通乘客选择 2 号线或 3 号线的比例。在进站闸道后进行观察，在一定时间内分别统计前往 2 号线、3 号线的人数，共统计 8 组数据，加权平均得到最终的比例为：前往 2 号线比例为 57.5%，前往 3 号线比例为 42.5%（表 4.3）。

表 4.3　客村站乘客选择不同线路的统计

组别	去 2 号线		去 3 号线		总数/人
	人数/人	比例	人数/人	比例	
组 1	17	60.7%	11	39.3%	28
组 2	25	71.4%	10	28.6%	35
组 3	15	57.7%	11	42.3%	26
组 4	28	56%	22	44%	50
组 5	34	60.7%	22	39.3%	56
组 6	33	61.1%	21	38.9%	54
组 7	38	62.2%	23	37.8%	61
组 8	23	30.2%	53	69.8%	76
加权平均值	—	57.5%	—	42.5%	—

（6）自动购票的机器数量。在客村站，自动购票机总共有 8 台。

（7）自动购票的服务时间分布。总共收集 21 组数据，单位为 s，具体数据如下：35，29，23，15，18，38，24，32，40，42，21，44，36，29，28，28，42，35，27，27，53。进行拟合，得到最终的分布为三角分布：TRIA(14.5，27.1，53.5)（图 4.4）。

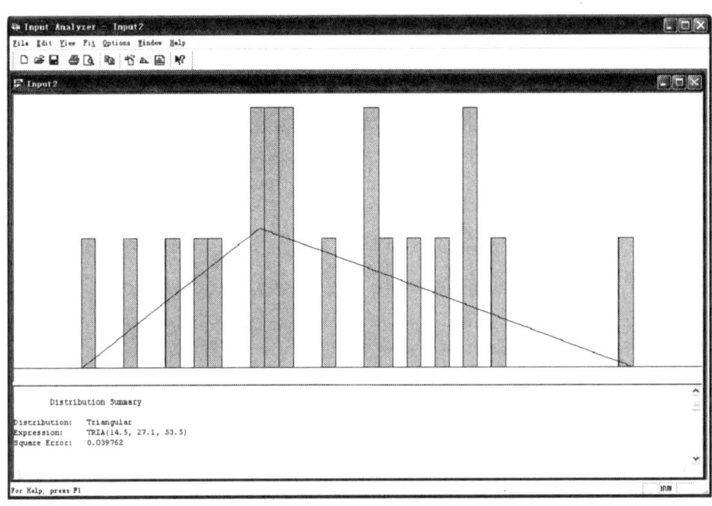

图 4.4　拟合的自动购票的服务时间分布

（8）人工购票处服务员数量。在客村站，人工购票处服务员有 2 人。

（9）人工购票的服务时间分布。共收集 12 组人工购票的服务时间，具体数据为：17，18，18，11，22，33，18，15，13，19，15，24（单位为 s）。拟合得到最终分布为泊松分布：POIS(18.6)（图 4.5）。

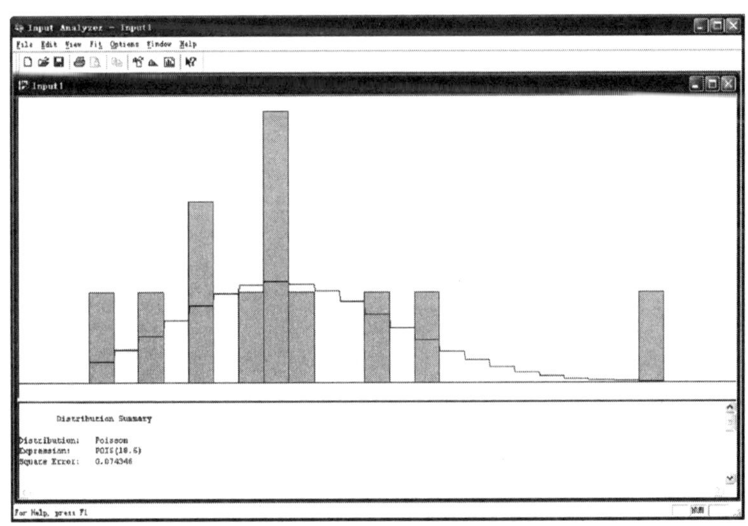

图 4.5　拟合的人工购票的服务时间分布

（10）列车运载能力。广州 3 号线第一期建设阶段有 40 列列车运营。其中，每列列车有 3 个车厢，每节车厢有 4 个门，共 12 个门。在研究过程中，将抽取两三个车门作为样本进行统计，观测到每个车门的运载能力约为 25 人，将正反两方向的列车相加，得到其运载能力总计为 600 人。由于列车的运载能力浮动较大，在这里简单假设为服从均匀分布：UNIF(500，650)。

（11）列车到达时间间隔。列车到达客村站的时间间隔在不同时间段有不同的安排。从下面的两个数据表（表 4.4、表 4.5）中可以看出，在正常工作日 8:00—9:00 时间段，2 号线列车的时间间隔为 3 min，3 号线列车的时间间隔为 2 min 51 s。

表 4.4　客村站 2 号线行车间隔

星期	峰期	时间段	时间间隔
星期一至星期五	高	6:45—9:15，16:15—19:30	3 min
	中	6:00—6:45，9:15—16:15，19:30—21:00	4 min
	低	21:00—22:53	7 min
星期六/星期天	高	11:00—18:30	3 min
	中	7:30—11:00，18:30—21:00	4 min
	低	6:00—7:30，21:00—22:53	7 min

资料来源：http：//www. gzmtr. com/ckfw/yysk/。

表 4.5　客村站 3 号线行车间隔

星期	峰期	时间段	时间间隔
星期一至星期五	超高	7:24—9:34	2 min 51 s
	高	16:32—20:19	2 min 57 s
	中	6:18—7:24，9:34—16:32	3 min 43 s
	晚中	20:19—22:14	4 min 5 s
	低	22:14—23:30	6 min 15 s
星期六/星期天	高	10:57—20:31	3 min 4 s
	中	7:46—10:57，20:31—21:54	3 min 43 s
	低	6:18—7:46，21:54—23:30	6 min 10 s

资料来源：http：//www. gzmtr. com/ckfw/yysk/。

（12）换乘乘客的到达分布。从 2 号线换乘 3 号线的乘客到达时间跟 2 号线列车的到达时间一致，同样为 3 min 一趟，但是随每趟列车到达的乘客数量并不一样。我们在 2 号线前往出站口的电梯和前往 3 号线的电梯旁进行统计，共 4 组数据，得到每两趟列车（正、反方向）到达时乘客的数量分布，具体数据如表 4.6 所示。经过拟合得到最终数据分布为：UNIF（618，835）（图 4.6）（注：该分布的拟合不理想）。

表 4.6　换乘乘客的到达分布

组别	2 号线直接出站		2 号线去 3 号线		总数/人
	人数/人	比例	人数/人	比例	
组 1	92	14.8%	526	85.2%	618
组 2	174	23.6%	561	76.4%	735
组 3	204	28.5%	509	71.5%	713
组 4	110	13.1%	725	86.9%	835
数据整理	—	20%	—	80%	UNIF(618，835)

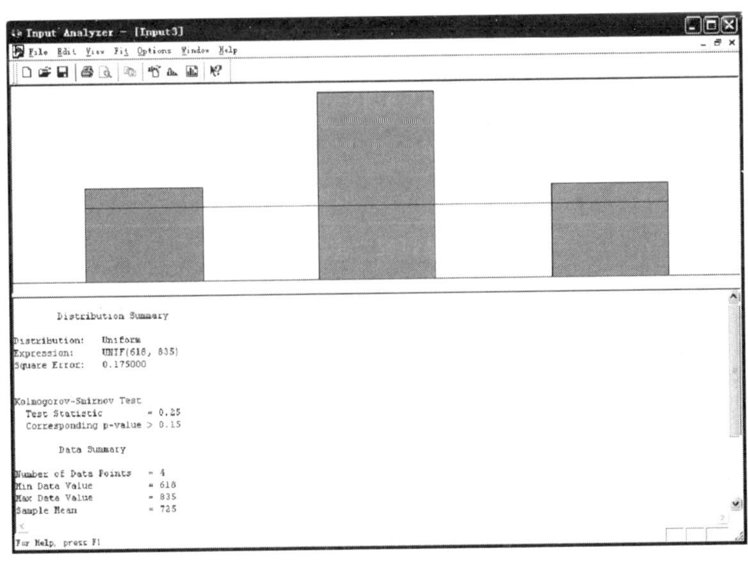

图 4.6　拟合的换乘乘客的到达分布

（13）换乘乘客的去向比例。由表 4.6 可以看出，从 2 号线列车到达的乘客去向统计如下：直接出站的乘客比例为 20%，前往 3 号线换乘的乘客比例为 80%。

（14）乘客行进时间。经测量，发现闸道到 2 号线候车处、闸道到 3 号线候车处、2 号线候车处到 3 号线候车处之间的距离大体相当。因此，乘客在各点之间行进的时间一致。共统计了 5 组数据（单位：s）：112，138，125，122，153。进行拟合，得到时间分布为：112 + 42 * BETA(0.321, 0.408)（图 4.7）（注：该分布的拟合不理想）。

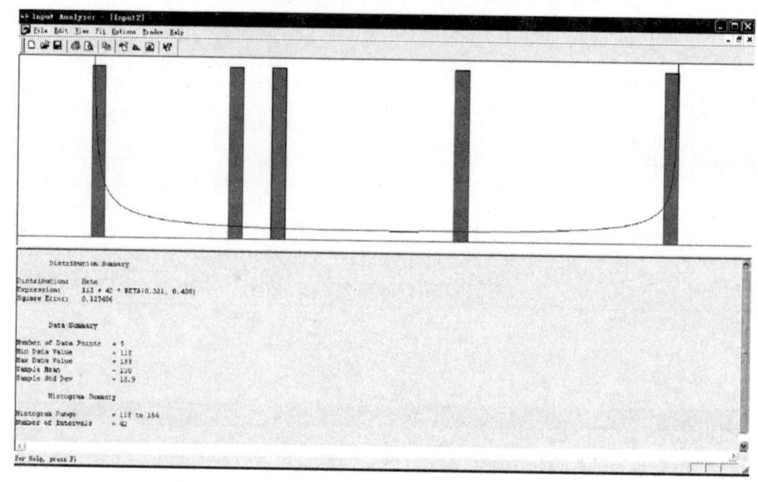

图 4.7　乘客行进时间的拟合分布

3. 详细建模

整个仿真系统按照作业内容不同可分为 4 个子模块，分别是普通乘客到达（normal customer arrival）、2 号线乘客到达（line 2 customer arrival）、列车到达（train arrival）、乘坐 3 号线（get on line 3）（图 4.8）。下面将详细地介绍每个子模块。

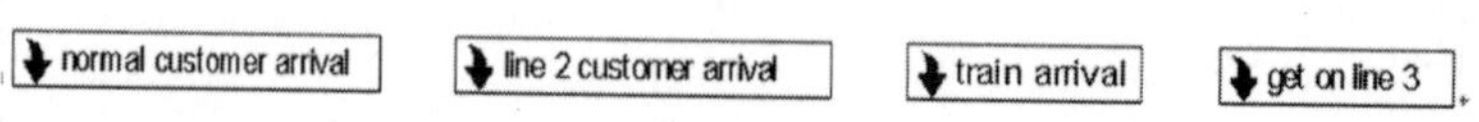

图 4.8　乘客地铁转乘管理仿真子模块

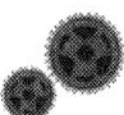

（1）普通乘客到达（normal customer arrival）。

1）实体到达。Create 模块名称为 customer arrival，实体类型为 normal customer，到达服从 TRIA(0.32，0.574，0.63）分布，单位为 s。每次到达为 1 人，假设实体从 8：00 开始进入系统（图 4.9）。

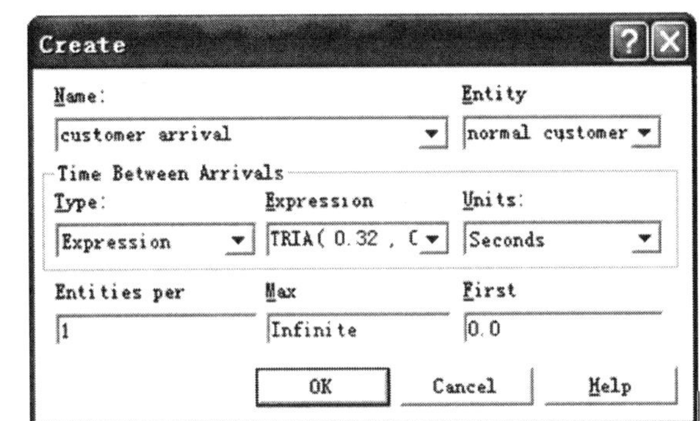

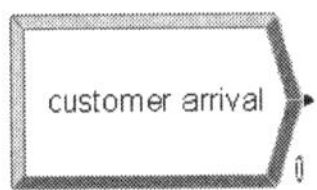

图 4.9　乘客实体到达仿真设置

2）选择购票方式。乘客可以选择自动购票、人工购票或者直接刷羊城通，其比例分别是 18.2%、6.2%、75.6%（图 4.10）。

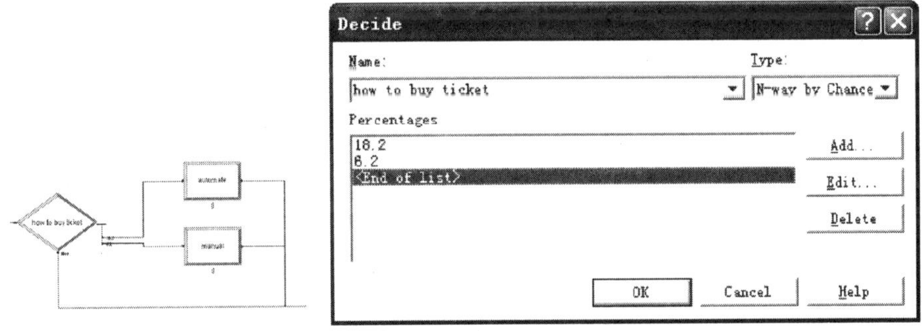

图 4.10　乘客购票方式选择仿真设置

3）自动购票。自动购票模块名称为 automate，类型为 Seize Delay Release，资源为 automate machine，数量为 1，能力为 8。购票时间服从 TRIA(14.5，27.1，53.5)分布，单位为 s（图 4.11）。

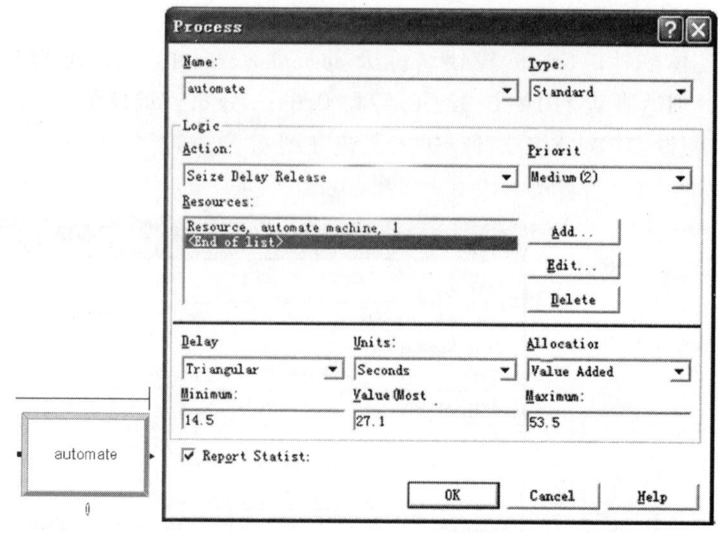

图 4.11　自动购票仿真设置

4）人工购票。人工购票模块名称为 manual，类型为 Seize Delay Release，资源为 ticket seller，数量为 1，能力为 2。购票时间服从 POIS(18.6) 分布，单位为 s（图 4.12）。

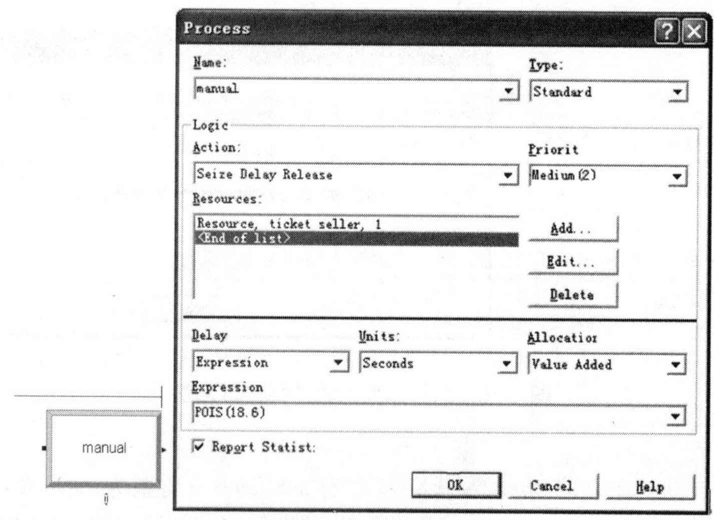

图 4.12　人工购票仿真设置

5）通过进站闸道。通过进站闸道模块名称为 get through the in tollgate，类型为 Seize Delay Release，资源为 in tollgate，数量为 1，能力为 7。购票时间为固定值 2 s（图 4.13）。

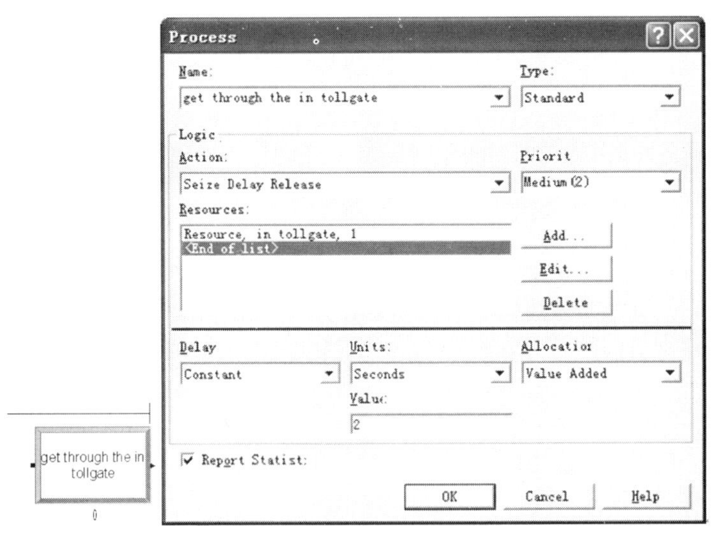

图 4.13　通过进站闸道仿真设置

6）选择 3 号线或 2 号线。选择 3 号线的比例为 42.5%，选择 2 号线的比例为 57.5%（图 4.14）。

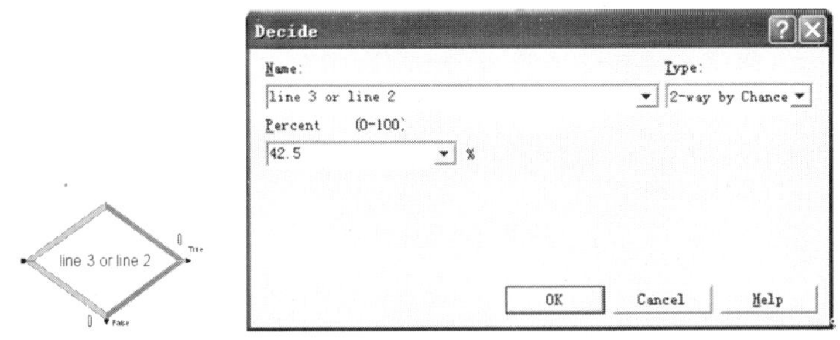

图 4.14　线路选择仿真设置

7）往 3 号线行进。行进时间服从 112+42 *BETA（0.321，0.408）分布，单位为 s（图 4.15）。

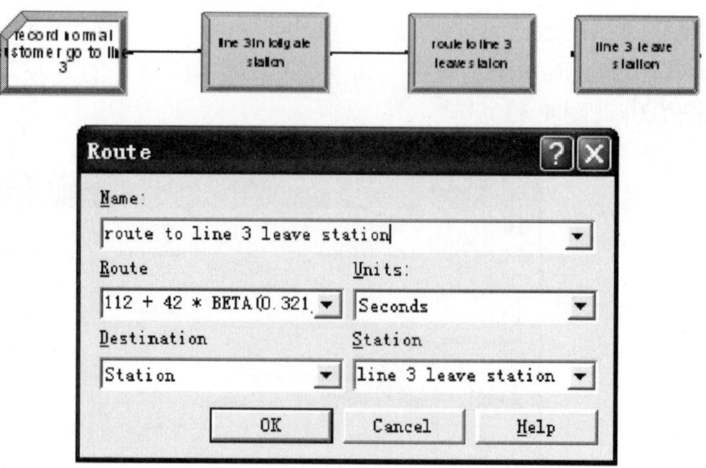

图 4.15　往 3 号线行进仿真设置

8）前往 2 号线候车处并坐车离开（图 4.16）。

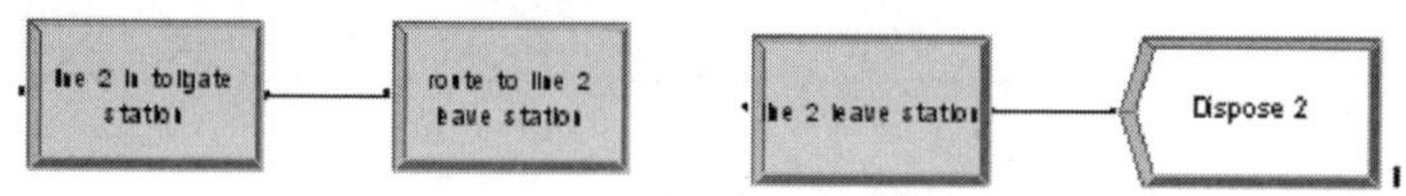

图 4.16　往 2 号线行进仿真设置

（2）2 号线乘客到达（line 2 customer arrival）。

1）实体到达。2 号线乘客的到达时间间隔为常数 180 s，假设首次到达时间为 60 s，每次实体到达的数量为 UNIF(618，835)（图 4.17）。

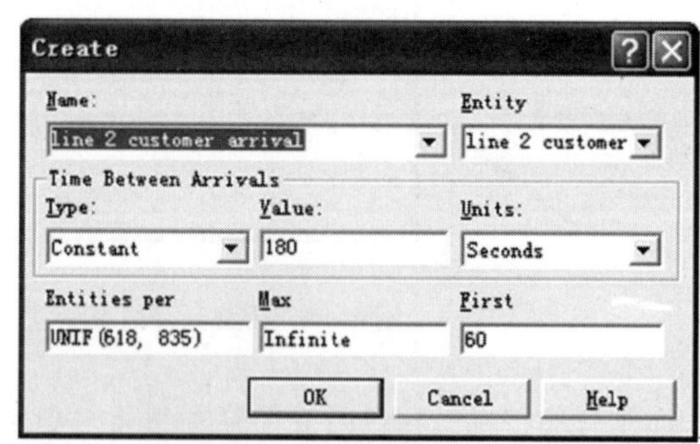

图 4.17　2 号线乘客到达仿真设置

2）直接出站或换乘 3 号线。直接出站的乘客比例为 20%，换乘 3 号线的乘客比例为 80%（图 4.18）。

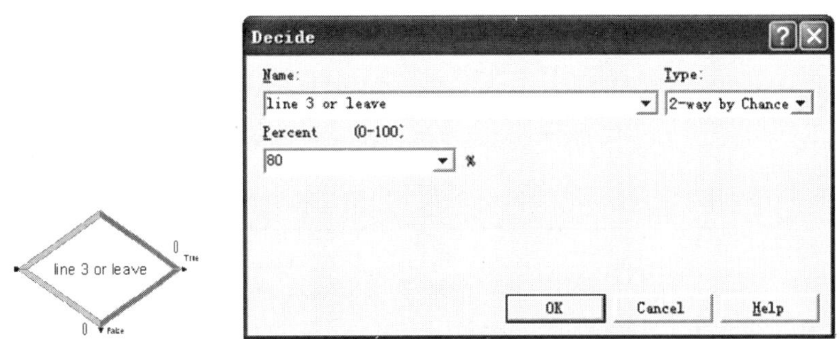

图 4.18　出站或换乘的仿真设置

3）前往 3 号线候车处（图 4.19）。

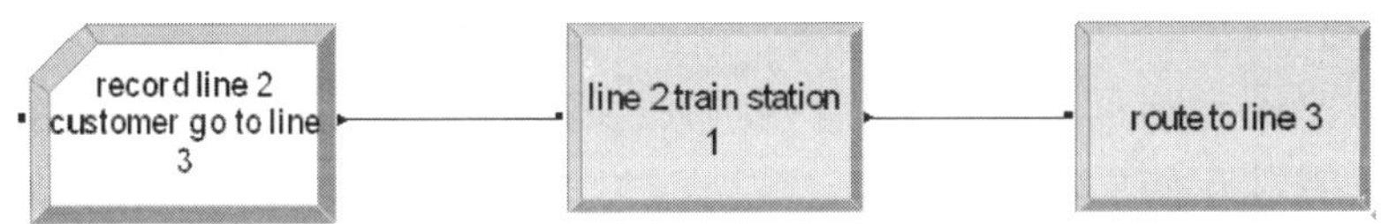

图 4.19　往 3 号线行进的仿真设置

4）前往出站闸道（图 4.20）。

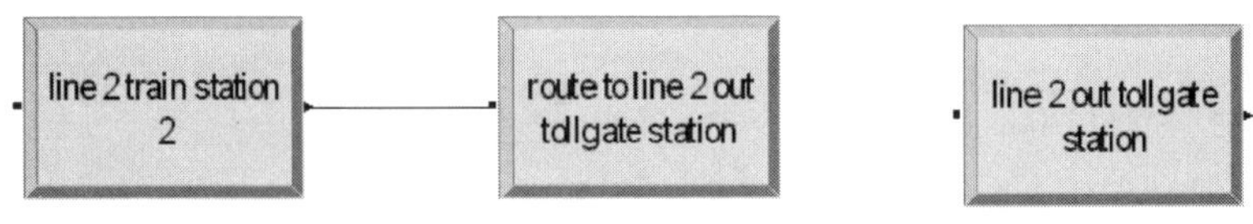

图 4.20　往出站闸道的仿真设置

5）通过出站闸道。出站闸道数量为 9，通过时间为 2 s（图 4.21）。

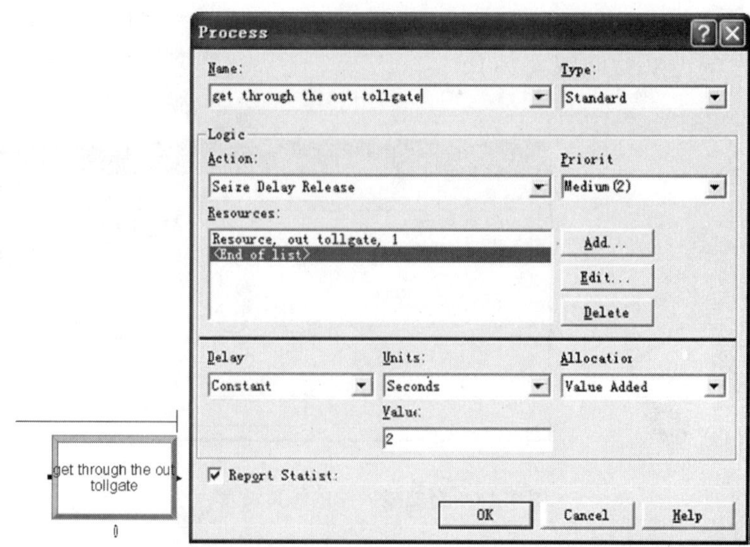

图 4.21　**通过出站闸道的仿真设置**

（3）列车到达（train arrival）。

1）3 号线列车到达。3 号线列车到达间隔为 171 s，假设仿真开始 60 s 后第一辆列车到达（图 4.22）。

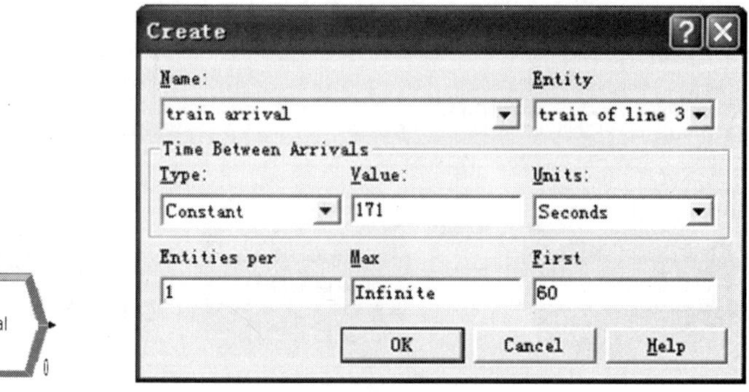

图 4.22　**3 号线列车到达仿真设置**

2）列车的运载能力。运用 Assign 模块定义列车的运载能力，其分布为 UNIF(500，650)（图 4.23）。

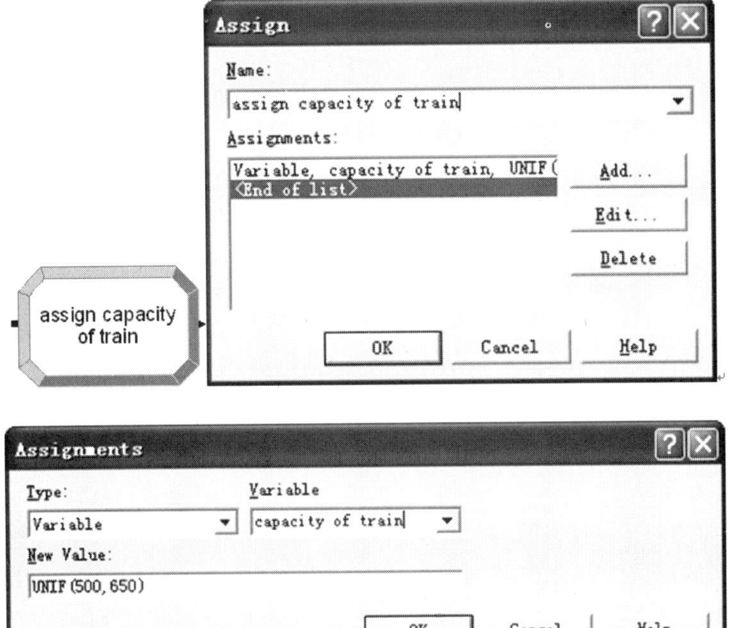

图 4.23　列车运载能力仿真设置

3）发出乘客上车信号并离开。列车到达后产生一个信号，这时乘客可以上车，乘客上车后列车离开（图 4.24）。

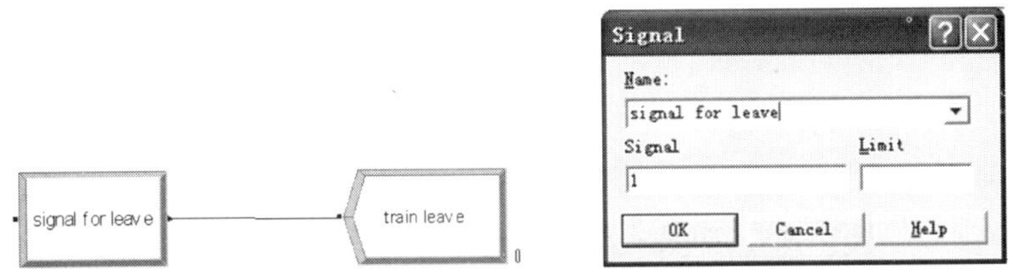

图 4.24　乘客上车信号仿真设置

（4）乘坐 3 号线（get on line 3）。

1）排队候车。由于 3 号线列车的到达是非连续的，因此乘客必须等待列车的到达。在这里利用 Hold 模块，让乘客在站台排队等待直至列车到达发出信号（图 4.25）。

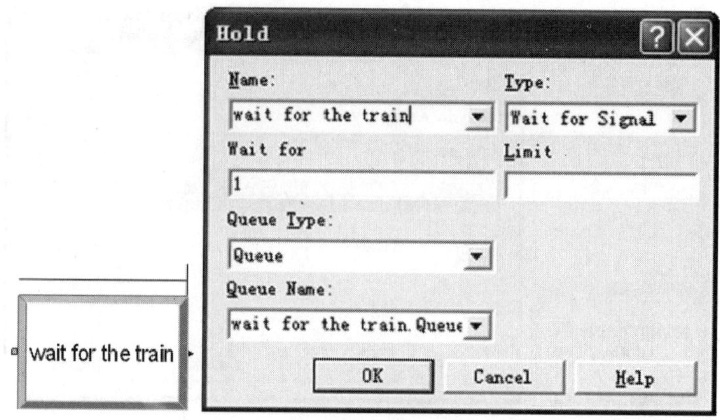

图 4.25　3 号线排队候车仿真设置

2）上车。当列车到达并发出信号后，乘客开始上车。在研究过程中不考虑列车的停留时间和门的通过能力，假设乘客上车瞬间完成。但是，列车的运载能力是有限的，因此，乘客上车之前必须判断此时列车的运载能力（capacity of train）是否大于零。如果大于零，则上车；如果小于或等于零，则返回候车处等待下一趟车（图 4.26）。

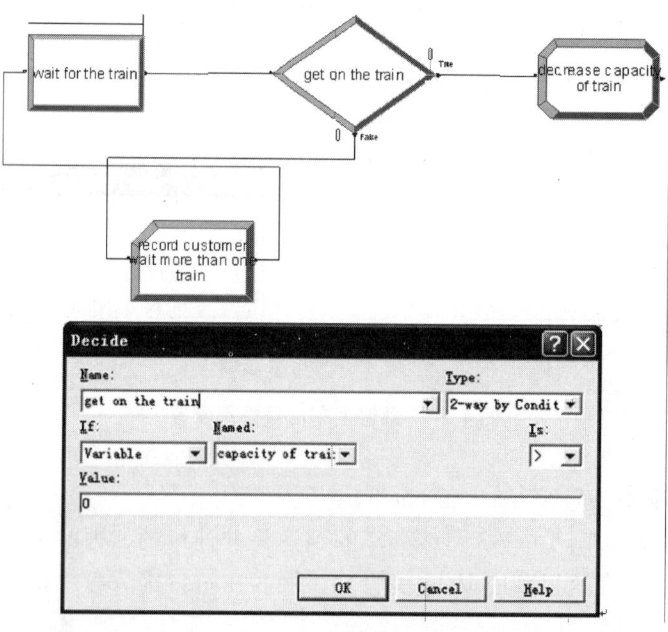

图 4.26　乘客上车逻辑判断仿真设置

3）重新定义列车运载能力。当乘客上车后，列车的运载能力减少，在这里利用 Assign 模块对 capacity of train 进行重新定义（图 4. 27）。

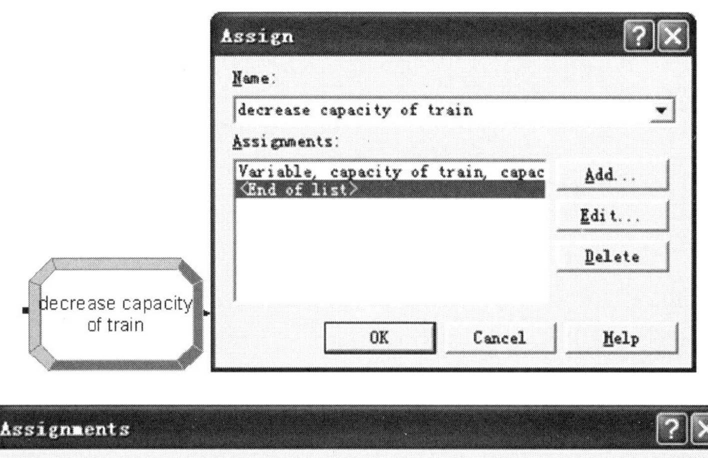

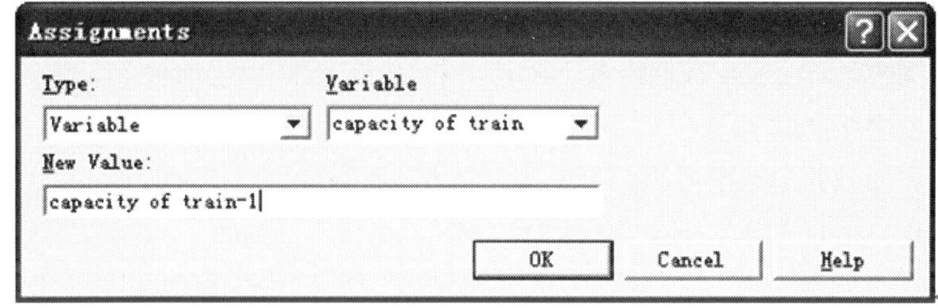

图 4. 27　列车运载能力的实时更新仿真设置

4）统计上车乘客总数并结束。为研究的需要，利用 Record 模块对上车乘客总数进行统计，仿真结束（图 4. 28）。

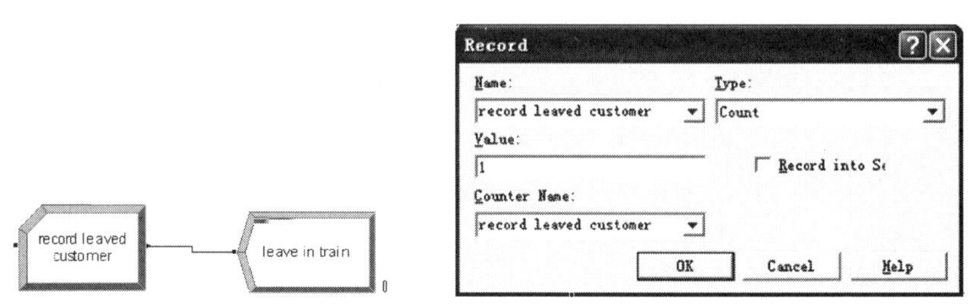

图 4. 28　上车人数统计仿真设置

定义完4个子模型后，制作系统动画和散点图，仿真模型最终完成。仿真界面如图4.29所示。

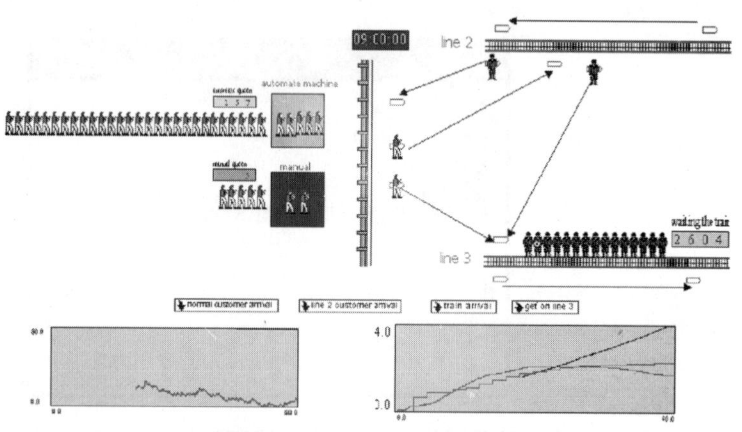

图4.29　客村站仿真动画示意

4. 分析仿真结果

仿真模型运行时间设为1 h，从8:00—9:00，基础单位为min。由于是稳态仿真，因此没有限制结束条件。

从基本的数量统计指标（表4.7）来看，1 h内3号线总共经过21列列车，共载客11347人。乘坐3号线的乘客中以换乘乘客居多，普通乘客数量有限，这是由于客村站是中转站所决定的。到达的普通乘客中，大部分人选择直接刷羊城通，其次是选择自动购票。同样，我们还注意到，曾经有2万多人次发生过等候下一趟车的情况，再次证明了列车的运载能力存在不足。

表4.7　基本数量统计指标的仿真结果

数量指标	数值
列车总数	21
乘坐3号线离开的总人数	11347
乘坐3号线的普通乘客	2411
换乘3号线的乘客数量	11967
选择自动购票的乘客	904
选择人工购票的乘客	392
曾经等候下一趟车的次数	20889

在乘客排队方面，仿真结果显示，站台系统中有5处发生了排队现象，其中在自动购票处、人工购票处、候车处情况比较严重。在自动购票处平均等待时间为4.1193 min，平均队列长度达到了74.8582人之多；人工购票处排队时间为1.69 min，队列长度也达到了11人；在候车处平均等待时间也是2 min以上，候车人数更是达到了1285人！换乘乘客从到达到离开平均要花费6.38 min，普通乘客则要花费4.9 min（图4.30）。不难看出，上述3个环节是系统的瓶颈，严重影响了系统的运作。

Time

Waiting Time	Average	Half Width	Minimum Value	Maximum Value
automate.Queue	4.1193	(Correlated)	0.00	9.2960
get through the in tollgate.Queue	0.00001439	0.000012430	0.00	0.01123454
get through the out tollgate.Queue	0.01992870	0.004335338	0.00	0.1074
manual.Queue	1.6955	(Correlated)	0.00	3.6857
wait for the train.Queue	2.2427	0.206000637	0.00013818	2.8500

Other

Number Waiting	Average	Half Width	Minimum Value	Maximum Value
automate.Queue	74.8582	(Correlated)	0.00	161.00
get through the in tollgate.Queue	0.00138687	(Insufficient)	0.00	2.0000
get through the out tollgate.Queue	0.9589	0.221239250	0.00	29.0000
manual.Queue	11.1537	(Correlated)	0.00	26.0000
wait for the train.Queue	1285.30	(Correlated)	0.00	2964.00

Total Time	Average	Half Width	Minimum Value	Maximum Value
line 2 customer	6.3864	(Correlated)	1.9167	15.0000
normal customer	4.9763	0.729184918	1.9000	21.1116
train of line 3	0.01666667	(Insufficient)	0.01666667	0.01666667

说明：除非特殊说明，本图及下文中出现的时间单位皆为min。

图4.30　排队状况仿真结果

另外，仿真结果还显示，在资源利用方面，自动售票机和人工售票员的利用率高达0.99（图4.31、图4.32），出现了超负荷运转的情况，这也是这两个地方发生严重的排队现象的原因所在。

Scheduled Utilization↵	Value
automate machine↵	0.9949
in tollgate↵	0.4588
out tollgate↵	0.1779
ticket seller↵	0.9963

图 4.31　资源利用率仿真结果

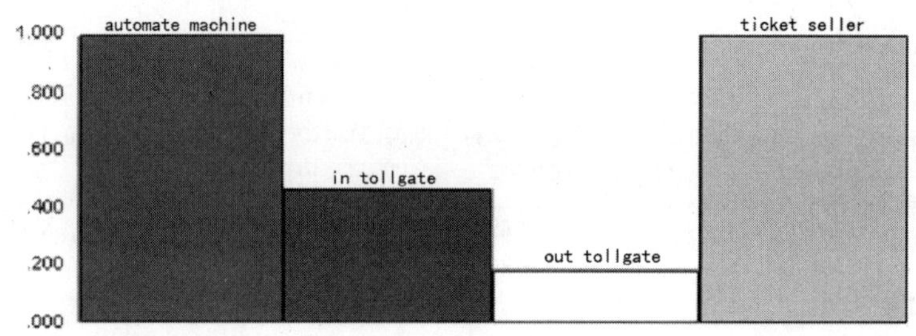

图 4.32　资源利用率

基于仿真运行的结果，我们对运作过程中存在的问题及其原因已经有了初步的认识。我们发现，由于几个关键环节的资源不足，无法满足乘客的需求，因此发生了严重的排队现象，影响了系统的正常运行（表 4.8）。

表 4.8　仿真揭示问题根源

排队现象严重	原　因
购票环节	自动购票机、人工售票员数量不足
上车环节	列车的运载能力不足

5. **改进方案建议及讨论**

针对现实中存在的问题，我们可以从以下几个方面进行改善：①增加自动购票机的数量；②增加人工售票员的数量；③提高羊城通的使用比例；④增加列车的运载能力；⑤缩短列车的时间间隔；等等。

下面首先将改变单一变量进行局部优化，然后进行综合变动进行整体优化，最后对方案进行修正。

(1) 第一步：局部优化。

■增加自动购票机的数量。

我们进行了如下测试：当人工售票员数量不变（仍为2）时，把自动购票机的数量从 8 台增加到 12 台，自动购票、人工购票和等车的队列中的 Waiting Time 和 Number Waiting 都在不断改善；当自动售票机为10 台时，自动购票处的顾客平均等待时间为 12 s，队列长度为 3.7 人，在可接受的范围内（表4.9）。此时，等待列车的队列长度也控制在一定的范围内。因此，如果不考虑购买成本，从顾客等待时间和排队长度可以接受的水平，设置 10 台自动购票机是目前较好的选择。

表 4.9　增加自动购票机的仿真测试结果

类　型	自动购票机/人工售票员	Automate. Queue	Manual. Queue	Wait for the train. Queue
Waiting Time	8/2	4.1193	1.6955	2.2427
	9/2	1.1999	1.1677	2.2133
	10/2	0.2071	2.5376	2.1021
	11/2	0.07968	1.0899	2.3
	12/2	0.0432	0.6057	2.13
Number Waiting	8/2	74.8	11.1537	1285.30
	9/2	22.4876	7.3	1166
	10/2	3.7	17.4017	924
	11/2	1.418	6.9	1444
	12/2	0.79	3.6	1021

■增加人工售票员数量。

假设保持自动售票机的数量不变，逐渐增加人工售票员的数量。仿真结果显示，人工售票员从 2 增加到 5 的过程中，人工售票处顾客等待时间和队列长度不断减少，自动售票处和候车处的情况也同样得到了改善。我们发现，当人工售票员数量为 3 时，人工售票处顾客等待时间为 5 s，队列长度为0.6，而且此时极大地改善了等候上车处的排队情况（表4.10）。但是，我们也注意到自动售票处的情况并没有多大的改善，表明必须同时增加人工售票员和自动售票机的数量，才能解决售票环节的拥挤问题。

表4.10 增加人工售票员的仿真测试结果

类型	自动购票机/人工售票员	Automate. Queue	Manual. Queue	Wait for the train. Queue
Waiting Time	8/2	4.1193	1.6955	2.2427
	8/3	4.4547	0.088	2.03
	8/4	2.7464	0.0114	2.15
	8/5	3.41	0.0024	2.25
Number Waiting	8/2	74.8	11.1537	1285.30
	8/3	79.3	0.61	824
	8/4	47.59	0.07	1022
	8/5	59.68	0.014	1313

■提高羊城通的使用比例。

由于自动售票机和人工售票员的数量不足，售票环节出现了比较大的问题，若购票人数减少，将能够减轻购票环节的负荷。因此，加大推广羊城通的使用，提高其使用比例是一种有效的手段。表4.11是改变羊城通的使用比例后仿真结果的对比。通过对比可以看出，随着羊城通的使用比例不断增加，购票队列长度不断减少。

表4.11 提高羊城通使用比例的仿真测试结果

类型	羊城通使用比例	Automate. Queue	Manual. Queue	Wait for the train. Queue
Waiting Time	75.6%	4.1193	1.6955	2.2427
	76.3%	2.84	0.887	2.05
	77.1%	1.8377	0.32	2.111
	80%	1.18	0.062	2.19

续表 4.11

类型	羊城通使用比例	Automate. Queue	Manual. Queue	Wait for the train. Queue
Number Waiting	75.6%	74.8	11.1537	1285.30
	76.3%	48.5	5.39	858
	77.1%	30.1386	1.76	933.76
	80%	17.97	0.25	1130

■提高列车的运载能力。

乘客的目的是坐车离开，因此列车的运载能力直接决定系统的运作水平。我们注意到，候车处排队现象比较严重，因此亟需提高列车的运载能力。提高列车运载能力对售票处没有影响，而直接改善了候车处的状况。当列车运载能力达到 UNIF（600，750）时，平均队列长度为 562（表 4.12），情况得到了很大的改善。

表 4.12　提高列车运载能力的仿真测试结果

类型	提高列车运载能力	Automate. Queue	Manual. Queue	Wait for the train. Queue
Waiting Time	UNIF(500，650)	4.1193	1.6955	2.2427
	UNIF(550，700)	4.1193	1.6955	2.00
	UNIF(600，750)	4.1193	1.6955	1.77
	UNIF(650，800)	4.1193	1.6955	1.51
	UNIF(700，850)	4.1193	1.6955	1.42
Number Waiting	UNIF(500，650)	74.8	11.1537	1285.30
	UNIF(550，700)	4.1193	1.6955	818.9
	UNIF(600，750)	4.1193	1.6955	562
	UNIF(650，800)	4.1193	1.6955	375.35
	UNIF(700，850)	4.1193	1.6955	329.25

■缩短列车的时间间隔。

为了缓解地铁在早上上班的高峰期排队队列较长现象，结合技术的可行性，我们提出另外一个建议，就是缩短高峰期列车的时间间隔来提高高峰期的地铁运载人流量。表4.13 列出了不同时间间隔下，各个环节的等待时间和排队长度。从表4.13 中可以发现，缩短时间间隔到131 s，自动售票、人工售票及等车排队三者是相对较好的，相互之间也是比较协调的。

表4.13　缩短列车时间间隔的仿真测试结果

类型	列车时间间隔	Automate. Queue	Manual. Queue	Wait for the train. Queue
Waiting Time	161 s	4.408	0.4722	1.87
	151 s	4.288	0.9676	1.7719
	141 s	3.6643	0.9794	1.35
	131 s	2.1731	1.12	1.255
	121 s	3.725	0.678	1.0488
	111 s	4.449	1.218	0.9936
Number Waiting	161 s	79.55	3.06	750.36
	151 s	77.68	6.2419	661.77
	141 s	64.79	6.218	355.66
	131 s	36.76	7.01	345
	121 s	66	4.23	247.96
	111 s	75.15	7.7	231.7

（2）第二步：方案整合

通过变动单一变量，系统的运行状况得到了改善。由于考虑到羊城通的使用比例不可控制，因此下面我们将对其他4 个变量进行综合研究。表4.14 是各变量单一变动下的最优值。

表4.14　各变量设定修改一览

名称	数值
自动售票机数量	10
人工售票员数量	3
列车运载能力	UNIF(600，750)
列车时间间隔	131 s

将上述数据输入模型中进行仿真模拟，并得到以下的数量统计结果（表4.15）。可以发现，把各变量变动整合起来后，总人数提高了2200多人。更让人高兴的是，曾经等候下一趟车的人次数从20889减少到600，缩减为原来的2.87%。

表4.15　方案整合后的仿真数量统计结果变化

数量指标	改进前	改进后
列车总数	21	28
乘坐3号线离开的总人数	11347	13540
乘坐3号线的普通乘客	2411	2517
换乘3号线的乘客数量	11967	11600
选择自动购票的乘客	904	1004
选择人工购票的乘客	392	394
曾经等候下一趟车的人次数	20889	600

整体优化后，在排队状况方面，顾客等待时间明显缩短，队列长度也有大幅度减少（表4.16、表4.17）。可见，改进效果显著。

表4.16　方案整合后的排队绩效指标变化（一）

类型		Automate. Queue	Manual. Queue	Wait for the train. Queue
Waiting Time	改进前	4.1193	1.6955	2.2427
	改进后	0.0988	0.0638	1.1176
Number Waiting	改进前	74.8	11.1537	1285.30
	改进后	1.6538	0.419	263.41

表4.17　方案整合后的排队绩效指标变化（二）

Total time	改进前	改进后
Normal customer	4.9763	2.8856
Line 2 customer	6.3864	3.1162

下面我们来看看各项资源的利用率，自动售票机的利用率达到了88.4%，利用率较高。人工售票员的利用率达到了68.7%，但是考虑到若减少人工售票员的数量，即改为2个人工售票员的话，排队现象将非常严重，因此，配备3个人工售票员是合理的（图4.33）。

Scheduled Utilization

	Value
automate machine	0.8841
in tollgate	0.4731
out tollgate	0.1720
ticket seller	0.6827

图4.33　方案整合后资源利用率的变化

其他相关的关键绩效指标也有明显的改进。列车的利用率为71.1%，处于较低水平；其他各项相关指标则处于一个非常低的水平（表4.18）。考虑到资源的成本，我们将降低列车的运载能力以达到最优。

表4.18　方案整合后关键绩效指标的变化

绩效指标	改进前	改进后
列车利用率	93.1%	71.1%
候车平均时间	2.2427	1.1176
候车队列平均长度	1285.30	263.41
曾经等候下一趟车的次数	20889	600

（3）第三步：方案修正。

通过上述方案的结果分析，不难发现系统售票环节运行良好，列车环节则出现了资源的剩余现象，因此我们将对列车进行进一步改进。修正方案有两种选择：一是恢复时间间隔为171 s不变，只增加列车运载能力为UNIF(600，750)；二是恢复运载能力为UNIF(500，650)，只缩短时间间隔为131 s。分别运行上述两个方案，得到下面的关键绩效指标（表4.19）。

通过对比可以看出，修正方案1的利用率为91.5%，高于修正方案2的83.4%，其各项指标都在可接受的范围内，比较适中。因此，修正方案1更优。

表 4.19　方案修正后的关键绩效指标变化

绩效指标	改进前	改进后	修正方案 1（时间间隔不变）	修正方案 2（运载能力不变）
列车数量	21	28	21	28
列车利用率	93.1%	71.1%	91.5%	83.4%
候车平均时间	2.2427	1.1176	1.6774	1.2337
候车队列平均长度	1285.30	263.41	478.63	326.29
曾经等候下一趟车的人次数	20889	600	3465	2329

四、小　结

本案例的研究对象是广州地铁客村站。整个研究分析从流程建模出发，收集相关数据，并利用 Arena 软件进行仿真，发现客村站在售票环节和候车环节出现了一些问题。通过对仿真结果进行分析，我们对症下药，提出了一些改进建议，主要包括增加售票机和售票员的数量、增加列车的车厢数量、缩短列车时间间隔、加强推广羊城通的使用等。

第二节　地铁售票检票系统仿真

一、研究背景

截至 2010 年初，广州地铁已有 5 条线路投入运行，即 1 号线（西朗—广州东站）、2 号线（三元里—万胜围）、3 号线（广州东站—体育西路、天河客运站—番禺广场）、4 号线（车陂南—金洲）、5 号线（滘口—文冲），总里程达 150 km，共有 88 个车站，平均每天的客流量约为 270 万人次。按照规划，广州地铁将继续扩建，在 2010 年亚运会开幕式之前，广州地铁交通线网总里程将达 222 km。随着广州地铁的不断建设，广州地铁将成为广州市民主要的出行方式之一。但是，地铁站的设施是有限的，很多乘客搭乘地铁外出的时候，感触颇深的问题之一就是在地铁站排队。买票要排队，上车要排队，入闸要排队，等等，每次都会花费乘客大量的时间。人流高峰期的时候，问题更加严重。

那么，广州地铁站的运行现状究竟是怎么样的呢？我们可以从哪些方面着手优化，为广州市民提供便利、节省时间？

为此，研究小组选择了广州地铁鹭江站作为研究对象，从乘客的角度，分析和研究地铁售票和检票系统的运营绩效。鹭江站是一个典型的普通的广州地铁站，既不是地铁中转站，也不是中心商业区的地铁站。研究鹭江站运营的结果具有普遍意义。

具体而言，研究小组将重点研究地铁鹭江站 A、D 出入口的运行现状和优化分析。研究议题包括：

• 鹭江站现在的运行情况是怎样的，在闲时和忙时，分别有多少人需要在地铁站内排队接受服务。

• 买票、咨询和入闸的队列在不同的时间段有什么特点；总体而言，哪一个环节是鹭江站提高运行效率的瓶颈。

• 自动售票机的数量是否恰当。每增加一台自动售票机，在闲时和忙时，分别能够将地铁站的运行效率提高多少。

• 入闸口的设置是否恰当。每增加一个入闸口，在闲时和忙时，乘客入站的效率分别可以提高多少。

• 如果设定一个合理的服务水平，鹭江站应该配备各种设施的数量分别是多少。

相应地，研究小组设计了整个研究方案和进程，具体的项目实施主要包括以下几个阶段：

阶段一：项目准备与问题点的确定。

研究小组通过实地调研，将研究对象的相关议题进行合理分类；在统计数据、数据分析以及建立模型和分析的过程中，特意考察各种流程或研究对象的差异。例如，为更加真实地模拟地铁站周期性的规律，整个仿真分析都分为闲时和忙时；为更好地反映人群特点，我们还按照行走的速度，将人群分为行走速度正常和行走速度较慢（老年人和携带行李的人）两类。

阶段二：数据收集与分析。

针对项目研究所需的数据，我们采取现场统计的方法收集数据，并运用相关的软件分析数据。例如，为了统计更为真实的行走时间，我们按照人群的分类，分别跟随不同的人行走，并统计他们的行走速度。此外，我们采用最原始的统计方法——计数，通过现场采集数据，包括入站的人数、每个人买票的时间、机器平均多少次出现一次故障等。

阶段三：构建模型与方案优化。

我们根据闲时和忙时的分类，按照入站—购票—打卡—进站的基本流

程，来设计仿真系统，并将采集回来的数据拟合成函数，搜索拟合能够比较真实地反映现状的概率分布，然后输入 Arena 系统。其后，依据采集的数据，以及按照地铁站运行的流程，分别建立不同的模型，构建仿真模型。然后在不同的设定下，运行仿真模型，并适当调试模型和相关的数据，逐步优化地铁站的仿真运行情况。

阶段四：对比分析与总结。

通过建立不同的模型，针对不同的状况仿真，分别对比闲时和忙时的运行情况以及设备利用率等。在相同的状态前提下，分别改变研究对象的数量，分析每个设备的边际效率，并分析是否应该增加设备或者应该增加多少设备。

通过这些对现实状况的仿真运行，分析系统运行的结果，发现问题，然后不断尝试合理优化模型，设计优化的方案，得出优化后的结果，最后形成一个完整的总结报告。

二、运营特点

在确立对鹭江地铁站进行仿真模拟之后，研究小组成员进入鹭江地铁站进行数据采集和站内设施布局分析，得出如下平面布局图（图 4.34）。

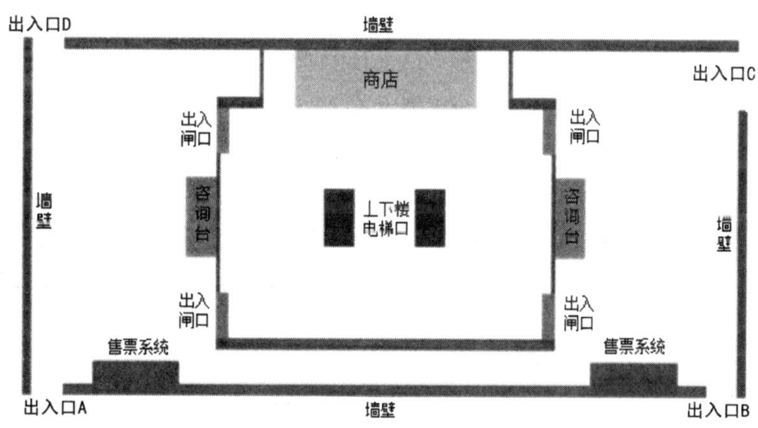

图 4.34　鹭江站地面站台平面布局

考虑项目的可行性以及数据采集的难度，我们将针对出入口 A 与出入口 D 进行分析。通过观察，我们发现现实的鹭江站站台系统存在以下几个特点：

（1）从 A 出口进入地铁站与从 D 出口进入地铁站，每位乘客完成路程的时间是不一致的，大致服从一定的三角分布。

（2）整个系统主要分为入站、咨询、购票、入闸等部分，排队主要出现在咨询与购票两个部分。

（3）地铁站内，乘客人流量在闲时与忙时差异相对较大，从地铁站内的队列长度在闲时与忙时的差异可明显地表现出来。

（4）在闲时，地铁站内基本不存在排队状况，人流量相对较少且顺畅；购票入站的人数相对较多。

（5）在忙时，地铁站内明显存在两大瓶颈，首要为购票处的瓶颈状况，次要为咨询处的瓶颈状况。除此以外，入闸时常会发生故障（failure）——刷卡不成功，或是没有事先找好羊城通就走到闸机前从而妨碍其他人进闸等，也会导致延误。

据实地调研，乘客进入地铁站台后，直到刷卡入站之前，一般都要经过如下流程（图 4.35）：

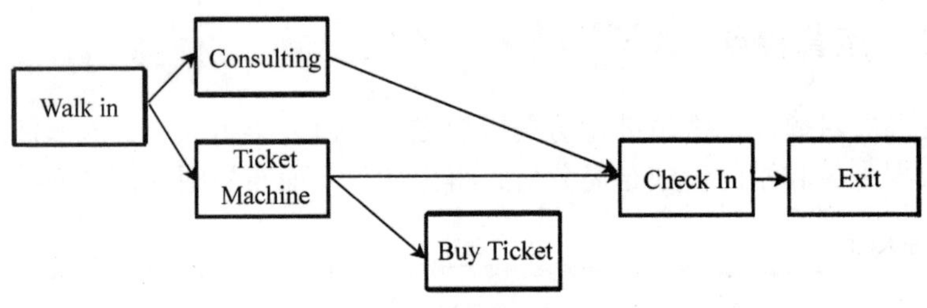

图 4.35　乘客在地铁站台的活动流程示意

首先，乘客会步行进入地铁站大厅。

然后，一部分乘客会走向咨询台，询问相关的信息，或者过去检查一下相关的地铁口（如老年卡），又或者去咨询台兑换零钱。另一部分乘客则会走向自动售票机处。

去到咨询台的人，接受服务之后，一部分人（主要是老年人）直接去到入闸口，刷卡入站。另一部分人（例如，兑换零钱的人）走向自动售票机排队买票。而在自动售票机处的人，要么是排队买票，要么是不停留地直接走向入闸口处刷卡入站。①

上面的乘客活动流程具有典型性。在下面的仿真分析中，研究小组会按照这个流程，继续构建和完善每一个步骤的细节。

---

① 因为自动售票机设置在去往入闸口通道的旁边，所以，这里可以简单地把那些进入大厅后直接刷卡入站的人的流程表示为：Walk In→Ticket's Machine→Check In→Enter。

三、仿真分析

1. 详细建模及参数设定

依据上述的活动流程，我们逐个模块进行详细建模，并收集相关的数据进行参数设定。

（1）从入口到地铁站大厅的活动流程。

首先，人流量是从两个入口进来的，每个入口进到地铁站大厅的时间不一样，所以要分开考虑。因此，我们根据真实情况分别创建了 A 和 D 两个 Create 模块。

其次，我们还需考虑现实中存在的过路的现象。也就是有一部分人从 A 和 D 进来并不是为了搭乘地铁，他们只是把 A—D 当成地下隧道来经过，即从 A 进 D 出，或者从 D 进 A 出。

最后，人们在下到大厅后，会根据自己的需要，选择去到自动售票机处或者是咨询台处。老年人或者需要兑换零钱的人会直接走到咨询台处，其他人会直接走到自动售票机处。我们现场跟随，统计了每个人分别走到自己目标地点的时间，然后根据统计的数据，拟合出分布函数，建立第一个步骤的详细模型（图 4. 36）。

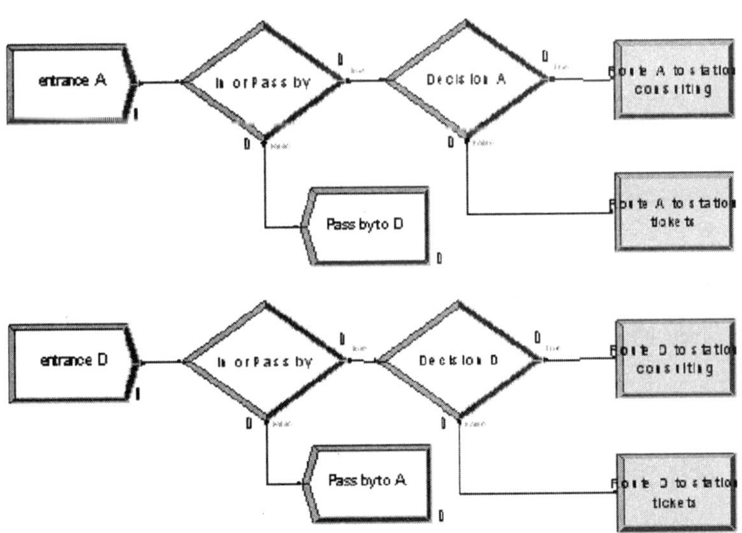

图 4. 36　入口到地铁大厅的乘客活动仿真示意

根据现场统计，在闲时和忙时，A 和 D 入口入站的人数，以及 Pass by 的人数如图 4.37 所示。

闲时统计（30min）			
入站总人数	A出口	D出口	过站人数
613	366	247	168
实体到达间隔时间（min）	0.08197	0.12146	
实际入站人数	持卡人数	持票人数	
445	295	150	
卡票比率	0.66292	0.33708	
忙时统计（30min）			
入站总人数	A出口	D出口	过站人数
1109	710	399	186
实体到达间隔时间（min）	0.04225	0.07519	
实际入站人数	持卡人数	持票人数	
923	634	289	
卡票比率	0.68689	0.31311	

图 4.37　闲时和忙时乘客进站人数的统计

（2）在咨询台接受完服务后的活动流程。在咨询台接受完服务之后，人们会根据自己的情况来选择下一个目标地点。例如，老年人在咨询台检查他们的老年卡之后，会直接走向入闸口刷卡入站；去咨询台兑换零钱的人会走到自动售票机处排队买票。当老年人在咨询台接受完服务之后，他们会直接拿着他们的老年卡，前往入闸口处刷卡入站（图 4.38）。因此，我们根据老年人行走速度较慢的真实状况，设置了他们的行走时间分布函数。

（3）在自动售票机处的活动流程。在自动售票机处，有一部分人因为是不需要买票的，所以他们不停留地直接走向了入闸口。还有一部分人是需要排队买票的。因为现实状况是那边一共有 4 台自动售票机，我们假设人们根据每台机器前面队伍的长度来选择排队，即每一个人到自动售票机处都会

选择队伍最短的那台机器排队。当队伍长度一样的时候，人们自愿选择离自己最近的那台，即第一台机器（图 4. 39）。

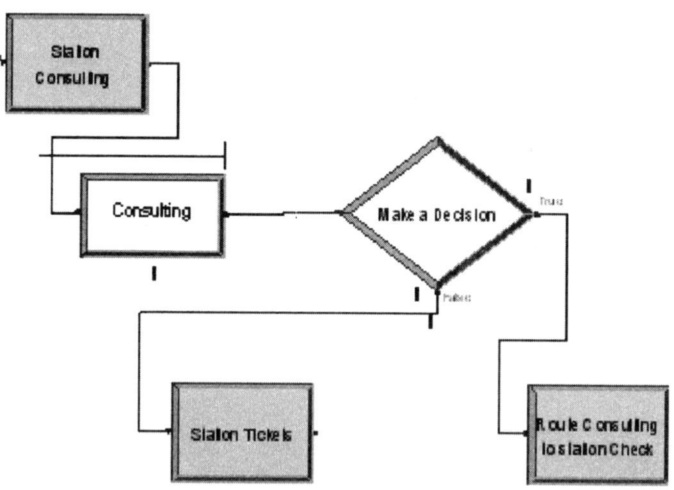

图 4. 38　咨询台服务完毕后乘客活动仿真示意

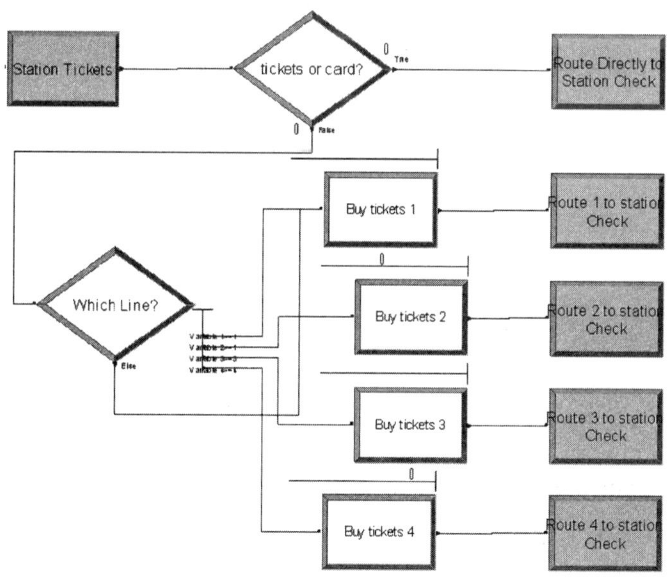

图 4. 39　自动售票机处的乘客活动仿真示意

(4) 在入闸口处的活动流程。当每个人到达入闸口处的时候，同样需要排队刷卡/票入站。按照比较真实的状况，我们同样假设人们选择排队的原则是：哪一条队伍人数少就排在哪一条队伍的后面；当所有的队伍一样长的时候，人们选择第一个入口。

现实状况是一共有4个入闸口，因为刷卡的动作比较简单，所以人们一般都不会出现操作失误。但是有时候会出现机器读卡失败，或者是人们走到入闸口处还没有准备好羊城通，还需要从包里找出羊城通，或者是其他的一些失误，都会导致延误，使得人们等待的时间更长。根据现场观察，发现以上故障出现的概率还比较大，所以在入闸的时候给每个入闸口设置了一个故障（failure)，并按照现实的状况，根据我们统计的数据分析，设置 failure 产生的概率（图4.40)。

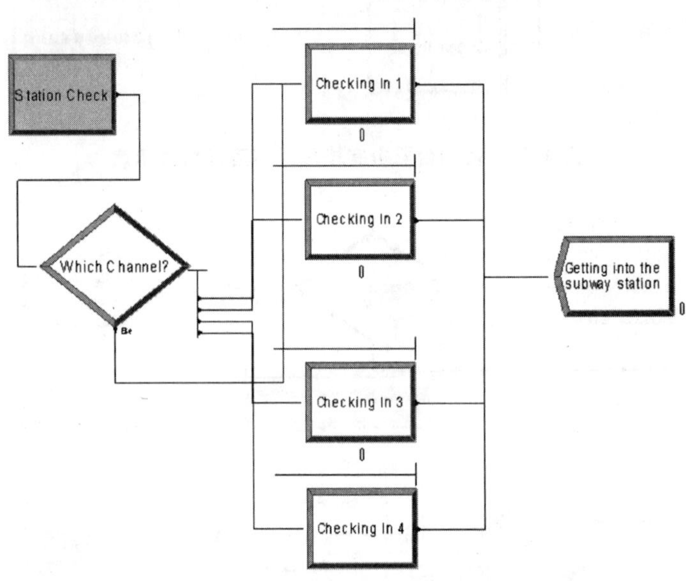

图4.40 入闸口处的乘客活动仿真示意

最后，将以上各个部分的分模块连接起来，就形成了完整的仿真模型。

2. 模型检验与初步分析

下面，我们对已经建立的模型进行检验，看看我们建立的模型是否能够契合现实的状况。

（1）流程逻辑检验。

第一部分为选择部分。在此部分，我们通过对进入车站人员的两次判断，将人群分为过站人员、需咨询的乘客和直接进站的乘客（图4.41）。

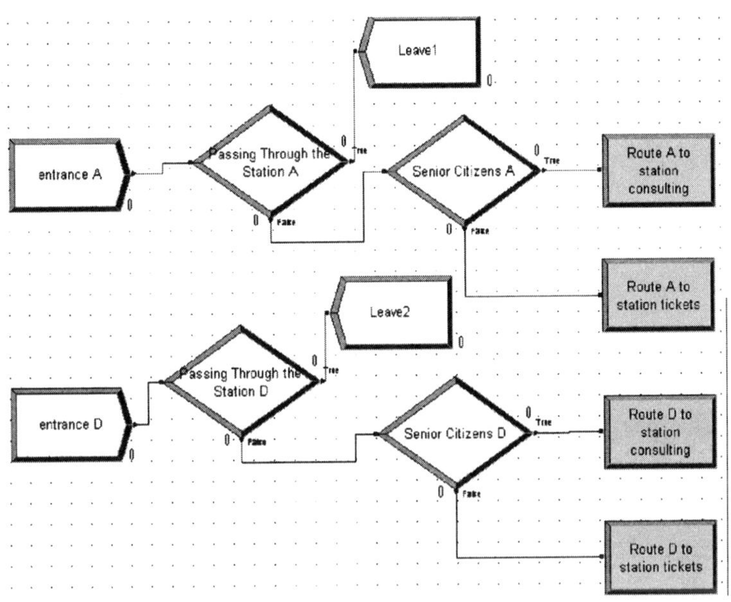

图4.41　乘客活动选择决策的仿真示意

第二部分为咨询部分。在此部分，我们对乘客的咨询进行处理，在处理之后乘客进入购票选择（图4.42）。

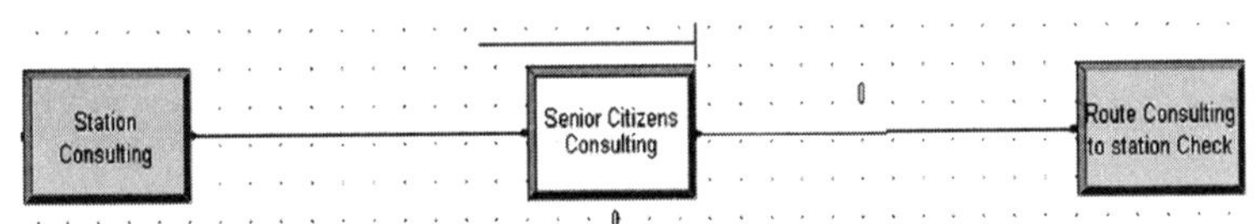

图4.42　乘客咨询活动的仿真示意

第三部分为购票选择部分。在此部分，持有羊城通的乘客将直接入站，其他乘客则进入购票系统，购票入站（图4.43）。

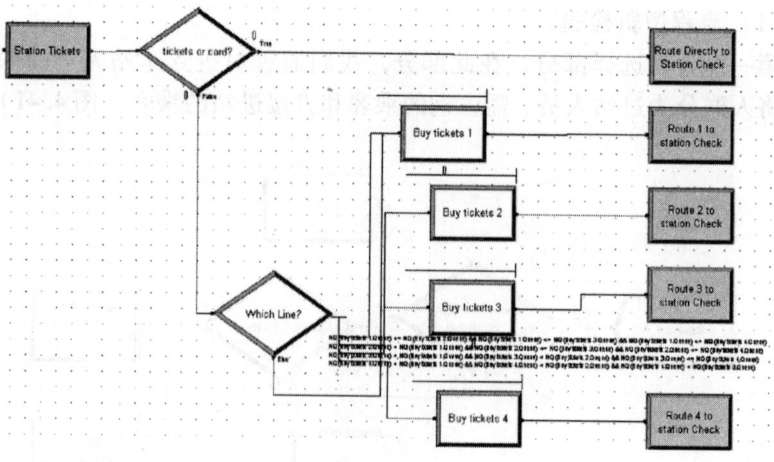

图 4.43　购票选择的仿真示意

第四部分为检入系统部分。在此部分，完成购票的乘客将与持羊城通的乘客汇合，进行检票入站（图 4.44）。

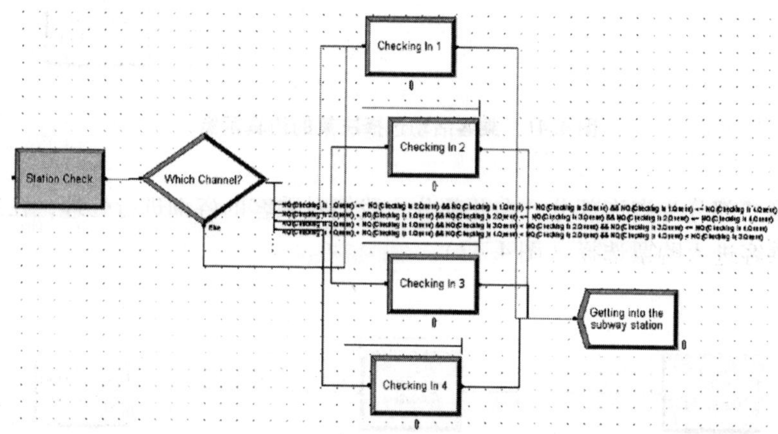

图 4.44　检票活动的仿真示意

（2）闲时系统检验。在闲时系统中，我们对模型进行运行测试，观察整个仿真运行的过程。下面是仿真运行结果的一些显著特点：

1）系统内基本不存在排队状况，系统整体中人员数量相对较少（图 4.45）。

Wait Time	Average	Half Width	Minimum Average	Maximum Average	Minimum Value	Maximum Value
passengers	0.00220448	.00	0.00186900	0.00260281	0.00	0.06594239

图 4.45　闲时的乘客等待时间仿真结果

从等待时间统计中可以看到，平均等待时间仅为 8 s 左右。另外，最大队伍长度也仅为 9 个单位等待人员，并且在 9 个等待队伍中，仅有咨询处的队伍处于资源高度利用需要等待的状态，另外 8 个队伍基本不需要等待（图 4.46）。可以看出，在闲时的时间段里，咨询处是本模型中的主要瓶颈。

Number Waiting	Average	Half Width	Minimum Average	Maximum Average	Minimum Value	Maximum Value
Buy tickets 1.Queue	0.6698	.02	0.6344	0.7194	0.00	2.0000
Buy tickets 2.Queue	0.4455	.03	0.3898	0.5065	0.00	2.0000
Buy tickets 3.Queue	0.2097	.01	0.1863	0.2473	0.00	2.0000
Buy tickets 4.Queue	0.05787844	.01	0.03346644	0.08920032	0.00	2.0000
Checking In 1.Queue	0.2640	.00	0.2556	0.2740	0.00	1.0000
Checking In 2.Queue	0.04508315	.00	0.03913249	0.05519465	0.00	1.0000
Checking In 3.Queue	0.00318880	.00	0.00138967	0.00559766	0.00	1.0000
Checking In 4.Queue	0.00002046	.00	0.00	0.00010364	0.00	1.0000
Senior Citizens Consulting.Queue	1.0085	.22	0.4953	1.5115	0.00	9.0000

图 4.46　闲时的队列长度仿真结果

2）资源利用率极度不平衡。

部分资源处于极度闲置状态，如售票机 4、检入机 3、检入机 4 基本从未被使用。咨询处基本处于高度利用状态，不同售票机的利用率则有较大的差异。另外，很明显，利用率的不平衡也发生在检入机，有一些检入机基本处于半弃置状态（图 4.47 至图 4.49）。

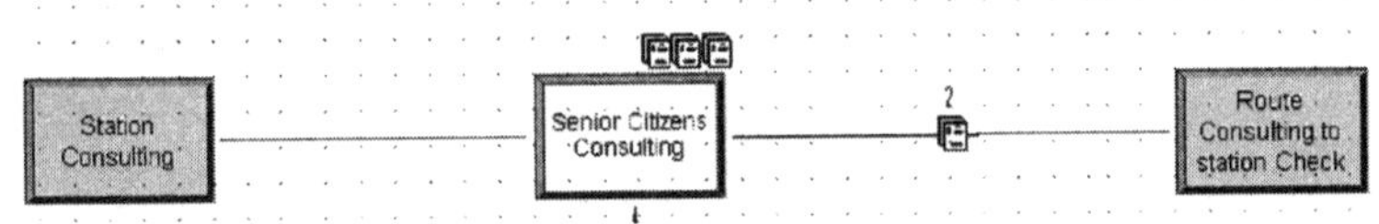

图 4.47　闲时的咨询处利用状态仿真结果

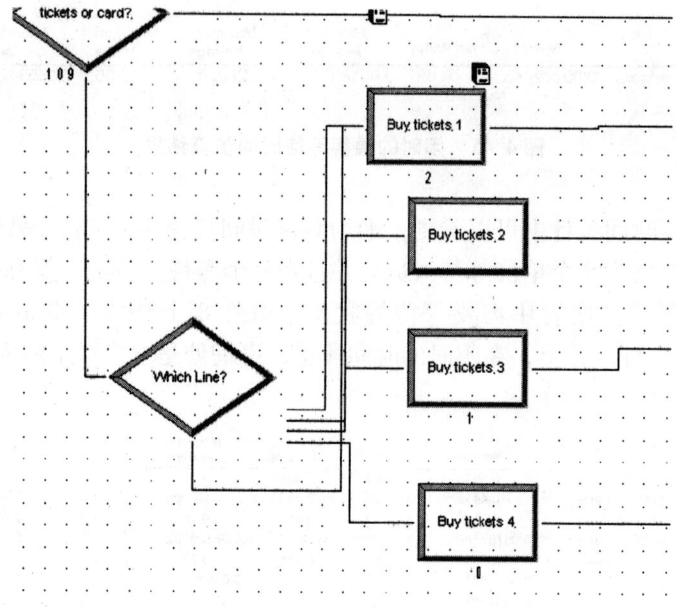

图 4.48　闲时的售票机利用状态仿真结果

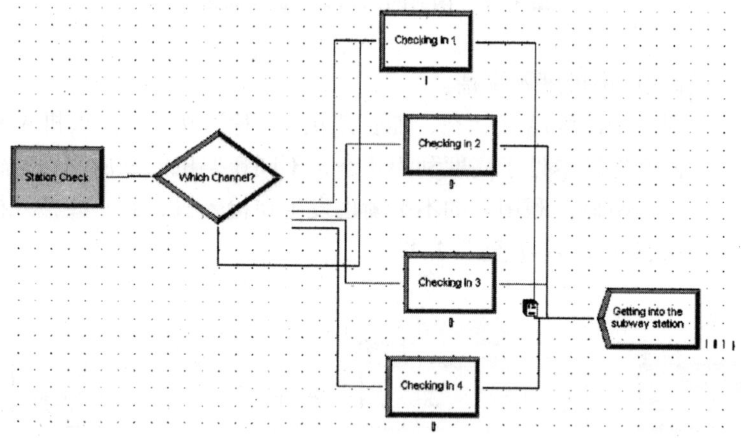

图 4.49　闲时的检入机利用状态仿真结果

下面的实验结论数据可以进一步验证我们的观察（图 4.50）。

Instantaneous Utilization	Average	Half Width	Minimum Average	Maximum Average	Minimum Value	Maximum Value
Automatic Tickets Machine 1	0.9590	.01	0.9430	0.9740	0.00	1.0000
Automatic Tickets Machine 2	0.8274	.02	0.7994	0.8579	0.00	1.0000
Automatic Tickets Machine 3	0.5189	.02	0.4720	0.5516	0.00	1.0000
Automatic Tickets Machine 4	0.1843	.02	0.1469	0.2593	0.00	1.0000
Channel 1	0.3784	.00	0.3720	0.3834	0.00	1.0000
Channel 2	0.1081	.00	0.1021	0.1139	0.00	1.0000
Channel 3	0.00939922	.00	0.00764706	0.01163925	0.00	1.0000
Channel 4	0.00025490	.00	0.00	0.00078431	0.00	1.0000
clerk	0.7428	.03	0.6750	0.7943	0.00	1.0000

图 4.50　闲时的即时资源利用状态仿真结果

可以看到，在售票机处，我们发现售票机的资源利用率存在着较大的差异：售票机 1 与售票机 2 处于高度被利用的状态，售票机 3 的 51.89% 利用率也处于可以被接受的状态，但显然售票机 4 仅有 18.43% 的利用率是不能接受的。

同样的情况在入闸通道中也存在，而且更为严重：入通道一的利用率为 37.84%；通道二的利用率为 10.81%；通道三与通道四的利用率仅有千分位甚至万分位的水平，基本处于闲置状态。

在人员方面，由于我们仅考虑咨询处人员的工作状况，可以发现，咨询处工作人员基本处于高度忙碌的状态。

从柱状分布图（图 4.51）中我们可以看得更为直观。

Scheduled Utilization	Average	Half Width	Minimum Average	Maximum Average
1 Automatic Tickets Machine 1	0.9590	.01	0.9430	0.9740
2 Automatic Tickets Machine 2	0.8274	.02	0.7994	0.8579
3 Automatic Tickets Machine 3	0.5189	.02	0.4720	0.5516
4 Automatic Tickets Machine 4	0.1843	.02	0.1469	0.2593
5 Channel 1	0.3784	.00	0.3720	0.3834
6 Channel 2	0.1081	.00	0.1021	0.1139
7 Channel 3	0.00939922	.00	0.00764706	0.01163925
8 Channel 4	0.00025490	.00	0.00	0.00078431
9 clerk	0.7428	.03	0.6750	0.7943

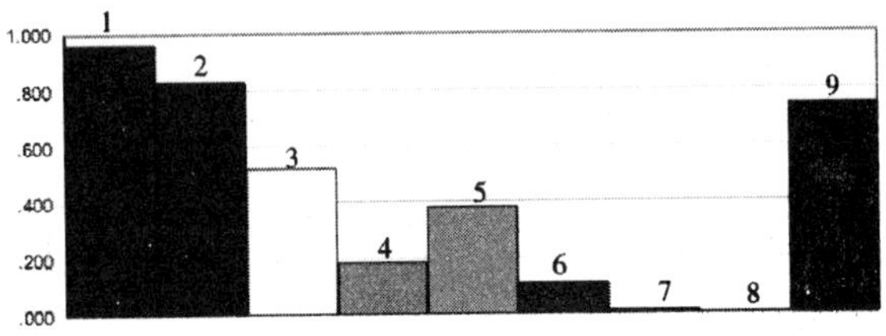

图 4.51　闲时的资源调度利用率仿真结果

在效率方面，由于效率主要取决于该流程本身，而入闸的平均时间仅需要2 s左右，因此入闸处的整体效率要明显高于售票处的整体效率，由此也可以看到通道有较大的闲置率（图4.52）。

Usage

Total Number Seized	Average	Half Width	Minimum Average	Maximum Average
1 Automatic Tickets Machine 1	286.00	4.10	277.00	297.00
2 Automatic Tickets Machine 2	249.30	5.61	241.00	261.00
3 Automatic Tickets Machine 3	154.20	5.29	143.00	164.00
4 Automatic Tickets Machine 4	57.2000	7.15	47.0000	77.0000
5 Channel 1	1929.90	13.54	1897.00	1955.00
6 Channel 2	551.40	13.81	521.00	581.00
7 Channel 3	47.9000	5.00	39.0000	59.0000
8 Channel 4	1.3000	1.01	0.00	4.0000
9 clerk	280.10	8.68	259.00	300.00

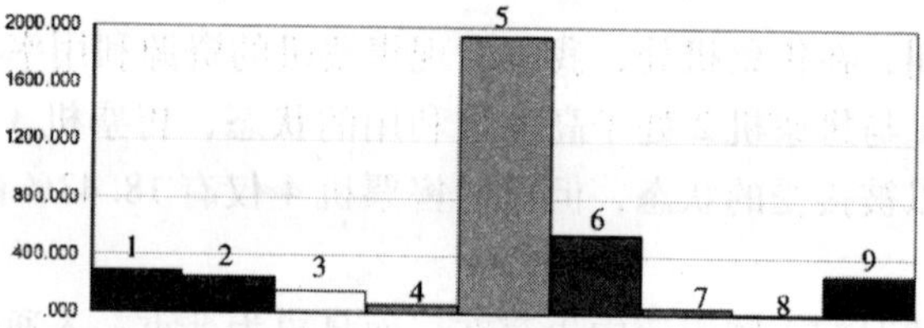

2000.000
1600.000
1200.000
800.000
400.000
.000
1 2 3 4 5 6 7 8 9

图4.52 闲时的资源服务对象数量仿真结果

（3）忙时系统检验。忙时系统与闲时系统的分别来自人流量的变化，因此系统首先在实体输入（乘客的随机产生）上存在着极大的差异，通过数据统计我们得出对应的流入数据（图4.53）。

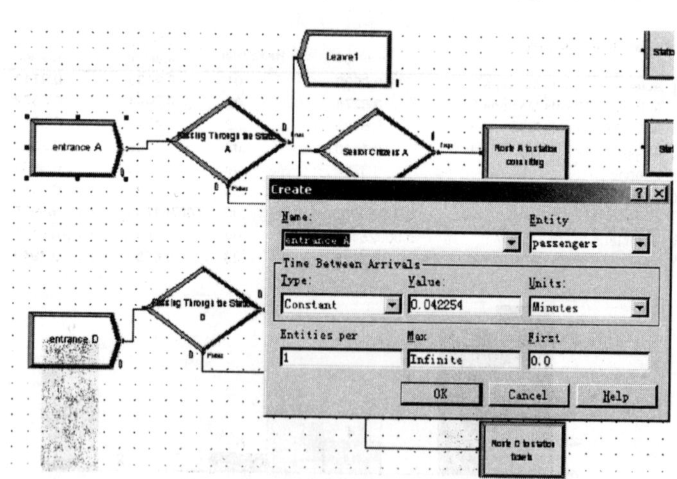

图4.53 忙时的乘客服务要求的创建

接着开始进行仿真模拟。点击开始模型的运行，我们观察到在0.2156 h，也就是大约在13 min的时候，站内已经开始出现大量的排队状况。考虑到系统设置了10 min的Warm-Up Time，也就是仅开始记录数据3 min，系统内已经存在了大量的排队。令人惊奇的是，相对应的入闸处却没有出现大量的排队状况，而是基本处于即到即走的状态（图4.54）。

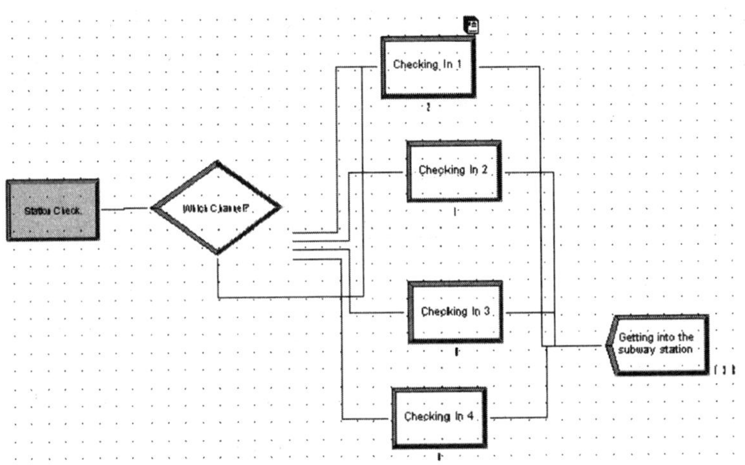

图4.54　忙时的入闸处仿真状态

再进一步运行系统，系统则由于实体量超过了150进入了崩溃状态（图4.55）。这种情况的出现是因为我们使用的Arena仿真软件是教学版的，对系统可以支持的实体数量有限制。

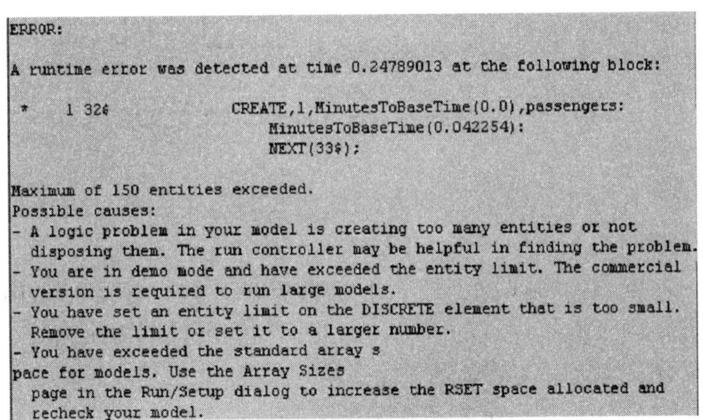

```
ERROR:

A runtime error was detected at time 0.24789013 at the following block:

 *    1 32$             CREATE,1,MinutesToBaseTime(0.0),passengers:
                            MinutesToBaseTime(0.042254):
                            NEXT(33$);

Maximum of 150 entities exceeded.
Possible causes:
- A logic problem in your model is creating too many entities or not
  disposing them. The run controller may be helpful in finding the problem.
- You are in demo mode and have exceeded the entity limit. The commercial
  version is required to run large models.
- You have set an entity limit on the DISCRETE element that is too small.
  Remove the limit or set it to a larger number.
- You have exceeded the standard array s
pace for models. Use the Array Sizes
  page in the Run/Setup dialog to increase the RSET space allocated and
  recheck your model.
```

图4.55　实体超过限额的系统反馈信息

对此，研究小组尝试着重新修改设置等方式来处理该问题：①将所有实体规模数扩大至原有的10倍，也就是将10个乘客归为一个实体进行估算；②操作上将实体出现的时间扩大为原有的10倍，同时，将购票、咨询、入闸等的时间扩大为原有处理时间的10倍，力求尽可能贴近现实状况；③由于考虑到行进的路径与时间不会受到人数多少的影响，因此在这里不作修改。④忙时系统修改。在实施仿真模型修改后，我们重新运行仿真模型。

在仿真运行过程中，可以看到，在运行进入稳定状态后，系统中开始大量堆积排队状况，系统的负担相对较大（图4.56）。

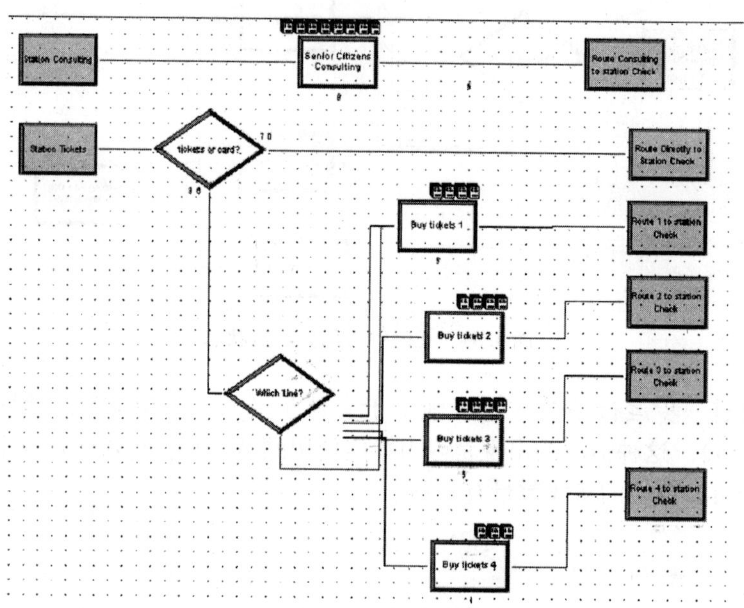

图4.56　忙时的排队状况（基于修改的仿真模型）

同样地，入闸处并没有受到人流量加大的过多影响，由于处理效率较高，导致排队的情况较少（图4.57）。

然而，尽管我们将规模已经缩小为原来的1/10，在运行至第十次模拟的时候仍然出现了数据超载的状况。因此，我们不得不再次缩减，将模拟次数降低至9次，以求得到数据报告。

下一步我们选取几个重要的关键绩效指标（KPI）数据，对数据报告进行分析。

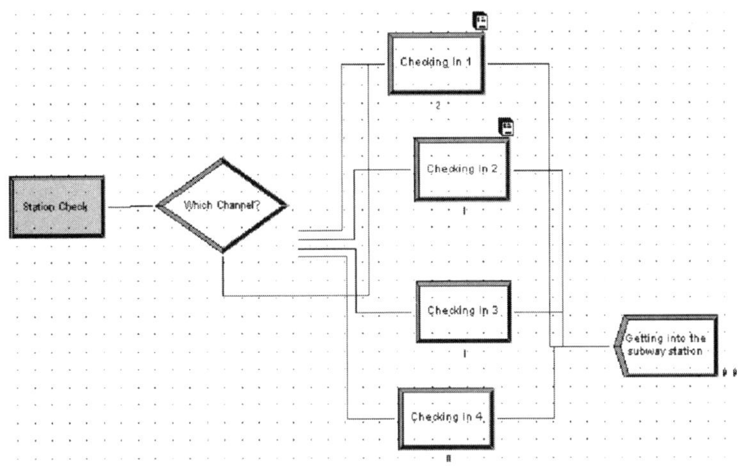

图 4.57 忙时的入闸处仿真状态（基于修改的仿真模型）

首先，从等待数据看，在闲时为 8 s 左右，在忙时已经跃升至约 58.824 s，即将近 1 min 的水平，等待时间上升了 6 倍多（图 4.58）。

Wait Time	Average	Half Width	Minimum Average	Maximum Average	Minimum Value	Maximum Value
passengers	0.1634	.02	0.1050	0.2006	0.00	1.7642

图 4.58 忙时的乘客等待时间仿真结果

我们再看看各个队列项目上的等待时间对比（图 4.59）。

Waiting Time	Average	Waiting Time	Average
Buy tickets 1.Queue	0.00663439	Buy tickets 1.Queue	0.5393
Buy tickets 2.Queue	0.00504391	Buy tickets 2.Queue	0.5288
Buy tickets 3.Queue	0.00384880	Buy tickets 3.Queue	0.5231
Buy tickets 4.Queue	0.00279249	Buy tickets 4.Queue	0.5080
Checking In 1.Queue	0.00038758	Checking In 1.Queue	0.00539776
Checking In 2.Queue	0.00023153	Checking In 2.Queue	0.00432532
Checking In 3.Queue	0.00018487	Checking In 3.Queue	0.00235772
Checking In 4.Queue	0.00002422	Checking In 4.Queue	0.00056072
Senior Citizens Consulting.Queue	0.01014494	Senior Citizens Consulting.Queue	0.7996

图 4.59 忙时的各队列乘客等待时间仿真结果

两者在购票处形成强烈反差。以一般最为忙碌的售票机1为例，在闲时等待时间约为24 s，在忙时等待时间约为194 s，为原有时间的8倍。

在等待队列长度上，所有的售票机都处于大规模等待的状态；同样地，检入队列没有太大的变化（图4.60）。

Number Waiting	Average	Half Width	Minimum Average	Maximum Average	Minimum Value	Maximum Value
Buy tickets 1.Queue	9.2737	1.85	6.0607	13.2346	0.00	22.0000
Buy tickets 2.Queue	9.0420	1.83	5.8710	12.9791	0.00	21.0000
Buy tickets 3.Queue	8.8088	1.85	5.5786	12.8249	0.00	21.0000
Buy tickets 4.Queue	8.5469	1.82	5.3620	12.4754	0.00	21.0000
Checking In 1.Queue	0.5260	.02	0.4782	0.5519	0.00	2.0000
Checking In 2.Queue	0.2747	.01	0.2501	0.2932	0.00	1.0000
Checking In 3.Queue	0.05181080	.01	0.03249279	0.06722509	0.00	1.0000
Checking In 4.Queue	0.00167770	.00	0.00	0.00453001	0.00	1.0000
Senior Citizens Consulting.Queue	20.3166	3.59	13.3020	28.1312	0.00	56.0000

图4.60　忙时的队列长度仿真结果

在资源的利用率方面，我们可以看到，售票机基本处于100%满负荷运转的状态，同样处于这种状态的还有咨询处的员工。另外，与等待时间相吻合的是，检入机器处的利用率相对而言还是比较低的（图4.61、图4.62）。

Usage

Instantaneous Utilization	Average	Half Width	Minimum Average	Maximum Average	Minimum Value	Maximum Value
Automatic Tickets Machine 1	1.0000	.00	1.0000	1.0000	0.00	1.0000
Automatic Tickets Machine 2	1.0000	.00	1.0000	1.0000	0.00	1.0000
Automatic Tickets Machine 3	0.9983	.00	0.9920	1.0000	0.00	1.0000
Automatic Tickets Machine 4	0.9860	.02	0.9315	1.0000	0.00	1.0000
Channel 1	0.5410	.01	0.5211	0.5722	0.00	1.0000
Channel 2	0.3527	.01	0.3370	0.3725	0.00	1.0000
Channel 3	0.1201	.01	0.1007	0.1373	0.00	1.0000
Channel 4	0.01317397	.00	0.00287949	0.01960784	0.00	1.0000
clerk	0.9983	.00	0.9913	1.0000	0.00	1.0000

Number Busy	Average	Half Width	Minimum Average	Maximum Average	Minimum Value	Maximum Value
Automatic Tickets Machine 1	1.0000	.00	1.0000	1.0000	0.00	1.0000
Automatic Tickets Machine 2	1.0000	.00	1.0000	1.0000	0.00	1.0000
Automatic Tickets Machine 3	0.9983	.00	0.9920	1.0000	0.00	1.0000
Automatic Tickets Machine 4	0.9860	.02	0.9315	1.0000	0.00	1.0000
Channel 1	0.5410	.01	0.5211	0.5722	0.00	1.0000
Channel 2	0.3527	.01	0.3370	0.3725	0.00	1.0000
Channel 3	0.1201	.01	0.1007	0.1373	0.00	1.0000
Channel 4	0.01317397	.00	0.00287949	0.01960784	0.00	1.0000
clerk	0.9983	.00	0.9913	1.0000	0.00	1.0000

图4.61　忙时的即时资源利用状态仿真结果

Usage

	Scheduled Utilization	Average	Half Width	Minimum Average	Maximum Average
1	Automatic Tickets Machine 1	1.0000	.00	1.0000	1.0000
2	Automatic Tickets Machine 2	1.0000	.00	1.0000	1.0000
3	Automatic Tickets Machine 3	0.9983	.00	0.9920	1.0000
4	Automatic Tickets Machine 4	0.9860	.02	0.9315	1.0000
5	Channel 1	0.5410	.01	0.5211	0.5722
6	Channel 2	0.3527	.01	0.3370	0.3725
7	Channel 3	0.1201	.01	0.1007	0.1373
8	Channel 4	0.01317397	.00	0.00287949	0.01960784
9	clerk	0.9983	.00	0.9913	1.0000

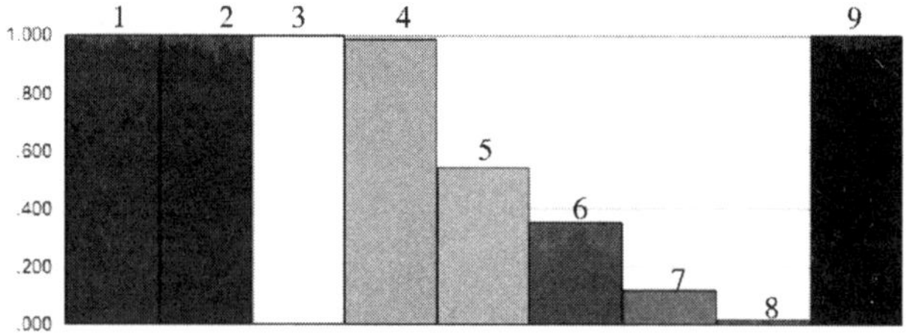

图 4.62　忙时的资源调度利用率仿真结果

（5）现实与模拟状况对比分析。通过对现实状况以及模型运行的对比分析，我们可以初步得出以下结论：

1）闲时仿真系统基本能够良好地反映现实的状况，由于资源利用率均相对较低，因此不会反映出资源瓶颈的状况。

2）闲时系统中，如今显示的最大瓶颈为咨询处的咨询人员，无论从资源利用率的高企或是显示不断出现的排队状况，均反映需要在此部门增加资源，这与我们在现实中观察的情况相似。

3）在忙时，系统开始出现较大问题。若不考虑我们将问题规模缩小为1/10所带来的误差影响，我们能够观察到的最大瓶颈在售票系统与咨询处，这与我们现实的观察是一致的。

4）系统与我们闲时观察所不同的有两个要点：第一，由于模型规模的限制，我们必须将10个人归为一个单位进行运算，因此误差放大，同时存在着不合理的地方；第二，检入处闸机在系统中显示基本不存在排队状况，这与现实中的情况存在着较大的出入，尽管现实中检入处闸机的排队情况不严重，但还不至于不需要排队的情况。

（6）误差分析与修正

1）对检入处闸机的分析。我们通过对比现实采集数据以及系统分析发现，在系统中检入处闸机的排队状况基本稳定在2～5个排队人数之间，仿真结果比预期更接近现实状况（图4.63）。

Checking In 1.Queue	0.5260	.02	0.4782	0.5519	0.00	2.0000
Checking In 2.Queue	0.2747	.01	0.2501	0.2932	0.00	1.0000
Checking In 3.Queue	0.05181080	.01	0.03249279	0.06722509	0.00	1.0000
Checking In 4.Queue	0.00167770	.00	0.00	0.00453001	0.00	1.0000

图4.63　忙时的检入出闸机排队状况仿真结果

然而，考虑等待时间上出现了一些偏差，这与我们预计的有所不同。但反复核对数据后我们没有办法发现差异，因此决定暂时保持数据样本与函数不变。

2）由于系统规模的限制，存在于系统内的实体数不得超过150个。鉴于此限制，我们对系统进行了改造，将10个单位的人员归结为一个单位进行统计，并将相应的处理时间扩大10倍以达到两者的平衡。在考量实际效果后我们发现，尽管误差有所放大，但误差大小在可接受的范围内。

模型改变对结果的影响主要在以下两个方面：一是10个人的购票与进闸处理时间的同化使得函数在一定程度上变得不合理，二是10个人内部原本存在的等待和效率的不同因整合为一体而消失。

2. 新方案设计与对比

（1）方案1：闲时状态下缩减售票机与入闸机数量的尝试。

在刚才的数据分析中，我们可以观察到闲时状态下售票机3与售票机4，入闸机2、3、4均处于比较低的利用率之中。因此，我们考虑减少以上资源，看看资源的减少对系统整体效率的变化影响。

1）首先，尝试减少2个入闸机（图4.64）。

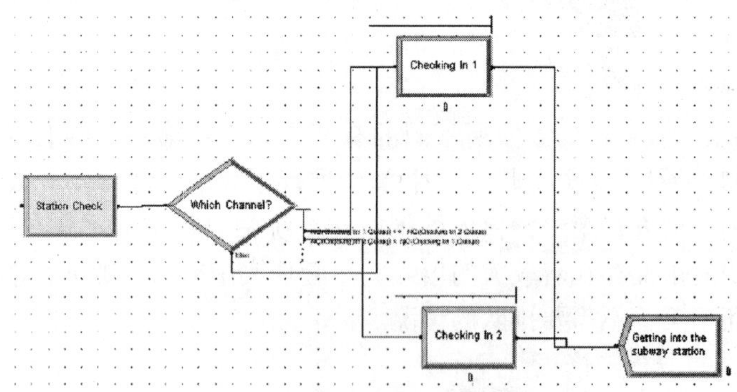

图4.64　减少2个入闸机的仿真模型

从最终的报告我们可以看到，无论是从资源利用率上，还是从事件处理数目上，入闸机 3、4 的减少均没有对系统整体形成较大的影响，甚至可以忽略。

图 4. 65 为原有的利用率数据，图 4. 66 则为修改系统后的利用率数据。

	Scheduled Utilization	Average	Half Width	Minimum Average	Maximum Average
1	Automatic Tickets Machine 1	0.9590	.01	0.9430	0.9740
3	Automatic Tickets Machine 2	0.8274	.02	0.7994	0.8579
4	Automatic Tickets Machine 3	0.5189	.02	0.4720	0.5516
	Automatic Tickets Machine 4	0.1843	.02	0.1469	0.2593
5	Channel 1	0.3784	.00	0.3720	0.3834
6	Channel 2	0.1081	.00	0.1021	0.1139
7	Channel 3	0.00939922	.00	0.00764706	0.01163925
8	Channel 4	0.00025490	.00	0.00	0.00078431
9	clerk	0.7428	.03	0.6750	0.7943

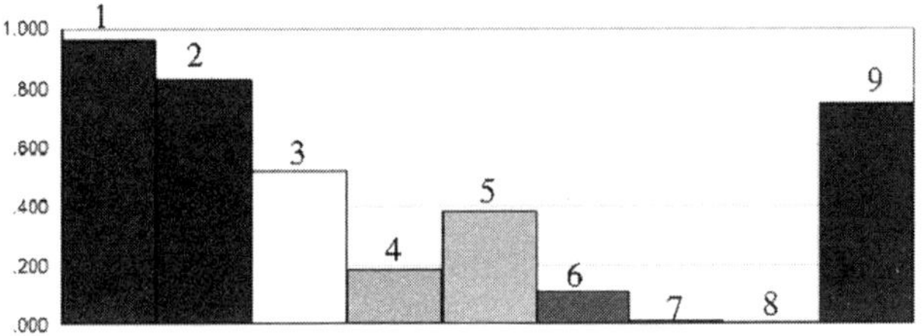

图 4. 65　减少 2 个入闸机前的资源利用率

Usage

	Scheduled Utilization	Average	Half Width	Minimum Average	Maximum Average
1	Automatic Tickets Machine 1	0.9667	.00	0.9556	0.9753
3	Automatic Tickets Machine 2	0.8242	.02	0.7876	0.8525
4	Automatic Tickets Machine 3	0.5127	.03	0.4436	0.5676
	Automatic Tickets Machine 4	0.1914	.03	0.1412	0.2457
5	Channel 1	0.3818	.00	0.3786	0.3851
6	Channel 2	0.1123	.00	0.1081	0.1198
7	Channel 3	0.00	.00	0.00	0.00
8	Channel 4	0.00	.00	0.00	0.00
9	clerk	0.8246	.02	0.7864	0.8539

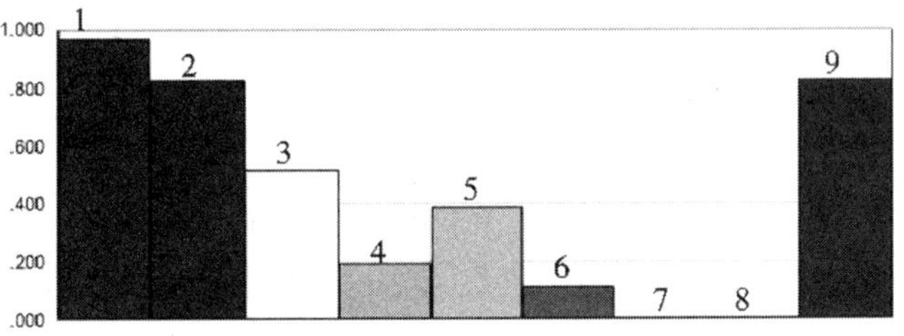

图 4. 66　减少 2 个入闸机后的资源利用率

从事件处理总数上，也可以看出减少 2 个入闸机的影响并不大（图 4.67）。

	Total Number Seized	Average	Half Width	Minimum Average	Maximum Average
1	Automatic Tickets Machine 1	286.00	4.10	277.00	297.00
3	Automatic Tickets Machine 2	249.30	5.61	241.00	261.00
4	Automatic Tickets Machine 3	154.20	5.29	143.00	164.00
	Automatic Tickets Machine 4	57.2000	7.15	47.0000	77.0000
5	Channel 1	1929.90	13.54	1897.00	1955.00
6	Channel 2	551.40	13.81	521.00	581.00
7	Channel 3	47.9000	5.00	39.0000	59.0000
8	Channel 4	1.3000	1.01	0.00	4.0000
9	clerk	280.10	8.68	259.00	300.00

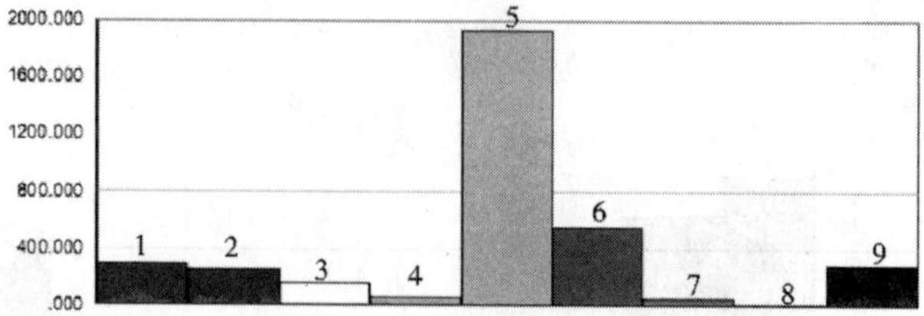

图 4.67　减少两个入闸通道前的事件处理数量

原来 4 个入闸机在 3 h 的运行中处理的总人数平均为 2530.3 个单位，而在系统修改后，处理的总人数则为 2520 个单位，与原系统相比仅下降 4‰，几乎可以忽略不计（图 4.68）。

	Total Number Seized	Average	Half Width	Minimum Average	Maximum Average
1	Automatic Tickets Machine 1	288.30	6.27	275.00	302.00
3	Automatic Tickets Machine 2	246.10	3.88	237.00	256.00
4	Automatic Tickets Machine 3	155.80	5.06	145.00	169.00
5	Automatic Tickets Machine 4	58.3000	8.68	40.0000	76.0000
6	Channel 1	1947.40	8.03	1931.00	1963.00
	Channel 2	572.60	11.46	551.00	611.00
7	Channel 3	0.00	.00	0.00	0.00
8	Channel 4	0.00	.00	0.00	0.00
9	clerk	282.00	5.46	270.00	294.00

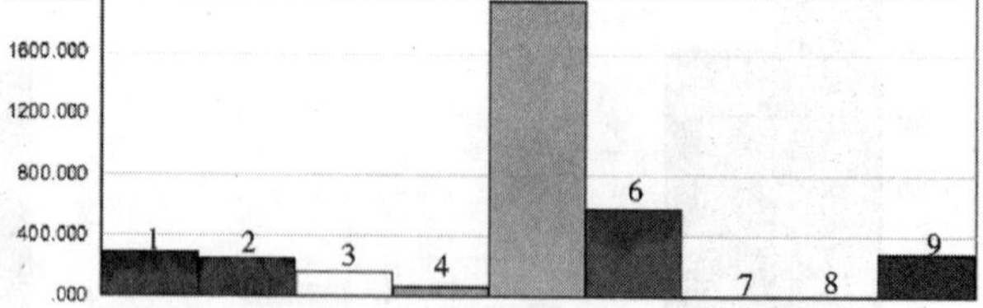

图 4.68　减少 2 个入闸机后的事件处理数量

2）在此基础上，进一步减少售票机的数量（图 4.69）。

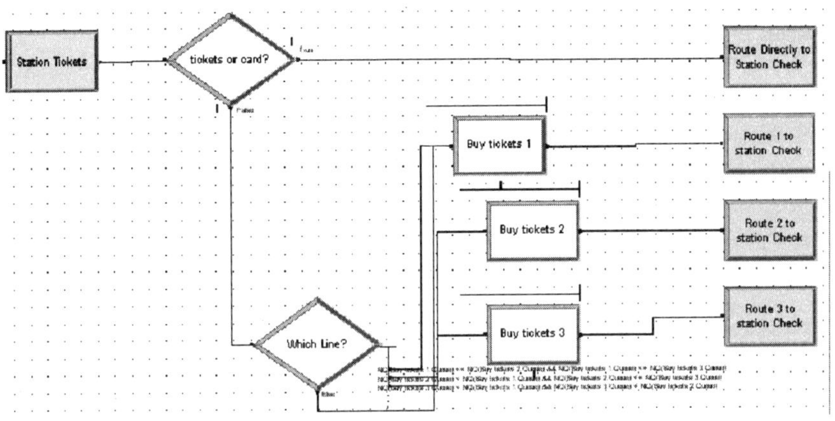

图 4.69　减少 1 台售票机的仿真模型

在处理之前我们先来看看原有的等待时间数据。考虑到原有系统中购票队伍的等待时间数据，按照我们的观察与预测，售票机 4 的撤离应该会带来另外 3 台售票机效率的提升以及排队时间的延长。

图 4.70 为系统改造前的等待时间表，图 4.71 则为系统改造后的等待时间。

Waiting Time	Average	Half Width	Minimum Average	Maximum Average	Minimum Value	Maximum Value
Buy tickets 1.Queue	0.00656819	.00	0.00617971	0.00693968	0.00	0.04220858
Buy tickets 2.Queue	0.00506508	.00	0.00454063	0.00579844	0.00	0.03572742
Buy tickets 3.Queue	0.00369164	.00	0.00293343	0.00420844	0.00	0.03676769
Buy tickets 4.Queue	0.00284668	.00	0.00192552	0.00407633	0.00	0.03129517
Checking In 1.Queue	0.00041751	.00	0.00039915	0.00043917	0.00	0.00458947
Checking In 2.Queue	0.00029618	.00	0.00027349	0.00032056	0.00	0.00441925
Senior Citizens Consulting.Queue	0.01869602	.00	0.01065721	0.03213308	0.00	0.1497

Other

Number Waiting	Average	Half Width	Minimum Average	Maximum Average	Minimum Value	Maximum Value
Buy tickets 1.Queue	0.6695	.01	0.6424	0.7070	0.00	3.0000
Buy tickets 2.Queue	0.4417	.02	0.4001	0.5014	0.00	2.0000
Buy tickets 3.Queue	0.2040	.02	0.1658	0.2391	0.00	2.0000
Buy tickets 4.Queue	0.06043828	.02	0.03262051	0.1050	0.00	2.0000
Checking In 1.Queue	0.2868	.01	0.2744	0.3026	0.00	3.0000
Checking In 2.Queue	0.05982714	.00	0.05521248	0.06491658	0.00	3.0000
Senior Citizens Consulting.Queue	1.8551	.49	1.0419	3.0621	0.00	18.0000

图 4.70　减少 1 台售票机前的排队状况

Waiting Time	Average	Half Width	Minimum Average	Maximum Average	Minimum Value	Maximum Value
Buy tickets 1.Queue	0.01070710	.00	0.00836339	0.01194445	0.00	0.05909064
Buy tickets 2.Queue	0.00882384	.00	0.00732395	0.01080848	0.00	0.05695475
Buy tickets 3.Queue	0.00743411	.00	0.00523660	0.00841404	0.00	0.05383667
Checking In 1.Queue	0.00041927	.00	0.00040734	0.00042785	0.00	0.00451736
Checking In 2.Queue	0.00027410	.00	0.00024099	0.00033548	0.00	0.00456927
Senior Citizens Consulting.Queue	0.01760618	.01	0.00821543	0.03193636	0.00	0.1088

Other

Number Waiting	Average	Half Width	Minimum Average	Maximum Average	Minimum Value	Maximum Value
Buy tickets 1.Queue	1.1192	.08	0.9015	1.2509	0.00	5.0000
Buy tickets 2.Queue	0.8224	.07	0.6540	0.9909	0.00	5.0000
Buy tickets 3.Queue	0.5221	.07	0.3401	0.6571	0.00	4.0000
Checking In 1.Queue	0.2898	.00	0.2827	0.2962	0.00	3.0000
Checking In 2.Queue	0.05498099	.01	0.04599732	0.06784640	0.00	3.0000
Senior Citizens Consulting.Queue	1.7332	.63	0.7191	3.4829	0.00	14.0000

图 4.71　减少 1 台售票机后的排队状况

我们以售票机 1 为例，观察数据，得到平均等待人数上升了 67.17%，等待时间上升了 63%；同样地，售票机 2 的平均等待人数上升了 86.19%，等待时间上升了 74.21%；售票机 3 的平均等待人数上升了 155.93%，等待时间上升了 101.38%。

但与此同时我们也必须看到，售票机 4 的撤离使得售票机 1、2、3 的效率均得到了不同程度的提升，并且在一个合理的范围之内，并没有使其过分地满负荷运转。

图 4.72 显示的为原系统中各资源的利用率情况，图 4.73 显示的为现有的各资源的利用率情况。

Usage

	Scheduled Utilization	Average	Half Width	Minimum Average	Maximum Average
1	Automatic Tickets Machine 1	0.9667	.00	0.9556	0.9753
3	Automatic Tickets Machine 2	0.8242	.02	0.7876	0.8525
4	Automatic Tickets Machine 3	0.5127	.03	0.4436	0.5676
5	Automatic Tickets Machine 4	0.1914	.03	0.1412	0.2457
6	Channel 1	0.3818	.00	0.3786	0.3851
7	Channel 2	0.1123	.00	0.1081	0.1198
8	Channel 3	0.00	.00	0.00	0.00
	Channel 4	0.00	.00	0.00	0.00
9	clerk	0.8246	.02	0.7864	0.8539

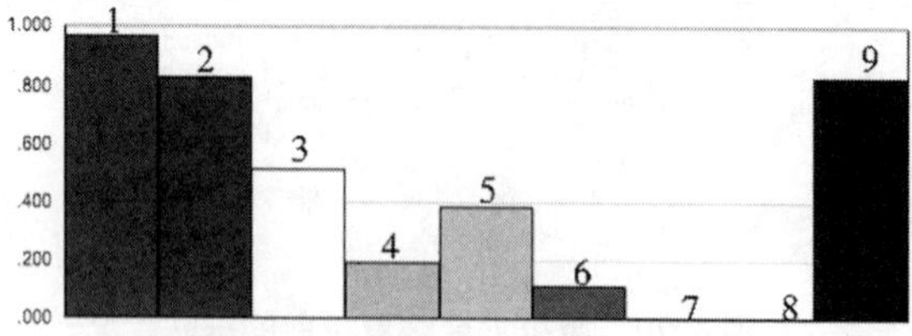

图 4.72　减少 1 台售票机前的资源利用状况

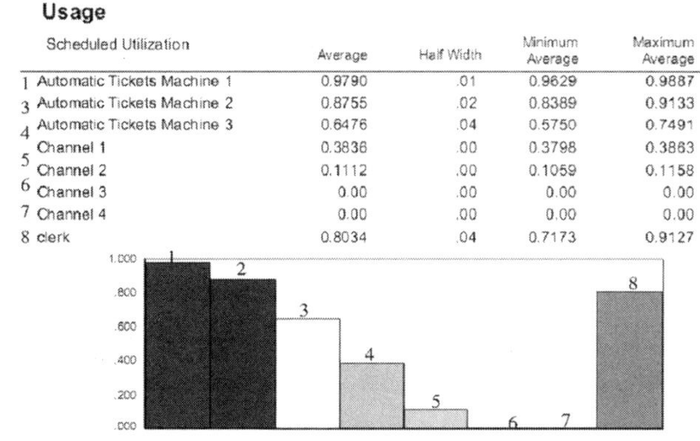

Usage

	Scheduled Utilization	Average	Half Width	Minimum Average	Maximum Average
1	Automatic Tickets Machine 1	0.9790	.01	0.9629	0.9887
3	Automatic Tickets Machine 2	0.8755	.02	0.8389	0.9133
4	Automatic Tickets Machine 3	0.6476	.04	0.5750	0.7491
5	Channel 1	0.3836	.00	0.3798	0.3863
	Channel 2	0.1112	.00	0.1059	0.1158
6	Channel 3	0.00	.00	0.00	0.00
7	Channel 4	0.00	.00	0.00	0.00
8	clerk	0.8034	.04	0.7173	0.9127

图 4.73　减少 1 台售票机后的资源利用状况

（2）方案 2：忙时考虑增加售票机数量及工作人员数量。

从以上分析中我们可以看到，忙时的地铁站基本处于超负荷运转状态，排队长度及时长在自动售票处和咨询处两处地方形成了严重的瓶颈，我们要着力于解决这两处的问题。

1）增加 1 台售票机对系统的影响。

对系统作出如下更改（图 4.74）。

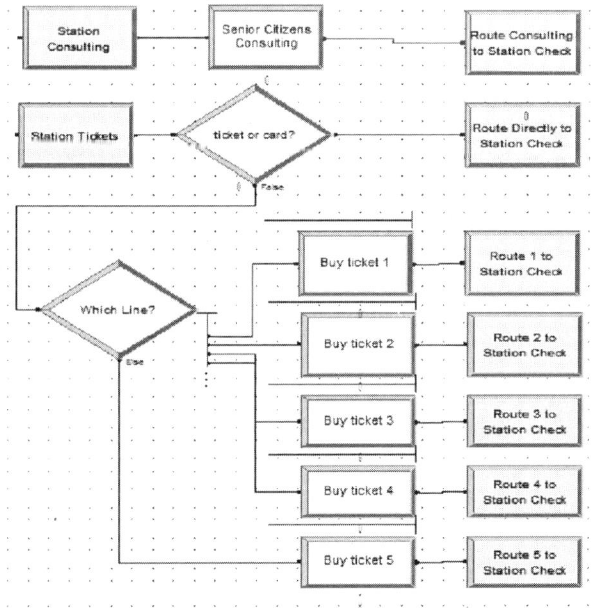

图 4.74　增加一台售票机的仿真模型

对运行过程的初步观察可以看到，5 台机器同样处于高度运转的状态，但实际上起了多大的变化则需通过数据分析得到。首先我们来比较排队等待时间的数据，图 4.75、图 4.76 依次为原始系统的等待时间和改进后的等待时间。

Waiting Time	Average	Half Width	Minimum Average	Maximum Average	Minimum Value	Maximum Value
Buy tickets 1.Queue	0.5393	.10	0.3634	0.7601	0.03764626	1.5371
Buy tickets 2.Queue	0.5288	.10	0.3154	0.7150	0.02201407	1.3397
Buy tickets 3.Queue	0.5231	.13	0.3302	0.8403	0.00	1.3274
Buy tickets 4.Queue	0.5080	.09	0.2899	0.6620	0.00	1.3485
Checking In 1.Queue	0.00539776	.00	0.00486471	0.00579229	0.00	0.04571477
Checking In 2.Queue	0.00432532	.00	0.00373317	0.00483045	0.00	0.04356361
Checking In 3.Queue	0.00235772	.00	0.00158848	0.00341283	0.00	0.04177499
Checking In 4.Queue	0.00056072	.00	0.00	0.00138015	0.00	0.00546048
Senior Citizens Consulting.Queue	0.7996	.10	0.5999	0.9800	0.00	1.9038

图 4.75　增加 1 台售票机前的排队时间状况

Waiting Time	Average	Half Width	Minimum Average	Maximum Average	Minimum Value	Maximum Value
Buy tickets 1.Queue	0.3537	.09	0.1497	0.5092	0.02315409	1.0170
Buy tickets 2.Queue	0.3295	.08	0.1337	0.4586	0.00	1.0384
Buy tickets 3.Queue	0.3288	.10	0.1346	0.4844	0.00	0.8187
Buy tickets 4.Queue	0.3104	.09	0.1205	0.4924	0.00	0.8941
Buy tickets 5.Queue	0.2987	.10	0.1094	0.5248	0.00	1.0021
Checking In 1.Queue	0.00566469	.00	0.00530808	0.00599973	0.00	0.04461382
Checking In 2.Queue	0.00433435	.00	0.00395956	0.00470864	0.00	0.04457536
Checking In 3.Queue	0.00323694	.00	0.00192596	0.00408184	0.00	0.04402925
Checking In 4.Queue	0.00148964	.00	0.00	0.00376576	0.00	0.03493037
Senior Citizens Consulting.Queue	0.7459	.13	0.3980	0.9441	0.00	1.8523

图 4.76　增加一台售票机后的排队时间状况

观察仿真结果，售票机 1 的排队时间下降了 34.4%，售票机 2 的排除时间下降了 37.7%，其他机器数值相近。

另外，我们还从排队队列的长度检验增加售票机的绩效变化（图 4.77、图 4.78）。

Number Waiting	Average	Half Width	Minimum Average	Maximum Average	Minimum Value	Maximum Value
Buy tickets 1.Queue	9.2737	1.85	6.0607	13.2346	0.00	22.0000
Buy tickets 2.Queue	9.0420	1.83	5.8710	12.9791	0.00	21.0000
Buy tickets 3.Queue	8.8088	1.85	5.5786	12.8249	0.00	21.0000
Buy tickets 4.Queue	8.5469	1.82	5.3620	12.4754	0.00	21.0000
Checking In 1.Queue	0.5260	.02	0.4782	0.5519	0.00	2.0000
Checking In 2.Queue	0.2747	.01	0.2501	0.2932	0.00	1.0000
Checking In 3.Queue	0.05181080	.01	0.03249279	0.06722509	0.00	1.0000
Checking In 4.Queue	0.00167770	.00	0.00	0.00453001	0.00	1.0000
Senior Citizens Consulting.Queue	20.3166	3.59	13.3020	28.1312	0.00	56.0000

图 4.77　增加 1 台售票机前的队列长度状况

Number Waiting	Average	Half Width	Minimum Average	Maximum Average	Minimum Value	Maximum Value
Buy tickets 1.Queue	4.8706	1.42	1.8465	7.5148	0.00	14.0000
Buy tickets 2.Queue	4.7029	1.38	1.8225	7.2555	0.00	14.0000
Buy tickets 3.Queue	4.5113	1.36	1.6273	7.0167	0.00	14.0000
Buy tickets 4.Queue	4.3044	1.38	1.3488	6.8954	0.00	14.0000
Buy tickets 5.Queue	4.0872	1.39	1.1929	6.6841	0.00	14.0000
Checking In 1.Queue	0.5564	.01	0.5317	0.5822	0.00	2.0000
Checking In 2.Queue	0.2909	.01	0.2605	0.3180	0.00	1.0000
Checking In 3.Queue	0.08250502	.01	0.04758254	0.0969	0.00	1.0000
Checking In 4.Queue	0.00592304	.00	0.00	0.01614965	0.00	1.0000
Senior Citizens Consulting.Queue	18.8204	4.39	8.6652	25.1540	0.00	48.0000

图 4.78　增加 1 台售票机后的队列长度状况

观察仿真结果，我们可以发现各项指标均得到较大幅度的下降，以售票机 1 为例，排队长度下降了 47.5%，其他队列的长度也有不同程度的降低。

在关注到排队时间和队列长度缩短的同时，我们也关注资源的利用情况。在原有的情况下，4 台售票机基本均处于满负荷甚至超负荷运转状态（图 4.79）。

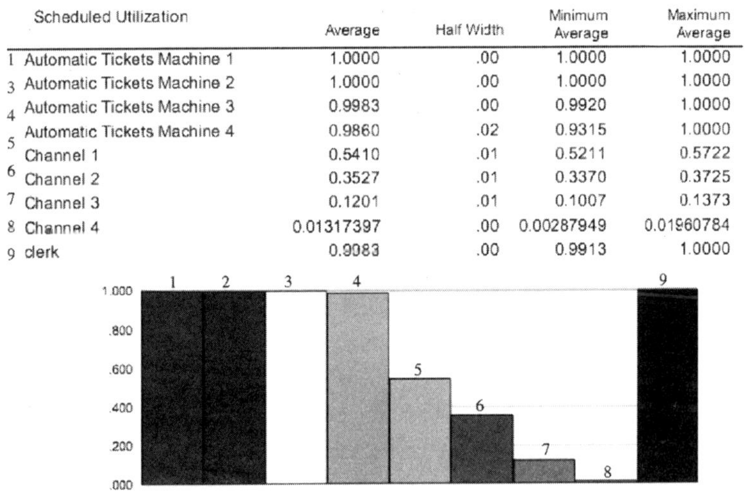

	Scheduled Utilization	Average	Half Width	Minimum Average	Maximum Average
1	Automatic Tickets Machine 1	1.0000	.00	1.0000	1.0000
3	Automatic Tickets Machine 2	1.0000	.00	1.0000	1.0000
4	Automatic Tickets Machine 3	0.9983	.00	0.9920	1.0000
	Automatic Tickets Machine 4	0.9860	.02	0.9315	1.0000
5	Channel 1	0.5410	.01	0.5211	0.5722
6	Channel 2	0.3527	.01	0.3370	0.3725
7	Channel 3	0.1201	.01	0.1007	0.1373
8	Channel 4	0.01317397	.00	0.00287949	0.01960784
9	clerk	0.9983	.00	0.9913	1.0000

图 4.79　增加 1 台售票机前的资源利用状况

在增加 1 台售票机后，我们看到 5 台售票机基本同样处于满负荷运转状态，证明边际效用仍然处于较大的状态，可以考虑进一步增加售票机数量（图 4.80）。

	Scheduled Utilization	Average	Half Width	Minimum Average	Maximum Average
1	Automatic Tickets Machine 1	1.0000	.00	1.0000	1.0000
3	Automatic Tickets Machine 2	0.9997	.00	0.9977	1.0000
4	Automatic Tickets Machine 3	0.9983	.00	0.9920	1.0000
5	Automatic Tickets Machine 4	0.9841	.02	0.9315	1.0000
	Automatic Tickets Machine 5	0.9612	.03	0.8841	1.0000
6	Channel 1	0.5458	.01	0.5203	0.5629
7	Channel 2	0.3731	.01	0.3569	0.4000
8	Channel 3	0.1416	.01	0.1176	0.1634
9	Channel 4	0.01766442	.01	0.00784314	0.03137255
10	clerk	0.9984	.00	0.9913	1.0000

图 4.80 增加 1 台售票机后的资源利用状况

2）在此基础上，再增加 1 台售票机（图 4.81）。

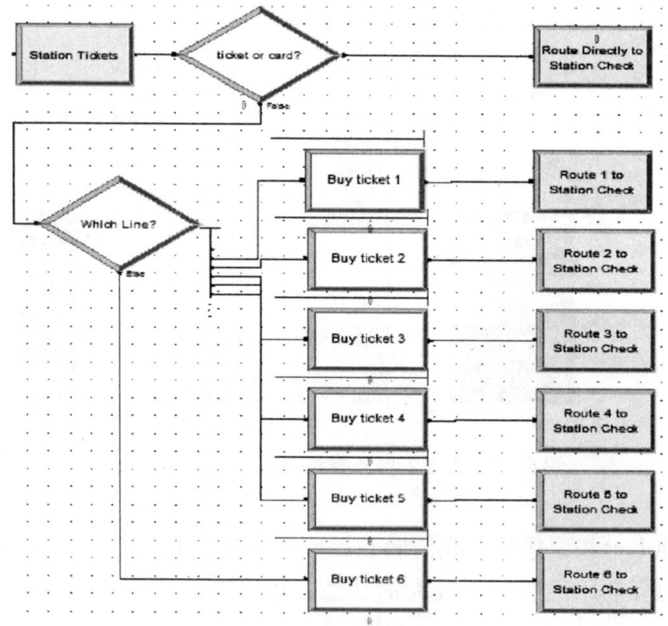

图 4.81 增加 2 台售票机的仿真模型

再次运行上面的仿真模型，我们发现，无论是等待时间或是等待队伍长度都得到了较大幅度的下降，其中等待时间缩短近46.6%，等待队伍长度下降近55.6%（图4.82）。

Time

Waiting Time	Average	Half Width	Minimum Average	Maximum Average	Minimum Value	Maximum Value
Buy tickets 1.Queue	0.1890	.05	0.1029	0.2779	0.00	0.5382
Buy tickets 2.Queue	0.1800	.04	0.08312822	0.2199	0.00	0.5643
Buy tickets 3.Queue	0.1648	.04	0.08183857	0.2334	0.00	0.5410
Buy tickets 4.Queue	0.1433	.04	0.05816706	0.1878	0.00	0.4724
Buy tickets 5.Queue	0.1332	.03	0.05845249	0.1824	0.00	0.4413
Buy tickets 6.Queue	0.1280	.04	0.04126141	0.1862	0.00	0.4146
Checking In 1.Queue	0.00569874	.00	0.00539145	0.00590546	0.00	0.04508256
Checking In 2.Queue	0.00445272	.00	0.00379188	0.00479020	0.00	0.04413765
Checking In 3.Queue	0.00307283	.00	0.00219576	0.00388983	0.00	0.04366527
Checking In 4.Queue	0.00166497	.00	0.00011075	0.00430949	0.00	0.03104541
Senior Citizens Consulting.Queue	0.7453	.10	0.5213	0.9563	0.00	1.7217

Other

Number Waiting	Average	Half Width	Minimum Average	Maximum Average	Minimum Value	Maximum Value
Buy tickets 1.Queue	2.1635	.45	1.1379	2.7748	0.00	6.0000
Buy tickets 2.Queue	2.0215	.45	0.9954	2.6347	0.00	6.0000
Buy tickets 3.Queue	1.8620	.47	0.8143	2.4934	0.00	5.0000
Buy tickets 4.Queue	1.6715	.46	0.6057	2.3590	0.00	5.0000
Buy tickets 5.Queue	1.4918	.45	0.4759	2.0688	0.00	5.0000
Buy tickets 6.Queue	1.3516	.44	0.3496	1.9562	0.00	5.0000
Checking In 1.Queue	0.5665	.02	0.5421	0.5992	0.00	2.0000
Checking In 2.Queue	0.3187	.02	0.2812	0.3498	0.00	2.0000
Checking In 3.Queue	0.08602952	.01	0.06432298	0.1035	0.00	1.0000
Checking In 4.Queue	0.00711593	.01	0.00035179	0.02116544	0.00	1.0000
Senior Citizens Consulting.Queue	18.9236	3.21	14.1198	25.9569	0.00	47.0000

图4.82　增加2台售票机后的排队状况

在资源的利用率方面，售票机的利用率首次全部低于100%，没有达到超负荷运转的状态。考虑边际效用的下降以及设置新机器的成本，进一步增加售票机无疑将能够使等待时间与等待队伍长度进一步下降，但这样做将带来售票机的无效运转，因此，我们对扩增售票机的构想到此结束（图4.83）。

3）在上述方案的基础上，进行人员扩增。

再次仔细分析仿真结果，我们发现，咨询处员工（clerk）的资源利用率达到了99.84%。因此，在解决了自动售票机的瓶颈问题之后，我们考虑解决咨询处的瓶颈问题。图4.84反映了原有的咨询处等待时间与队伍长度数值。

在增加1名员工后，即使在直观感受上也可以明确地发现两者之间的显著差异。从具体的仿真结果看，增加1名员工后等待时间下降了74.36%，等待队伍长度下降了72.39%。鉴于数值已经大规模下降至较小的变动可能性范围内，因此我们不再考虑增加员工（图4.85）。

	Scheduled Utilization	Average	Half Width	Minimum Average	Maximum Average
1	Automatic Tickets Machine 1	0.9995	.00	0.9958	1.0000
3	Automatic Tickets Machine 2	0.9970	.01	0.9757	1.0000
4	Automatic Tickets Machine 3	0.9879	.01	0.9389	1.0000
5	Automatic Tickets Machine 4	0.9542	.03	0.8689	1.0000
6	Automatic Tickets Machine 5	0.8921	.09	0.6576	1.0000
	Automatic Tickets Machine 6	0.8249	.10	0.5795	0.9730
7	Channel 1	0.5528	.01	0.5470	0.5708
8	Channel 2	0.3964	.01	0.3739	0.4130
9	Channel 3	0.1533	.01	0.1404	0.1647
10	Channel 4	0.02212120	.00	0.01568627	0.03137255
11	clerk	0.9984	.00	0.9913	1.0000

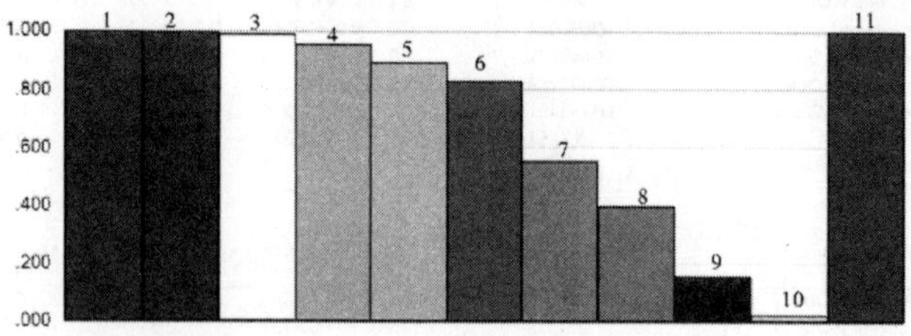

图 4.83　增加 2 台售票机后的资源利用状况

Waiting Time	Average	Half Width	Minimum Average	Maximum Average	Minimum Value	Maximum Value
Buy tickets 1.Queue	0.1890	.05	0.1029	0.2779	0.00	0.5382
Buy tickets 2.Queue	0.1800	.04	0.08312822	0.2199	0.00	0.5643
Buy tickets 3.Queue	0.1648	.04	0.08183857	0.2334	0.00	0.5410
Buy tickets 4.Queue	0.1433	.04	0.05816706	0.1878	0.00	0.4724
Buy tickets 5.Queue	0.1332	.03	0.05845249	0.1824	0.00	0.4413
Buy tickets 6.Queue	0.1280	.04	0.04126141	0.1862	0.00	0.4146
Checking In 1.Queue	0.00569874	.00	0.00539145	0.00590546	0.00	0.04508256
Checking In 2.Queue	0.00445272	.00	0.00379188	0.00479020	0.00	0.04413765
Checking In 3.Queue	0.00307283	.00	0.00219576	0.00388983	0.00	0.04366527
Checking In 4.Queue	0.00166497	.00	0.00011075	0.00430949	0.00	0.03104641
Senior Citizens Consulting.Queue	0.7453	.10	0.5213	0.9563	0.00	1.7217

Other

Number Waiting	Average	Half Width	Minimum Average	Maximum Average	Minimum Value	Maximum Value
Buy tickets 1.Queue	2.1636	.45	1.1379	2.7748	0.00	6.0000
Buy tickets 2.Queue	2.0215	.45	0.9954	2.6347	0.00	5.0000
Buy tickets 3.Queue	1.8620	.47	0.8143	2.4934	0.00	5.0000
Buy tickets 4.Queue	1.6715	.46	0.6067	2.3590	0.00	5.0000
Buy tickets 5.Queue	1.4918	.45	0.4759	2.0688	0.00	5.0000
Buy tickets 6.Queue	1.3516	.44	0.3495	1.9562	0.00	5.0000
Checking In 1.Queue	0.5665	.02	0.5421	0.5992	0.00	2.0000
Checking In 2.Queue	0.3187	.02	0.2812	0.3498	0.00	2.0000
Checking In 3.Queue	0.08502952	.01	0.06432298	0.1035	0.00	1.0000
Checking In 4.Queue	0.00711593	.01	0.00035179	0.02115544	0.00	1.0000
Senior Citizens Consulting.Queue	18.9236	3.21	14.1198	25.9569	0.00	47.0000

图 4.84　增加咨询处员工前的排队状况

Waiting Time	Average	Half Width	Minimum Average	Maximum Average	Minimum Value	Maximum Value
Buy tickets 1.Queue	0.1533	.04	0.0992	0.2378	0.00	0.4607
Buy tickets 2.Queue	0.1402	.03	0.08446443	0.1997	0.00	0.4220
Buy tickets 3.Queue	0.1250	.03	0.08338757	0.1940	0.00	0.4360
Buy tickets 4.Queue	0.1144	.04	0.05554461	0.2112	0.00	0.4798
Buy tickets 5.Queue	0.1056	.04	0.05013052	0.1815	0.00	0.4380
Buy tickets 6.Queue	0.0963	.04	0.04925619	0.1709	0.00	0.4547
Checking In 1.Queue	0.00580111	.00	0.00568899	0.00696537	0.00	0.04464067
Checking In 2.Queue	0.00462262	.00	0.00434949	0.00494797	0.00	0.04345724
Checking In 3.Queue	0.00301932	.00	0.00204616	0.00344807	0.00	0.04185189
Checking In 4.Queue	0.00230358	.00	0.00066685	0.00340122	0.00	0.03963298
Senior Citizens Consulting.Queue	0.1911	.10	0.05114340	0.4535	0.00	0.7359

Other

Number Waiting	Average	Half Width	Minimum Average	Maximum Average	Minimum Value	Maximum Value
Buy tickets 1.Queue	1.7473	.50	1.0687	3.0132	0.00	6.0000
Buy tickets 2.Queue	1.5950	.44	0.9078	2.6466	0.00	6.0000
Buy tickets 3.Queue	1.4233	.46	0.8270	2.5704	0.00	5.0000
Buy tickets 4.Queue	1.2601	.49	0.5485	2.4963	0.00	5.0000
Buy tickets 5.Queue	1.1289	.46	0.3892	2.2280	0.00	5.0000
Buy tickets 6.Queue	0.9593	.47	0.3477	2.1973	0.00	5.0000
Checking In 1.Queue	0.5876	.01	0.5664	0.6063	0.00	2.0000
Checking In 2.Queue	0.3411	.01	0.3089	0.3688	0.00	2.0000
Checking In 3.Queue	0.1004	.01	0.06499572	0.1178	0.00	2.0000
Checking In 4.Queue	0.01566839	.01	0.00455761	0.02640947	0.00	1.0000
Senior Citizens Consulting.Queue	5.2256	2.79	1.0199	11.7999	0.00	24.0000

图 4.85　增加 1 名咨询处员工后的排队状况

（3）小结。

在综合考虑模型与现实的差异、闲时与忙时的差异、设施改造成本等因素后，研究小组建议鹭江地铁站可以考虑实行下面的措施，以提高运营效率并改善服务水平。这些措施具体包括：

1）综合考虑成本，尽管增加 2 台售票机能够使得售票系统最优，但考虑购置成本及闲时空置成本，采取折中方案，添置 1 台自动售票机以降低高峰期购票压力；在高峰期站台压力过大的情况下，可考虑开设人工售票窗口以代替第新增第 2 台售票机的作用。

2）若站内无法承担购置费用，或暂未有购置计划，可在高峰期设置人工售票窗口代替新设售票机的作用。

3）在咨询处增加 1 名员工/窗口，以提高咨询处工作效率。

4）安排工作人员或将明确指示放置于入闸机处，以提高检入速度，降低故障比率，进一步提升检入效率。

5）可考虑撤离 1 个入闸机，在不影响检入效率的前提下以加大站台空间。

具体的最优化站台方案为：

· 5 台自动售票机或 4 台自动售票机 +1 个高峰期人工售票窗口；

·2 名咨询处员工值守；
·3 个入闸机。

四、启示与感悟

管理，有时候并不是为了达到最优，或者有时候并不能达到最优，而是希望通过管理的过程，不断优化流程、布局、设施等要素，以获得不断进步。

在整个课题完成的过程中，我们发现地铁售票与检入系统这一个小小的环节内其实存在着很多软性影响因素，我们甚至无法在 Arena 中直接模拟出来。例如，乘客的技能与素质。研究小组发现，很多人在地铁站内根本无法使用站内所谓先进的、自动化的、快速方便的设施；在我们的数据统计中，有些人购票时间甚至达到 90 s 以上。

我们可以通过改变布局，增加或者减少设施来实现所谓的效率最优化，实现我们的一系列目标；但是这一系列目标还是要通过人来实现，硬性的指标可以改变，软性的因素若未相应改变，再多的变革也没有办法发挥作用。

对于服务型的企业或设施而言，很多时候成本并不是唯一的考虑因素，服务水平牵扯着该企业如何发展的许多方面。就本案例的地铁公司而言，整个购票进站系统的服务水平在一定程度上决定着人们交通出行方法的选择。例如，在体育西路站和客村站，我们所熟悉的人流和“复杂的展台设计”，让不少人在通行时选择避开这些地方，而宁可绕路而行，甚至有时候绕路并不代表耗费的时间更多。

另外，我们的模型其实似乎并不难完成。我们的逻辑非常简单，就是进站—分流—咨询—购票—进站这几个步骤，我们也一度认为自己的项目将在很短的时间内完成。

但简单的流程并不意味着简单的过程。我们的实施过程中最为复杂的，首先是如何得到那些庞大而杂乱的数据，进而将一堆数据转化成为我们需要的规律、需要的公式、需要的函数等；进一步，如何将带有数据的模型转化成为一个鲜活的模拟，让我们发现其中的瓶颈所在，并尝试着去进行改善；在改善的过程中，针对哪些关键绩效指标进行处理，我们的流程需要如何改造，模型有什么合理、不合理的地方，而不断修改的过程成为我们完成项目这一个流程中最大的“瓶颈”。由此我们深切地认识到，如果说模型是 body，那么数据、理念、改造方案才是真正的 blood，没有后者，前者只是一个空的框架而已。

五、技术注解

因为我们的模型模拟的流程比较简单和直观，所运用的都是最基本的模块，主要采用了 Decision、Process、Station 和 Route 这 4 个模块。

Decision 模块的使用，首先是要分清楚作决策的依据是根据概率还是根据条件。根据条件作决策的话相对复杂一点，要考虑使用表达式或者是变量等；根据概率则是一种很直白的决策。我们的模型中，因为数据统计出的现实状况都可以用概率很好地模拟，所以都是基于 chance（选项）来决策。

Process 模块的使用，首先要定义一种资源，并确定它的数量和工作效率，也就是这种资源平均处理每个实体的时间服从怎样的分布。还要考虑是否有资源出现故障（failure）的情况。如果有，则要定义一些对应的 failure。如果定义 failure，还要看 failure 是哪种类型的，是按时间规律出现还是按数量规律出现。我们的模型中有定义按数量规律出现的 failure。

Station 和 Route 是两个对应的模块，Station 是 Route 的目标之一。在使用 Route 的时候，首先要看这个 Route 的时间多长，服从什么样的分布，并在模块中定义好。此外，Route 还可以按照 sequence（次序）或者 attribute（属性）来定义自己的 destination（目标地）。我们在模型中使用的 Route 都是和 Station 对应的。

第五章　仓储系统运营管理问题

现代城市货运和区域货物流通的关键节点就是货物仓储。它可分为面向消费需求和面向生产加工两大类。不同种类的仓储管理有不同的运营特点和要求。存储通常都不是城域范围内的仓储系统的主要功能，现代城市的仓储管理更多地需要担负和配合“快进快出”、“小批量多批次”等城域配送要求。

本章采用计算机仿真的研究方法分析和评估两个具有代表性的仓储管理系统的现实运营问题。本章第一节以药品流通仓储为研究对象，结合药品流通的特点，重点分析和评价各种仓储货位指派策略在存储空间利用、订单处理时间、堆垛机利用率等方面的运作绩效。第二节则以一个服务于生产加工的第三方物流服务企业为研究对象，重点分析如何管理和优化面向生产加工要求的特定仓储作业。

第一节　仓库货位指派策略仿真研究

一、研究背景

仓储管理是在现代城市物流中的重要一环，对区域货物流通和企业库存管理有重要的影响。自从20世纪80年代以来，现代城市商业竞争环境对仓储配送提出了更高的要求。为了提高仓储操作效率及货物存取的准确性与及时性，自动化立体仓库开始得到普遍重视，并成为现代城市货运物流研究的重要议题。

自动化立体仓库能实现货物存取过程的机械化和自动化，并通过高层货位提高空间利用率。但是，由于建立自动化立体仓库需要很大的初始投入，因此，如何设计针对特定自动化立体仓库的最佳运营策略，充分发挥设备价值，成为现代城市仓储管理的重要研究议题。

一般而言，标准的自动化立体仓库由立体货架、I/O 出入口、堆垛机、传送设备及控制装制构成。标准型自动化立体仓库每一个巷道独占一个堆垛机，对两侧货物进行操作。巷道一端是 I/O 出入口，另一端封闭。这种自动化立体仓库通常只能进行单位货物操作（unit load），而不具有分拣（order picking）功能。

随着自动化立体仓库技术的发展，出现了不同于标准型的多种变型。按堆垛机可否在不同的巷道间运动可划分成巷道受限型（aisle captive）和巷道转变型（aisle changing）。相对于巷道受限型，巷道转变型可以进一步减少自动化立体仓库的初始投入。自动化立体仓库按处理货物的方式可分为单位货物操作（unit load）型和订单分拣（order picking）型两类。其中，单位货物操作型自动化立体仓库并不具有分拣功能；订单分拣型自动化立体仓库可以通过多种方式实现按订单进行分拣的功能，其中一种方式就是在自动化立体仓库另一端设置分拣操作台，又称为 end-of-aisle。

自动化立体仓库的运营指标一般包括存货或取货的平均移动时间、最大吞吐容量（throughput capacity）、货位和堆垛机利用率、订单平均等待时间等。不同的货位指派策略将对上述运营绩效产生重要的影响。显然，货位指派策略是一个多目标决策问题。一般的分析方法并不适合处理这一类多目标问题。本节通过仿真建模方法，模拟自动化立体仓库的运行，构造各种绩效指标，以评估和对比不同货位指派策略的优劣。

研究小组选取国药物流作为研究对象。医药的存储有其特殊性：通常医药仓储的存储需要分区存放、分批次存放，同时药品存取还具有单次存放、多次提取等特点。这些都对储存空间利用率等多方面的运营管理与决策提出了很高的要求。国药物流是广东首个获得现代医药物流资格或第三方医药物流资格的第三方物流企业，也是国家一级抢险、救灾、军需、外援等药械商品的特种储备企业。国药物流拥有华东、华北、华南三大运营区域，在上海、北京、广州、天津、沈阳等地建有区域物流中心与配送中心体系。公司网络覆盖全国 80 多个城市，服务于 2000 多家商业客户、3000 多家医院及诊所，是中国网络覆盖最全的医药物流企业。

2009 年国药物流广州物流中心正式运营。在运营初期，其仓储管理在很多方面还有待完善。在调研过程中，研究小组发现，当前国药物流的货位指派管理还缺乏整体的调控与优化。在当前业务量还不是很大的情况下，货位管理和存取绩效尚未经受过很大的考验；但是，随着业务量的逐步增加，目前的指派策略将难以适应大量货品存储和存取的要求。为此，研究小组主要考察国药物流在广州的自动化立体仓库的货位指派问题。

二、运营特点

1. 货位指派问题描述

货物进行储存时，首先需将其存放于某个储位，以方便日后进行查找、取货等操作，因此货位指派问题有广泛的运用背景。特别地，对于自动化立体仓库，货位指派策略直接影响存取的效率及处理容量。针对自动化立体仓库货位指派问题，Hausman 等提出了几种通用的的策略：①随机存储；②依据货物出入频率等属性指定货位存储；③分类存储。

随机存储策略下，入库货物将随机地分配给立体仓中的空货位。这种货位分配方式可以最大化货位利用率，但却会导致平均存取时间上升，存取能耗增加。对于指定货位存储，一般可依据货物的 cube-per-order（COI，体积或重量除以出入频率）属性进行货位分派，将“黄金储位”（goden area）分配给频繁出入的货物。使用指定货位策略，可以起到优化平均存取时间及能耗的作用，但由于必须事先按最大储存量对每类货物分配仓容大小，将导致仓库的空间利用率减低。分类存储为前述两种方案的折中处理，先按货物性质将其分类，对于某一类货物，指定特定的货位进行存储。

特别地，国药物流 end-of-aisle 分拣式自动化立体仓库采用了不同于上述 3 种策略的货位指派策略，那就是次序指派策略（sequence method）。即给自动化立体仓库中的每个货位一个次序（sequence）值，作为货位访问的优先级。入库操作时，堆垛机会将货物放入 sequence 值较小的货位；同样，出库操作时，对于同类同批次商品，堆垛机将取出 sequence 值较小货位上的商品。图 5.1 为 sequence 的编码示意图。

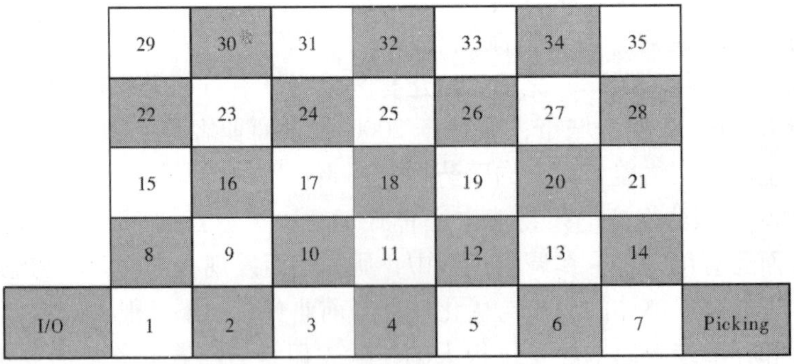

	29	30	31	32	33	34	35	
	22	23	24	25	26	27	28	
	15	16	17	18	19	20	21	
	8	9	10	11	12	13	14	
I/O	1	2	3	4	5	6	7	Picking

图 5.1　国药物流货位指派次序示意

国药物流在进行次序编排时依循以下原则：平衡各个巷道的负载；从下往上，从头到尾依次编码。

然而，在药品仓储存取中有一个显著的特点，就是货物出库频率明显高于入库频率。一个批次的药品存入一个存储货位只需要执行一次存入操作；然而，取出的过程是零散的，依据不同医院和药房在不同时间段的需求而离散进行。因此，药品仓储存取区别于普通的 SKU 货品存取方式。

显然，即使我们只是简单地按照从尾到头的次序进行重新编码，运营绩效也可以优于目前的从头到尾的依次编码模式。所以，国药物流的仓储货物指派应该从一个整体优化的角度去思考，是否存在一个最优的编码方式，使前面提到的几个目标值都得到较优的绩效；应该思考，参考传统的几种货位指派策略，国药物流的货位指派应如何进行调整。

2. **运营流程描述**

要研究国药物流的货物指派问题，研究小组首先调研国药物流自动化立体仓库的平面布局特点（图 5.2）。

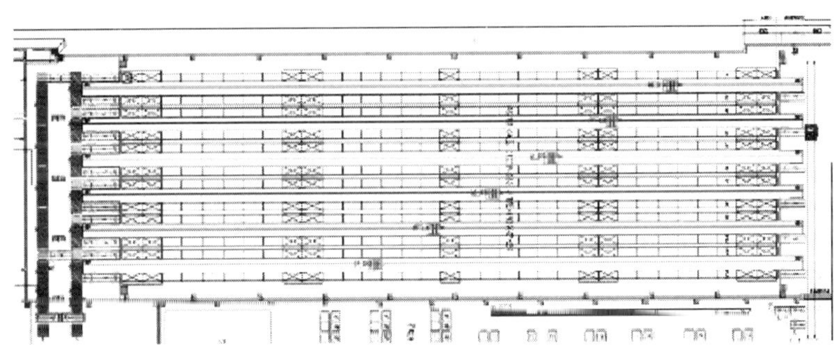

图 5.2　国药物流立体仓库平面

国药物流立体仓库由 12 排货架、6 个堆垛机组成。每个堆垛机可以对两侧的货位进行操作。每排货架有 13 层、33 列，每个货位可以放 2 个托盘，故共有 10296 个托盘位。每个货位长 2.5 m，宽 1 m，高 1.4 m。堆垛机最大水平速度为 150 m/min，加速到最大速度需要 10 s，从最大速度减速到零需要 8 s；垂直速度为 100 m/min。

立体仓库工作流程可分为入库操作流程和出库操作流程。货物到达卸货后，将该记录扫描进系统，判断是否应放入立体仓库。如果不是，则放入库区其他地点；如果是，则由工作人员将其放到传送带，传输到 I/O 出入口，并调用堆垛机，将货物存放到事先按某种规则指派好的货位。值得注意的是，入库调令较出库调令有较高的优先级，因为入库的列队是实际货物，较长的等待将导致货物在传送带上堆积。

出库调度由调度中心发出，当订单积累到一定程度后，调度中心将下达指令。指令经过计算机计算后，生成具体的堆垛机指令。堆垛机逐条执行指令，最终完成整个波次（即出库指令）任务。对每个取货操作，堆垛机将托盘运到分拣操作台，由操作工按身前屏幕上的数量进行取货。取货完毕后，如果托盘上有剩余货物，则将货盘送回至原储存位置；如果没有剩余货物，则回收空托盘。

出入库流程如图 5.3、图 5.4 所示。

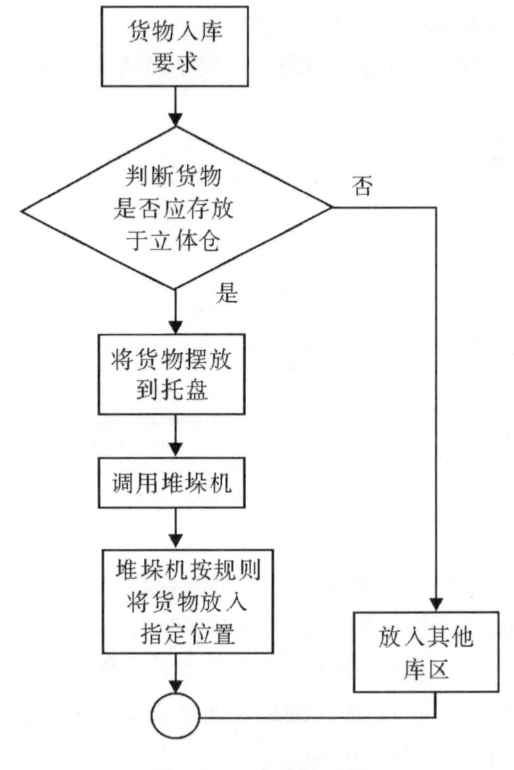

图 5.3　入库操作流程

本仿真分析专注于不同货位指派策略对自动化立体仓库的运营效率影响，因此，在建模过程中首先对一些设定作了合理的简化。由于国药

物流的不同巷道的工作是一样的，因此，我们只关注单个巷道。其次，货位数目的多少并不影响问题的结构，因此，本阶段的研究重点分析 10 个货位的运营。最后，我们关注的目的是货位指派这一策略，因此忽略了对波次的模拟。

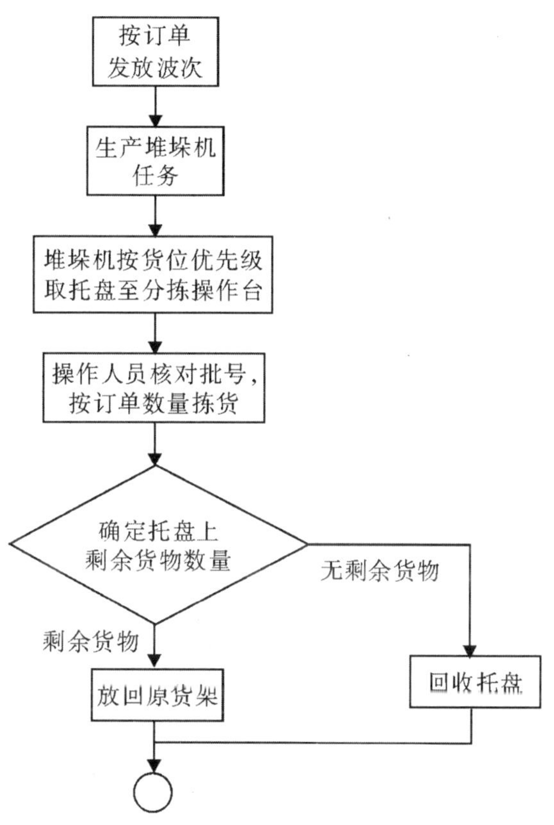

图 5.4　出库操作流程

在不影响研究目标的情况下，本仿真分析对国药物流自动立体仓库的规模作了一定程度的缩小。参考其他文献的做法，在本仿真实验中我们设定了 5 类货物，各类货物的属性如表 5.1 所示。

表 5.1　国药物流存储货品出库频率

货物	所占百分比/%	出库频率
货物 1	20	2
货物 2	20	3
货物 3	20	4
货物 4	20	5
货物 5	20	6
货物到达速率	Expo(30 min)	
订单到达速率	Expo(20 min)	

三、仿真建模

1. 详细建模

由于该仿真流程较复杂，我们分为 4 个子模块进行建模（图 5.5）。

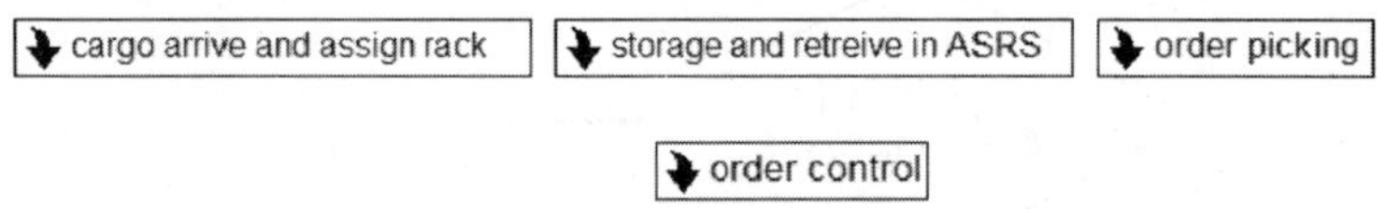

图 5.5　国药物流仿真系统子模块

cargo arrive and assign rack 子模块用于模拟货物的到达或货位指派。当货物到达后，按一定的货位指派策略为其指定储存货位，并调用堆垛机将其运送到该指定的货位。值得注意的是，由于现实中每个货位是存在能力约束的，因此，必须配合使用 store & unstore 的 Arena 模块，用来对货位的使用状态进行判断。

storage and retrieve in ASRS 子模块用于模拟货物在自动化立体仓库中存储的过程。当货物到达指定货位后，先装卸再释放堆垛机；之后，货物按不同的类型分别停留（使用 Arena 的 Hold 模块）在相对应的列队中，等出库订单的信号。当货物接收到出库信息后，调用堆垛机，以便将货物运送到分拣操作台。

Order picking 模块中，实体将进行分拣操作。分拣操作完毕后，若还有存

货，则调用堆垛机，将货物放回原来的货位；若已无存货剩余，则回收空托盘。

Order control 模块中，产生订单信号，订单信息即所需商品的种类和数量。

当然，针对不同的货位指派策略，cargo arrive and assign rack 子模块是不同的。我们在分析中，提出了 3 种货位指派策略，分别是：

（1）从头到尾：按从 I/O 出入口到分拣操作台的次序给货位分配优先级（sequence 较小的优先级较大），存取皆按此优先级进行（以下简称为 sequence A 策略）。

I/O	1	2	3	4	5	6	7	8	9	10	Picking

图 5.6　从头到尾次序

（2）从尾到头：按从分拣操作台到 I/O 出入口的次序给货位分配优先级（sequence 较大的优先级较大），存取皆按此优先级进行（以下简称为 sequence B 策略）。

I/O	10	9	8	7	6	5	4	3	2	1	Picking

图 5.7　从尾到头次序

（3）出库频次指定货位：如图 5.6 所示，规定第 1 类货物只能放在 1、2 货位，第 2 类货物只能放在 3、4 货位，第 3 类货物只能放在 5、6 货位，第 4 类货物只能放在 7、8 货位，第 5 类货物只能放在 9、10 货位（具体建模可以参见 Arena 文件，其结果如图 5.8 所示）。这样规定是为了将出库频繁的货物放到立体仓库的黄金储位，以提高搬运的效率。该策略以下简称为 dedicated 策略。

I/O	货物 1	货物 2	货物 3	货物 4	货物 5	Picking

图 5.8　出库频次指定货位

为了分析自动化立体仓库的最大订单处理能力，我们设计了不同的货物到达速度。当订单处理数量不再增加时，说明系统的订单处理能力已经遇到瓶颈因素。实验设计数据如表 5.2 所示。

表 5.2　不同订单处理要求的实验

项目	实验 1(e1)	实验 2(e2)	实验 3(e3)	实验 4(e4)	实验 5(e5)
货物到达速率	Expo(40 min)	Expo(35 min)	Expo(30 min)	Expo(25 min)	Expo(20 min)
订单到达速率	Expo(20 min)	Expo(20 min)	Expo(20 min)	Expo(20 min)	Expo(20 min)

2. **仿真结果分析**

研究小组检验了不同的指派策略。仿真结果显示，在不同策略下，各种指标的结果并不相同。下面以实验 3 为例，比较在不同策略下，各种绩效和指标的不同表现。

由图 5.9 可见，立体仓库的储货能力不仅与立体仓库的规模有关，还与仓库内的货位指派策略紧密相关。在 dedicated 策略下，货位不能在不同的货物中共用，只是用于储存指定的货物类别，这样导致货位没有得到充分利用，有 339 个货物因为没有储位而不能存入仓库；在 sequence B 策略下，货位可在不同的货物之间共享，从而提高了货位利用率，减少了不能存入仓库的货物的数量；在 sequence A 策略下，存在 256 个不能存入的货物，主要原因可能是在此策略下货物周转效率较低，导致货物占用货位时间较长，不能及时空出货位以供其他货物使用。

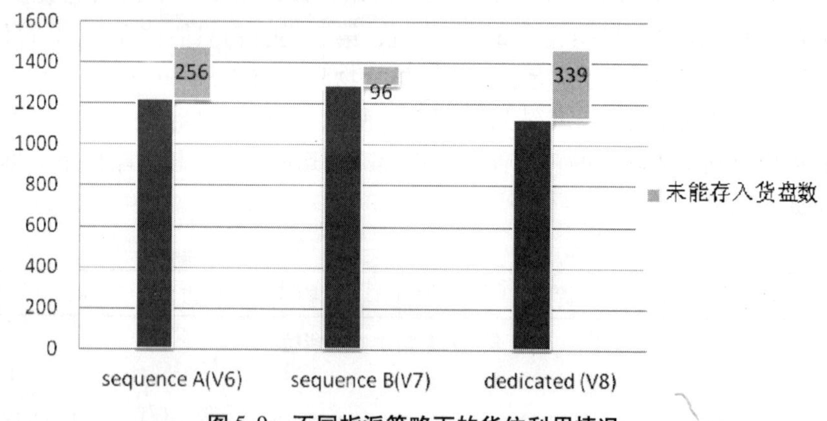

图 5.9　不同指派策略下的货位利用情况

从仿真结果中我们看到，订单的处理能力不仅与自动化立体仓库的堆垛机运动速率、运动距离有关，货位指派策略同样会影响系统订单处理的能力。由图5.10可见，在 sequence A 策略下，订单处理的数量明显低于 sequence B 策略和 dedicated 策略下的订单数量。一种可能的解释就是货位指派策略显著影响货位出库的运行时间，一般而言，出库运行时间的倒数决定了出库的最大能力。

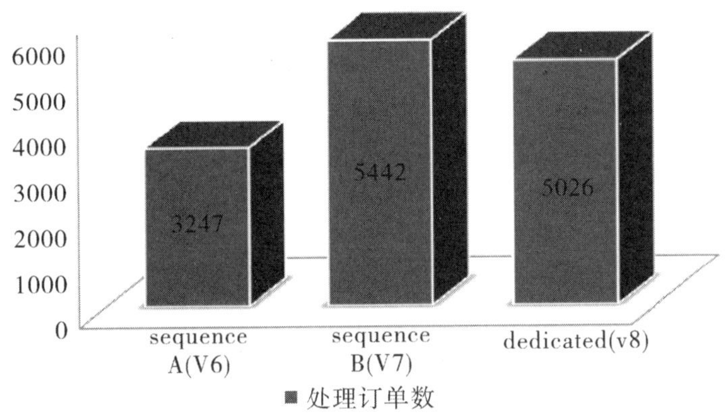

图5.10 不同指派策略下的订单处理能力

由图5.11可明显看出，在 dedicated 策略下，货物从入库到出库的平均周转时间（2.0654 h）明显小于其他两种策略。在 dedicated 策略下，能根据货物出库频率进行优化货位分配，即对于频繁出库的商品，将其分配到靠近分拣操作台的黄金储位，这样可以减少搬运货物时间，提高货物周转效率，从而减少了货物平均周转时间。

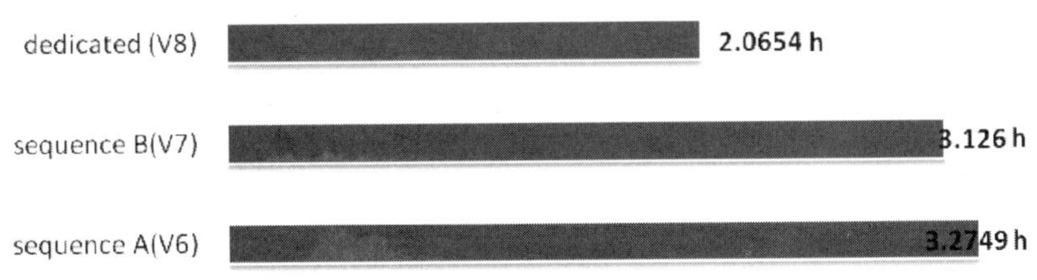

图5.11 不同指派策略下的货品平均周转时间

由之前所得出的结论，我们知道在 dedicated 策略下，订单处理的效率较高，因此订单等待处理的时间也比较短（图 5.12）。这样，可以加速订单执行的时间，一方面有助于订单处理量的增长；另一方面可以缩短订单处理的时间，提高配送的及时性，以更好地实现“当日送达”的承诺。

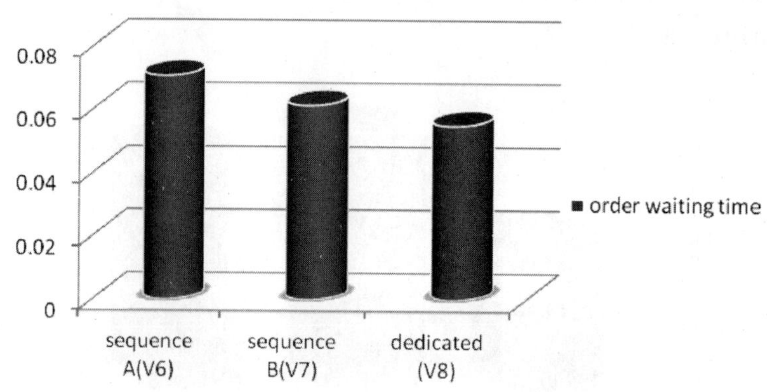

图 5.12　不同指派策略下的订单等待时间

由图 5.13 可以看出，在 sequence B 策略下，货物的平均移动时间绝对优于 sequence A 策略，这是由于分拣功能的存在，货物出库频率远大于入库频率。因此，按 sequence B 策略有利于减少无用的搬运。此外，不同于其他两种策略下货物移动时间不随货物种类变化，在 dedicated 策略下，不同货物由于指派的货位不同，所以搬动时间也有所不同。这一现象我们称为“货物歧视”。在实际中，可以通过根据不同货物的属性（如重量或体积）划分不同的货位，从而达到减小总的搬运成本的目的。

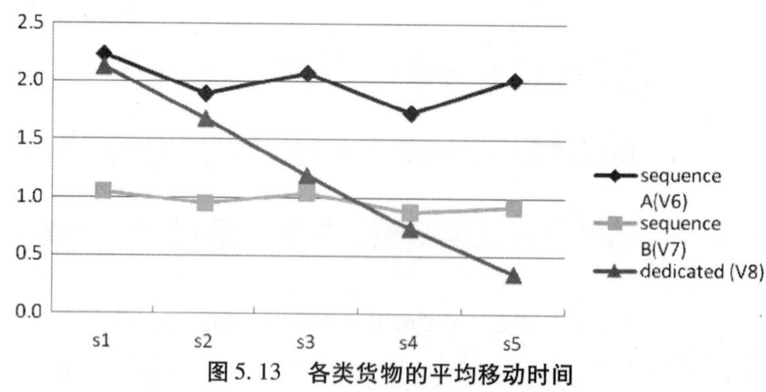

图 5.13　各类货物的平均移动时间

当入库货物速率增加时，订单处理的量不会无限增加。到一程度后，由于其他瓶颈因素的限制，订单处理的量基本保持不变。从图 5.14 中可以看出，在 sequence B 策略和 dedicated 策略下，订单处理的能力大大增加，超过 sequence A 策略 50% 以上。

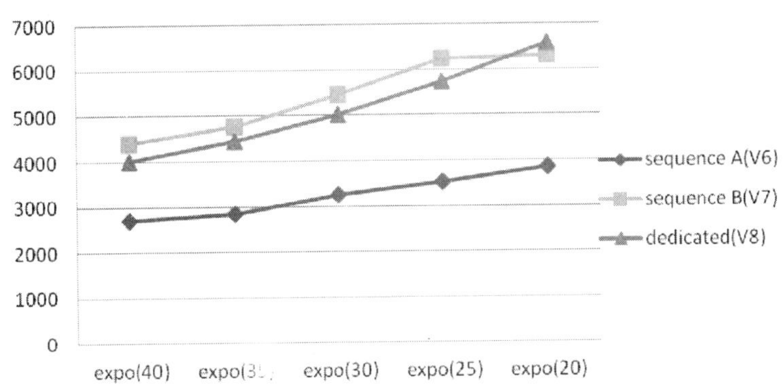

图 5.14　不同指派策略的吞吐能力

综合上述指标，我们归纳出此 3 种货位指派策略下绩效的比较矩阵（表 5.3）。

表 5.3　不同指派策略的绩效比较

Location assignment	storage usage	order process capacity (ratio)	turnaround time (ratio)	tran sfer time (ratio)	order waiting time (ratio)
sequence A	M	1	1	1	1
sequence B	H	1.677	0.955	0.508	0.869
dedicated	L	1.587	0.631	0.614	0.779

相对于 sequence A 策略，sequence B 策略可提高 order process capacity 67.7%，减少货物平均停留时间 4.5%，减少货物平均移动时间 49.2%，减少订单平均等待时间 13.1%。显然，sequence B 策略绝对优于 sequence A 策略，通过重新编码货位的 sequence，可带来仓库运营效率的大大提高。至于 dedicated 策略，同样优于 sequence A 策略，但稍稍劣于 sequence B 策略；但 dedicated 策略可利用“货物歧视”来减少总的搬运成本。

sequence B 策略的要点在于，按货位距 end-of-aisle 处分拣操作台的距离给货位分配优先级。距离分拣操作台越近的货位优先级越高，sequence 越小。

对国药物流自动化立体仓库而言，由于现存策略是 sequence A，转化到 sequence B 只需在电脑中对货位的优先级进行重新编码即可。图 5.15 为其原有次序编码。

	51	52	53	54	55	56	57	58	59	60	
	41	42	43	44	45	46	47	48	49	50	
	31	32	33	34	35	36	37	38	39	40	
	21	22	23	24	25	26	27	28	29	30	
	11	12	13	14	15	16	17	18	19	20	
I/O	1	2	3	4	5	6	7	8	9	10	Picking

图 5.15　国药物流原有的次序编码

经过重新编码后，即采用 sequence B 策略后，编码示意图如图 5.16 所示。

	58	52	48	42	36	30	24	18	12	6	
	59	53	49	43	37	31	23	17	11	5	
	60	54	50	44	38	32	22	16	10	4	
	61	55	51	45	39	33	21	15	9	3	
	62	56	52	46	40	34	20	14	8	2	
I/O	63	57	53	47	41	35	19	13	7	1	Picking

图 5.16　建议优化的次序编码

四、小　结

本仿真分析探讨了货物进入仓库后如何进行货位分配的运营决策问题。研究小组设计的仿真实验显示，在国药物流特定的存储配送的要求下，采用

从尾到头的货物指派策略比原有的策略更好，绩效的改善体现在存储空间利用、订单处理能力、堆垛机占用时间等关键绩效指标。这些研究结果对广泛的自动仓储管理系统的改善都有现实参考价值。

同时，研究小组也意识到，未来还有很多相关议题需要探讨，本仿真分析还有很多未竟的议题。例如，是否存在一些混合策略的指派模式适合国药物流的存取要求，是否存在一种动态的调整模式能实时地调整整个存储区的货物摆放区域，是否能利用闲暇的工作时间（如夜晚）让堆垛机自行按某些规则优化货物摆放区域，是否能提出一些有效而简单的方式去平衡不同巷道之间的工作负荷，等等。同时，也可以尝试将计算机磁盘优化等模式应用到立体仓的货物指派领域，检验这些现实中的指派法则是否适用于仓储货物关联。

第二节　仓储捆包运作仿真研究

一、案例背景

第三方物流是服务于现代城市物流的重要物流运作管理模式。专业物流服务企业承担第三方物流的主要物流功能，它通过各种信息技术和手段与客户保持紧密联系，实现对物流全过程的管理和监控。要进一步提高现代城市物流绩效，改善和提高各种第三方物流企业的运营效率是一种重要而有效的途径。

在现代城市物流中，企业生产物流是重要的组成部分，第三方仓储则是这些物流环节必不可少的一环。本节重点关注仓储企业的日常运作管理，特别是其中的产品包装、捆包的过程。本仿真分析以一个真实的企业案例为研究对象，研究结果对服务对象是企业的现代仓储企业有重要的现实参考价值。

A 汽车制造公司（以下简称 A 公司）是珠江三角洲一家大型的轿车组装企业，近几年产品销售量不断提升，尤其是出口量大幅增加。A 公司经营层为应对这种市场需求变化，详细制定了未来 3 年的经营方向和产销计划。

从市场需求分析得出，A 公司出口轿车以出口散件形式为主。出口散件是指一台整车的所有零部件不经过生产线的组装，直接进行捆包、运输，到达目的地之后，由当地的生产线组装成整车再进行销售。因出口散件具有质量高、成本低、装配易等特点，越来越受到海外客户的垂青。从需求订单分析，未来3年出口散件的年产量为4.5万套。

A公司的海外客户分布于全球10多个国家和地区，出口散件的运输以船运方式为主。单台轿车的零部件有上千种，不同零件的捆包式样和捆包要求也不同。为能够最大限度地满足海外客户的需求，公司经营层决定将出口散件的捆包业务委托给一家第三方物流企业。因此，A公司就出口散件捆包业务的委托向几家第三方物流公司进行了一次公开招标。

F物流公司作为第三方物流竞标公司之一，仓储捆包业务主要包括仓储、拣货、加工、包装、运输等。在竞标之前，F物流公司已聘请了多位专家对各项业务进行能力评估和业务监察，希望能够在最短时间内获得最大程度的绩效改善和提高。同时，为达到竞标的各项指标和要求，对仓库的仓储捆包生产线能力进行了全面的评估。为了能够准确地评估仓库捆包生产线的生产能力，F物流公司利用仿真技术对捆包生产线建立了仿真模型，希望通过定量分析计算和可视化模拟，可以满足招标方的需求。

二、运作特点

F物流公司的产品捆包工作主要发生在F物流公司的仓库。为此，研究小组实地调研了F物流公司仓库的基本运营流程与特点。图5.17是F物流公司仓库布局图，仓库区域的各物流功能模块也在图上一一展示。

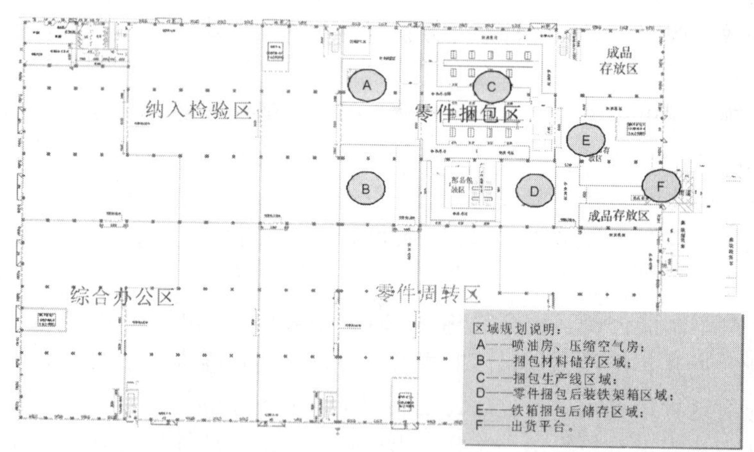

图5.17　F物流公司仓库功能区布局

在 F 物流公司仓库的各功能区中，我们的研究重点是 C 区——捆包生产线区域，该区域的基本功能布局如图 5.18 所示。为提高生产效率和专业化程度，F 物流公司把该区域捆包生产线按捆包零件的种类分为 3 段：1 段主要负责捆包大零件，如底盘、车身、发动机等，特别是混装零件捆包；2 段主要负责捆包中、小零件，如注塑件等；3 段主要负责捆包标准件，如螺丝等。

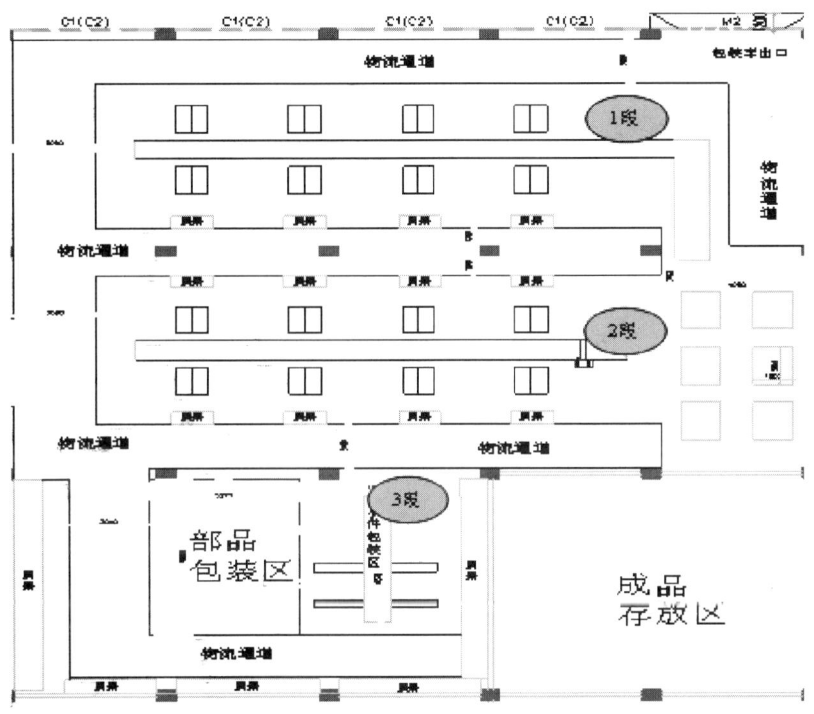

图 5.18　F 物流公司仓库 C 区功能分段

在上面的工作区域内，F 物流公司的日常仓储捆包工作依据下面的工作流程（图 5.19）进行。

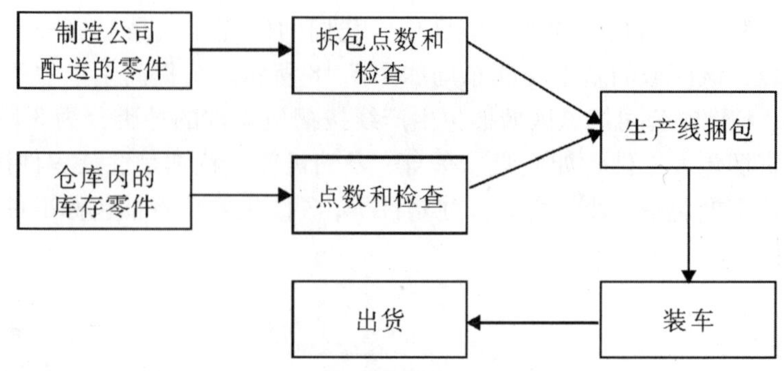

图 5.19　F 物流公司捆包流程

三、仿真分析

1. 仿真的基本构想

如前所述，F 物流公司捆包生产线可分作 3 段，这 3 段有不同的捆包零件种类和作业工序（表 5.4）。

表 5.4　捆包生产线的捆包零件类型及作业工序

序号	捆包线	捆包主要零件类型	作业工序数
1	1 段	底盘、车身、发动机等	4
2	2 段	注塑件等	3
3	3 段	标准件，如螺丝等	4

为便于衡量和评估捆包生产线分段运作模式的运营绩效，研究小组首先取捆包生产线节拍最长的 1 段进行仿真模拟。在该段捆包生产线，仓储捆包产品种类大致可分为两类：

第一类产品（即 Part A）是由 A 公司直接配送的，到达间隔时间服从均值为 5 的指数分布（所有时间单位为 min）。产品到达后被立即送往产品 A 的预处理区域，并在这一区域完成拆包作业和点数工作。产品 A 的拆包作业操作时间满足三角分布 TRIA(1，3，4)，预处理操作时间也满足三角分布 TRIA(1，3，6)。之后，产品被立即送往捆包生产线进行捆包作业。

第二类产品（即 Part B）是由仓库配送的，到达间隔时间服从均值为 50 的指数分布（所有时间单位为 min）。产品到达后预处理操作时间满足三角分布 TRIA(1，4，8)。之后被送往捆包生产线进行捆包作业。

本分析重点研究捆包生产线的最大产能，实际生产中可能出现的岗位人员轮换或是人员增加、设备故障以及因捆包质量引起的返工等情况暂不列入研究范围。

F 物流公司捆包生产线是双班生产（单班 8 h/工作日，双班 16 h/工作日），每月 20 个工作日。为此，模型终止运行条件为连续运行 16 h（即 960 min）。

2. 详细建模

（1）产品模块设计。因为有两类产品，即 Part A 和 Part B，根据各自产品的特征，构建产品 A、产品 B 的进入系统模块（图 5.20）。

Create
Name:
Part A Arrive
Entity
Part A
Time Between Arrivals
Type:
Random (Expo)
Value:
5
Units:
Minutes
Entities per
1
Max
Infinite
First
0
OK
Cancel
Help

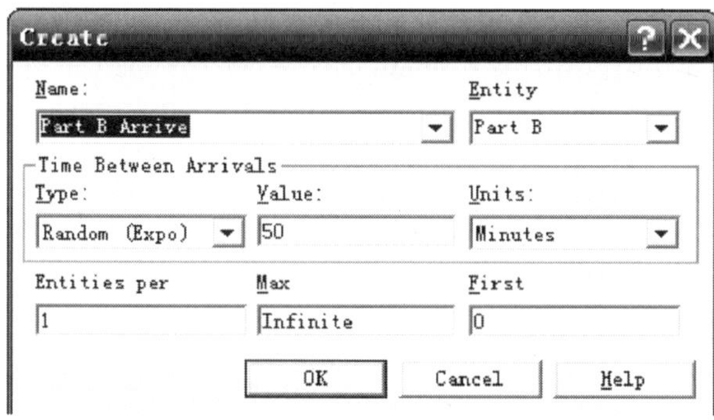

图 5.20　零件 PART A 和 PART B 进入系统的仿真设置

产品 A 由 A 公司直接配送，需进行预处理，产品 A 的预处理操作时间满足三角分布 TRIA(1，3，6)。在这里，我们用 Assign 模块仿真该过程（图 5.21）。

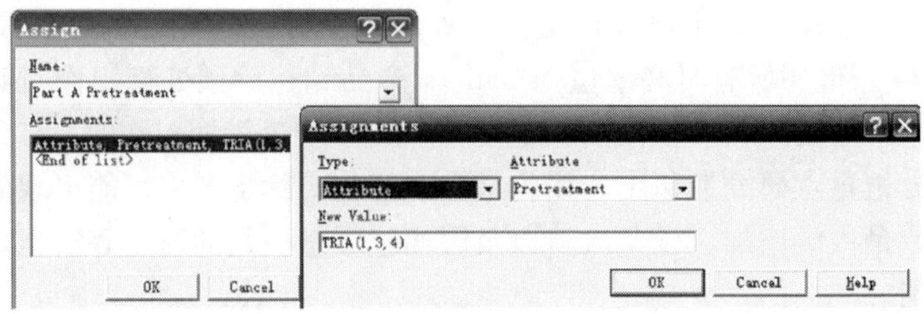

图 5.21　零件 PART A 的预处理时间仿真设置

根据生产线流水作业的特点，对产品 A 和产品 B 预处理创建 Process 模块（图 5.22、图 5.23）。

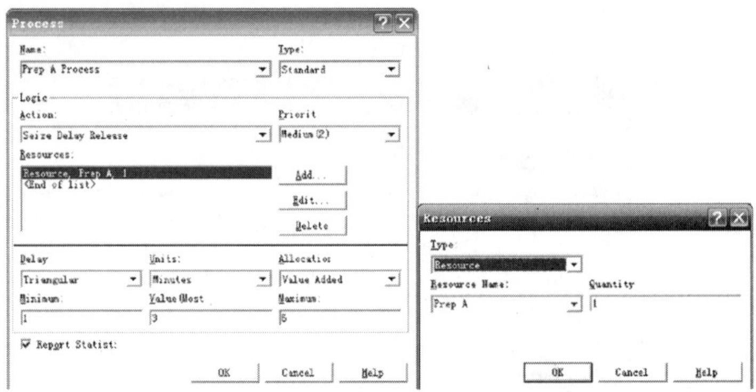

图 5.22　产品 A 预处理过程仿真设置

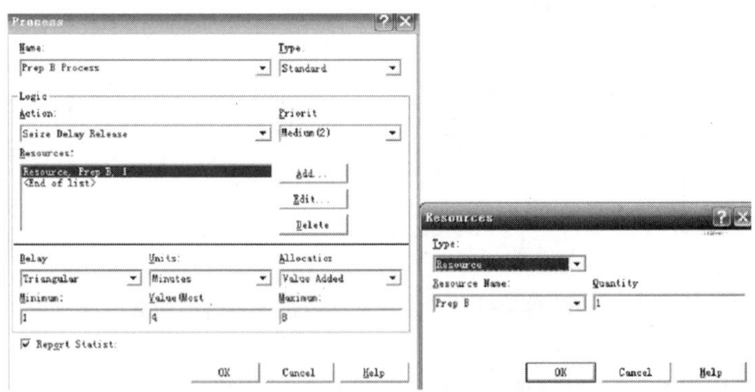

图 5.23　产品 B 预处理过程仿真设置

考虑到产品 A 和产品 B 在装上捆包流水线之前，需显示零件的实际运输状况，如实际到达位置和到达时间，我们采用站（Station）的仿真模块来进行模拟（图 5.24）。

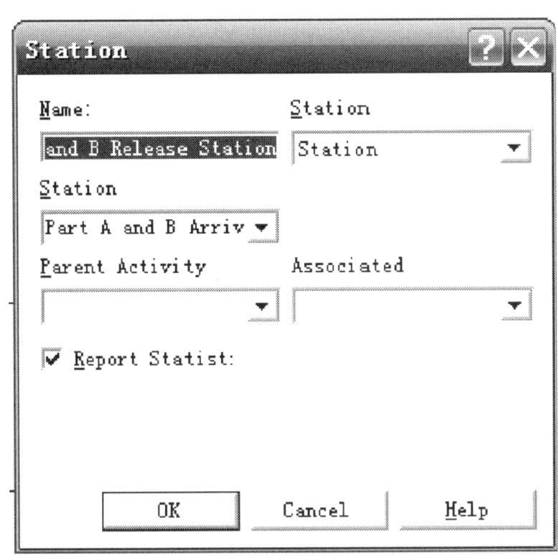

图 5.24　产品 A 和产品 B 的上线过程仿真设置

（2）捆包作业工序站模块设计。F 物流公司捆包生产线 1 段作业工序为 4 个，简单命名为 Person 1、Person 2、Person 3、Person 4。分别由 8 名熟练的员工分两班进行操作。这 4 个工序采用 Process 模块模拟（图 5.25 至图 5.28）。

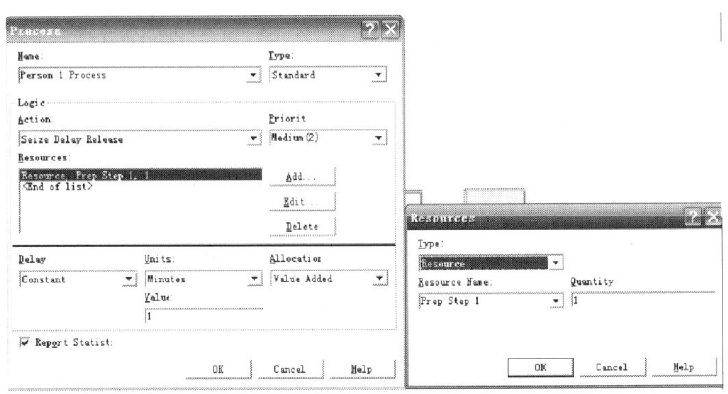

图 5.25　捆包生产线 1 段第 1 个作业工序作业过程仿真设置

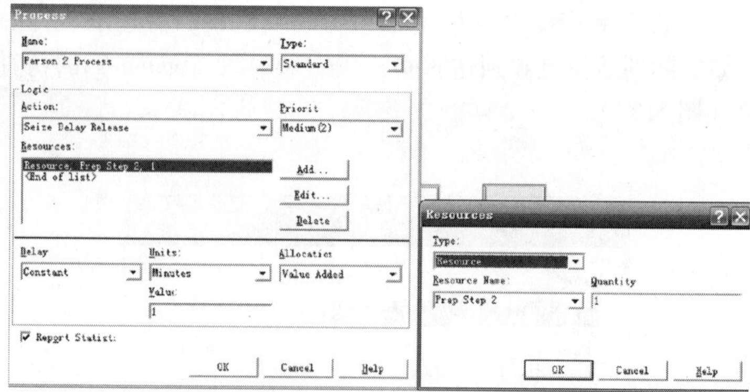

图 5.26　捆包生产线 1 段第 2 个作业工序作业过程仿真设置

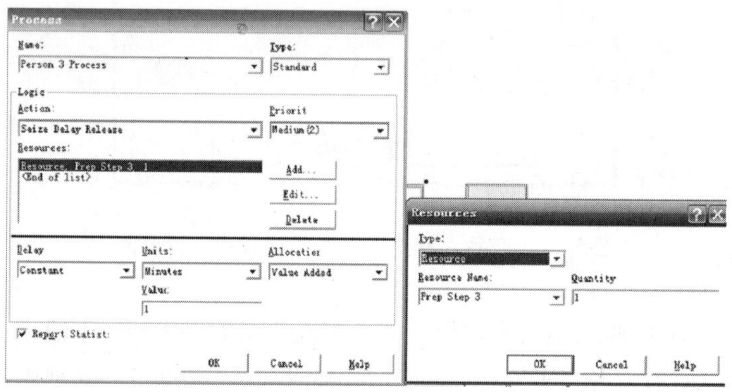

图 5.27　捆包生产线 1 段第 3 个作业工序作业过程仿真设置

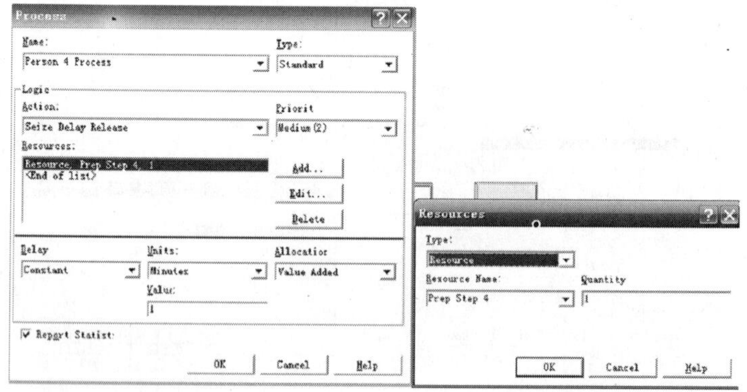

图 5.28　捆包生产线 1 段第 4 个作业工序作业过程仿真设置

(3) 工序完成模块设计。捆包生产线最后一个工序完成的成品直接装车运走，不作任何停留，采用 Dispose 模块进行模拟（图 5.29）。

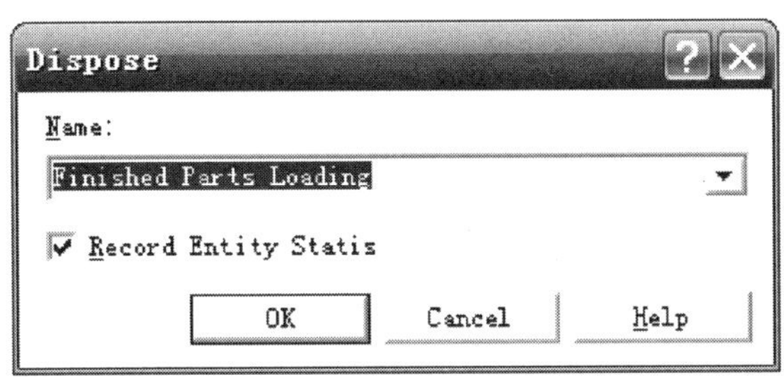

图 5.29　工序完成的仿真设置

(4) 捆包生产线输送设备设计。生产线采用皮带式传送带进行输送产品。皮带式传送带属于不可聚集式的输送设备，而且只按单一方向进行，故采用 Arena 软件里面的 Conveyor 模块（图 5.30）。这个模块能很好地模拟，当有实体进入输送时，设备才会开启，实现节能环保的目的。

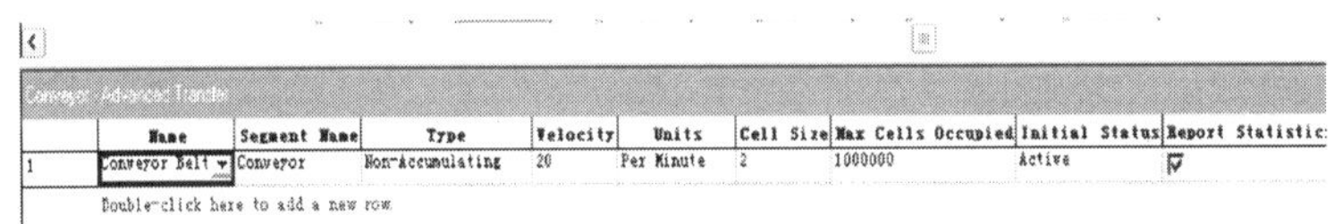

Conveyor - Advanced Transfer

	Name	Segment Name	Type	Velocity	Units	Cell Size	Max Cells Occupied	Initial Status	Report Statistics
1	Conveyor Belt	Conveyor	Non-Accumulating	20	Per Minute	2	1000000	Active	☑

Double-click here to add a new row.

图 5.30　产品输送仿真设置

由于各工序在操作时都有装载和卸载的工作发生，因此，在构建产品移动路径（使用 Arena 的 Leave 模块）前，设定了相关工作的工作时间，其中装载时间（Load Time）为 0.5 min，卸载时间（Unload Time）为 0.5 min（图 5.31）。

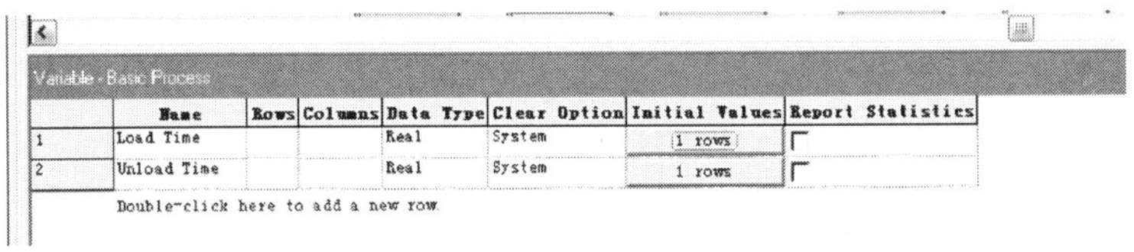

Variable - Basic Process

	Name	Rows	Columns	Data Type	Clear Option	Initial Values	Report Statistics
1	Load Time			Real	System	1 rows	☐
2	Unload Time			Real	System	1 rows	☐

Double-click here to add a new row.

图 5.31　装载和卸载工作时间的仿真设置

有了上面各参数的设定，就可以建立各输送工序的 Leave 模块，也就是具体的输送路线。完成后的 5 个 Leave 模块如图 5.32 至图 5.36 所示。

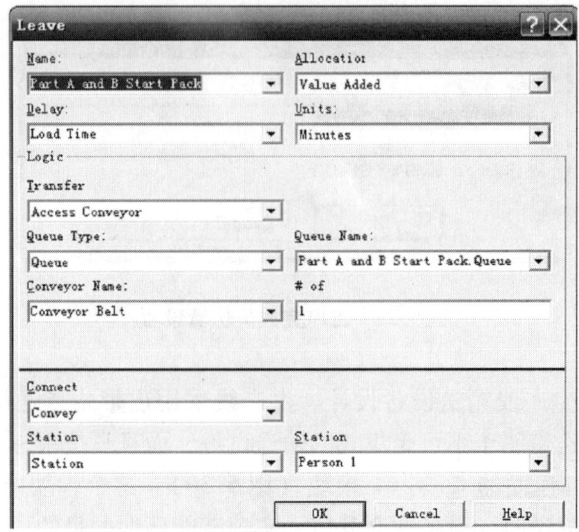

图 5.32　运送往第 1 个工序的仿真设置

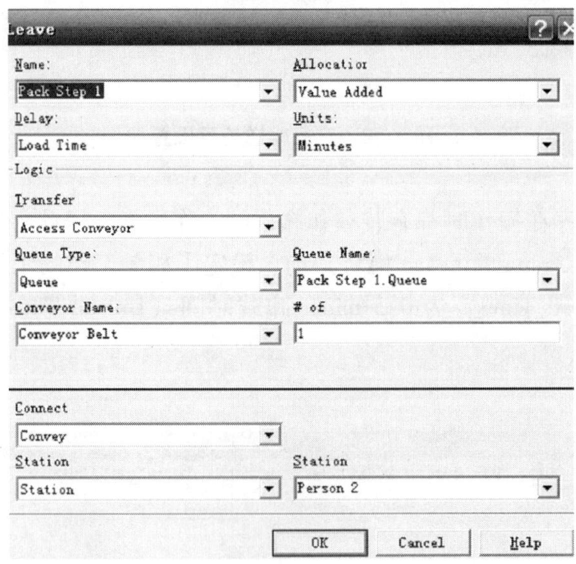

图 5.33　运送往第 2 个工序的仿真设置

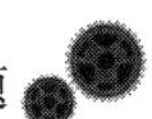

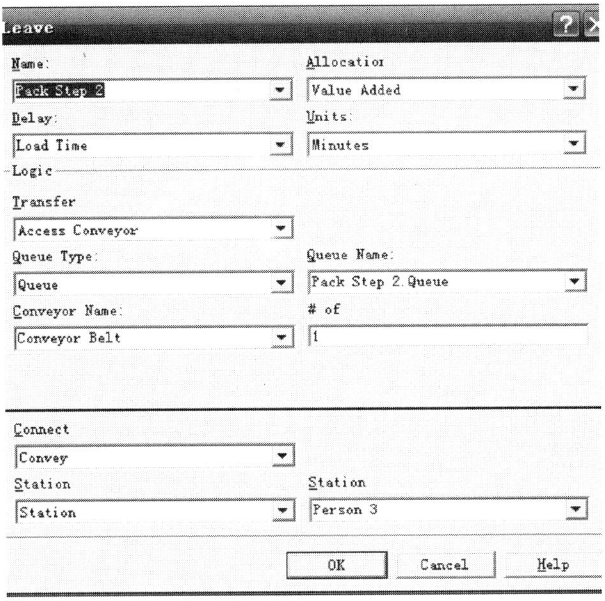

Leave

Name: Pack Step 2
Allocation: Value Added
Delay: Load Time
Units: Minutes
Logic
Transfer: Access Conveyor
Queue Type: Queue
Queue Name: Pack Step 2.Queue
Conveyor Name: Conveyor Belt
of: 1
Connect: Convey
Station: Station
Station: Person 3
OK　Cancel　Help

图 5.34　运送往第 3 个工序的仿真设置

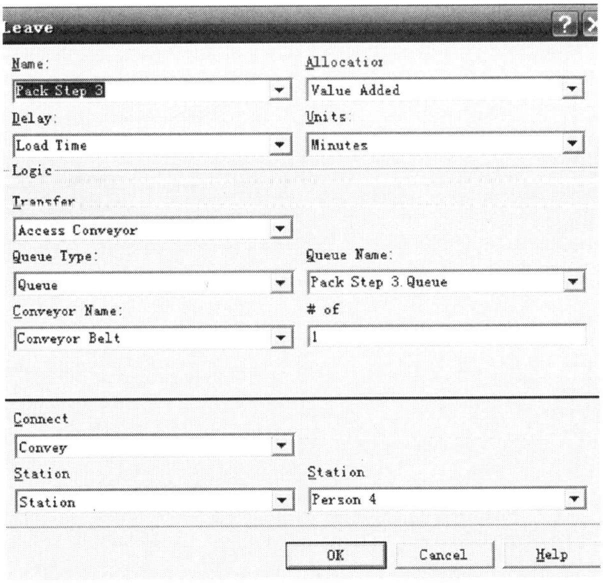

Leave

Name: Pack Step 3
Allocation: Value Added
Delay: Load Time
Units: Minutes
Logic
Transfer: Access Conveyor
Queue Type: Queue
Queue Name: Pack Step 3.Queue
Conveyor Name: Conveyor Belt
of: 1
Connect: Convey
Station: Station
Station: Person 4
OK　Cancel　Help

图 5.35　运送往第 4 个工序的仿真设置

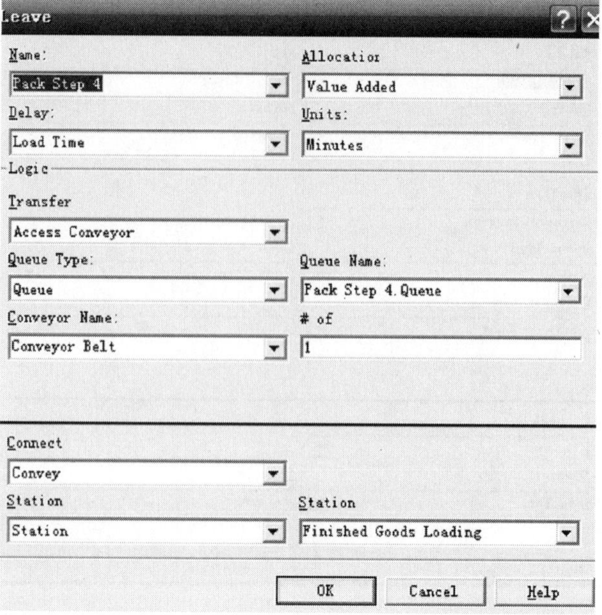

图 5.36　4 个工序完成后运送的仿真设置

有了上面各参数的设定，相应地，我们需构建各输送工序的输入模块(Enter)(图 5.37 至图 5.41)。

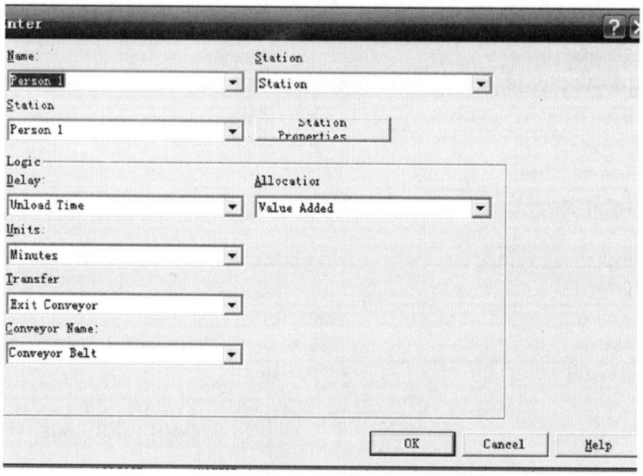

图 5.37　进入第 1 个工序的仿真设置

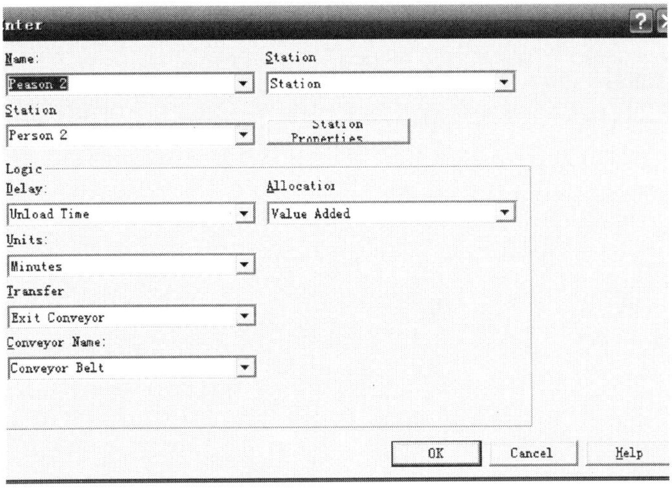

nter
Name:
Peason 2
Station
Station
Station
Person 2
Station Properties
Logic
Delay:
Unload Time
Allocation
Value Added
Units:
Minutes
Transfer
Exit Conveyor
Conveyor Name:
Conveyor Belt
OK
Cancel
Help

图 5.38　进入第 2 个工序的仿真设置

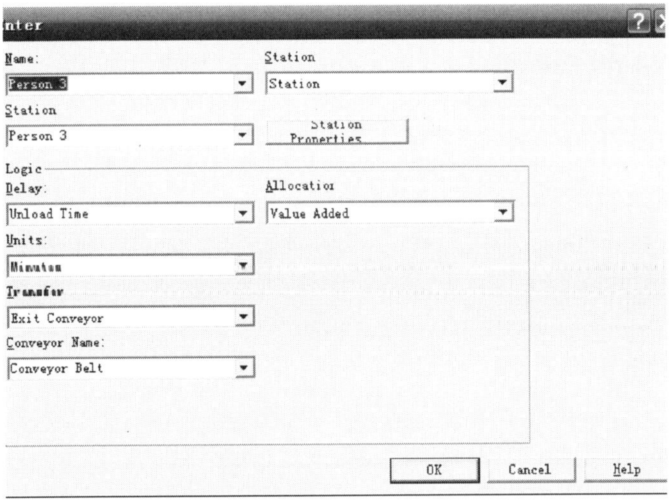

nter
Name:
Person 3
Station
Station
Station
Person 3
Station Properties
Logic
Delay:
Unload Time
Allocation
Value Added
Units:
Minutes
Transfer
Exit Conveyor
Conveyor Name:
Conveyor Belt
OK
Cancel
Help

图 5.39　进入第 3 个工序的仿真设置

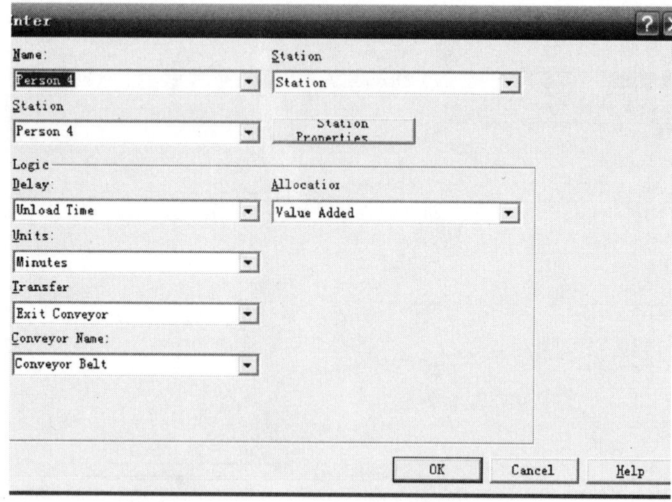

图 5.40　进入第 4 个工序的仿真设置

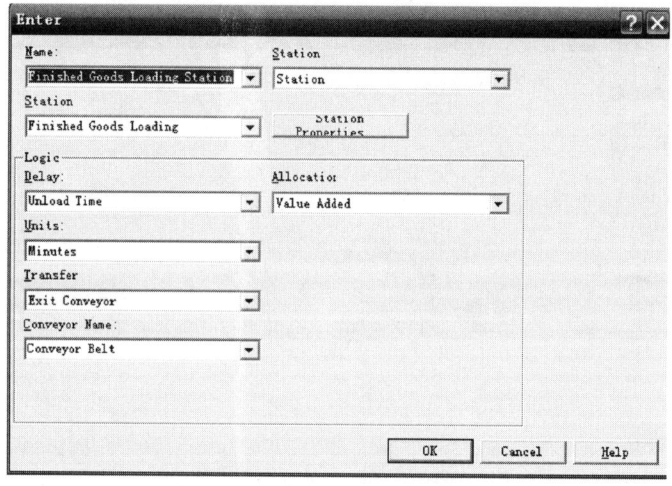

图 5.41　离开系统的仿真设置

（5）捆包生产线模型建立。经过前面各子模块的建立及各参数的设定，最终得到该条捆包生产线的仿真模型（图 5.42）。

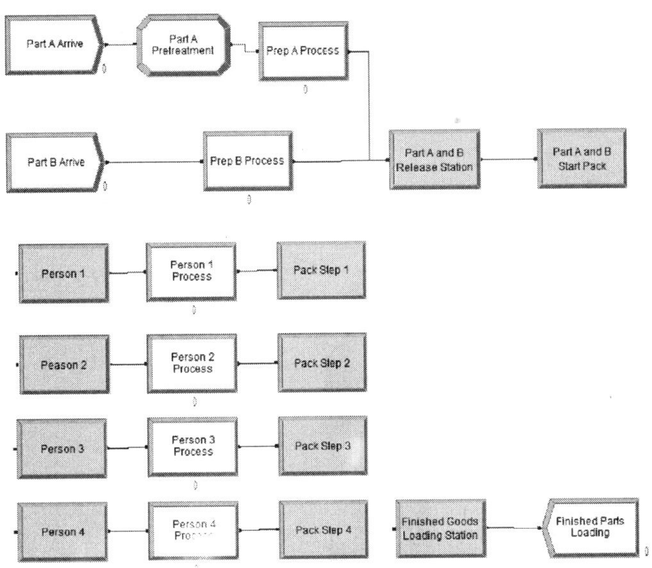

图 5.42　捆包生产线的仿真模型

（6）捆包生产线动画模型建立。为使产品 A 和产品 B 在该捆包生产线上各工序的输送路线、到达状态等能够更直观地把握，我们对捆包生产线模块建立了动画模型。该条捆包生产线的动画仿真模型如图 5.43 所示。

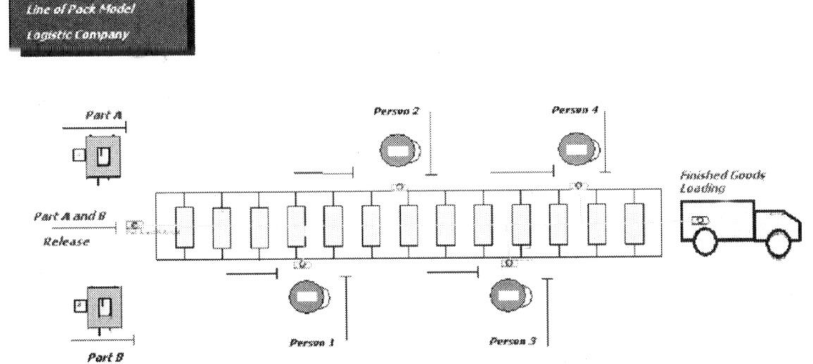

图 5.43　捆包生产线的动画模型

3. 模型运行

捆包生产线采取双班 16 h/工作日的生产模式，只设定运行 1 次，故对该模型的运行（Run）模型设定如图 5.44 所示。

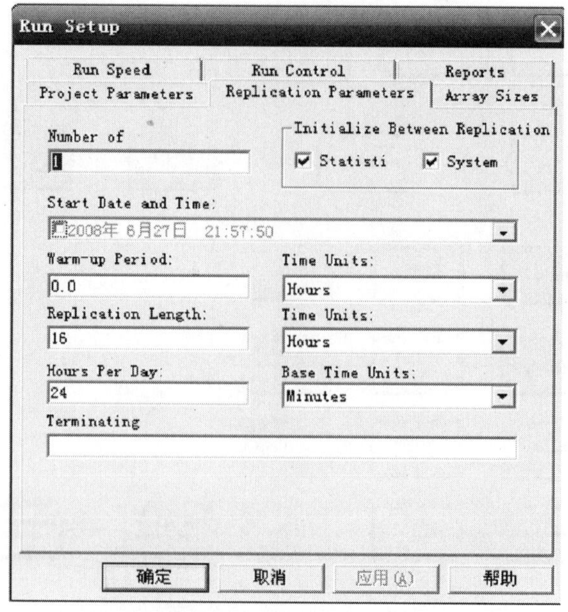

图 5.44 捆包生产线仿真的运行参数设置

4. **结果分析**

从仿真运行的数据结果看，输送设备皮带式传送带的利用率为 70.8%，未达到 100%（图 5.45）。

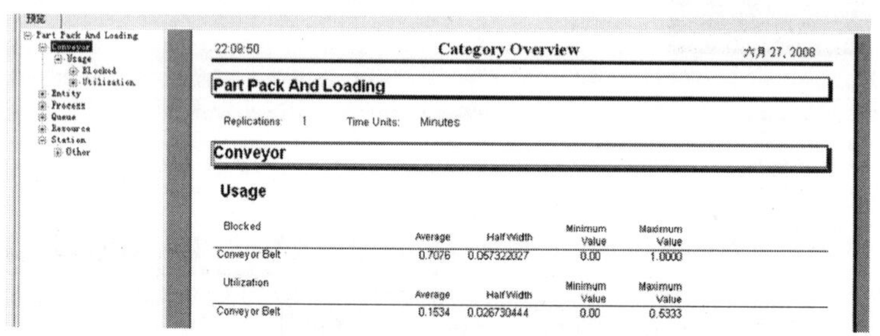

图 5.45 输送设备皮带式传送带利用率的仿真结果

从捆包工作完成量看，单个工作日的产量为 203 套（图 5.46）。在运行结束时，工序 1 还有 2 套零件在等待处理，工序 2 还有 1 套零件在等待处理。这些未处理完的工作，我们可以通过多种方式来处理。例如，要求工人

延迟下班，直至把手头还未完成的工作做完；也可以设定这些未完成的工作为下一个工作日要完成的首要工作。

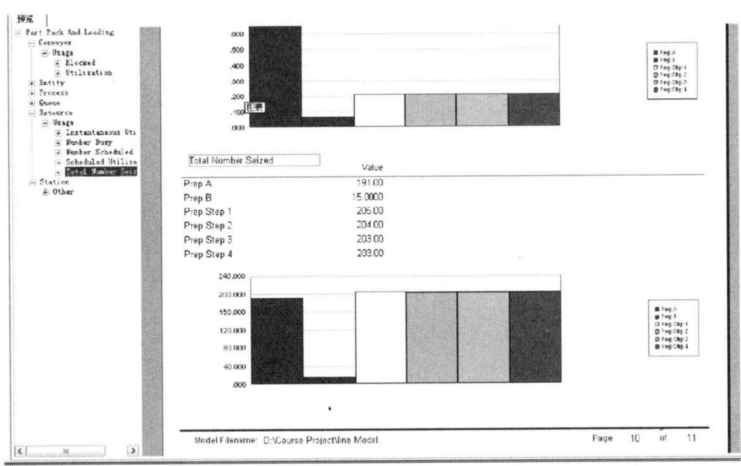

图 5.46　捆包生产线模型最终运行结果

四、讨　论

通过分析仿真模型运行结果，我们可以看到，该条捆包生产线单个工作日的生产量为 203 套，如果按每个月 20 个工作日计算，则每年生产量为 48720 套。而客户在未来 3 年订单需求为年产量 45000 套。从仿真结果来看，该条捆包生产线基本能够满足客户的要求，为赢得此次竞标提供了定量依据和参考价值。

由于在建立仿真模型时，将设备故障、人员技能等因素导致的停线时间忽略不计，并且捆包生产线的工序也进行了一定的简化，因此，仿真结果只作为评估生产能力的参考，不作为真实绩效考核的依据。

本仿真模型与方法特别适用于“按订单生产”的方式。在本例中，依据 A 公司的生产要求，F 物流公司构建了一条捆包生产线，来为 A 公司提供物流服务。在开始运营前，就要获知该条捆包生产线的产能绩效，对于一般的仓储公司而言，这是一项困难的工作；尤其是这些产能设计和预测还需要作为一个标书，获得 A 公司的信任与首肯。仿真建模提供了一个直观的方法去评估和测评尚未运作的新生产线，对于物流服务提供企业而言，具有很大的实践应用价值。

参考文献

一、著　作

[1] Law A M. Simulation Modeling and Analysis [M]. 4th ed. McGraw Hill, 2007

[2] Kelton W D, Sadowski R P, and Sturrock D T. Simulation with Arena [M]. 4th ed. McGraw Hill, 2007

[3] 隽志才，孙宝凤. 物流系统仿真 [M]. 北京：电子工业出版社，2007

[4] 张晓萍，等. 物流系统仿真原理与应用 [M]. 北京：中国物资出版社，2005

[5] 周泓等，译. 仿真使用 Arena 软件 [M]. 3 版. 北京：机械工业出版社，2007

二、主要网站

[1] http：//www. arena simulation. com/

[2] http：//www. flex sim. com/

[3] http：//en. wikipedia. org/wiki/

[4] http：//www. gold sim. com/